普通高等教育"十二五"规划教材

职业发展与就业指导

主　编　柳跃东　李建波
副主编　母诚荣　严　红　张守友

北　京
冶金工业出版社
2014

内容提要

本书严格依照教育部印发的《大学生职业发展与就业指导课程教学要求》，并结合90后大学生的特点，按职场法则、职业之梦、成业之基、立业之本四个方面进行编写。本书内容充实，结构严谨，理论结合实际，在各章的内容讲解中均配有案例和拓展阅读，可帮助学生进一步思考问题、了解自我，激发学生的学习主动性和参与性。每章课后配有思考题。

本书既可作为高等院校的各专业学生的职业发展与就业指导教材，也可作为从事职业、就业指导工作人员及其他择业人员的培训教材和自学参考书。

图书在版编目(CIP)数据

职业发展与就业指导/柳跃东，李建波主编．—北京：冶金工业出版社，2014.8

普通高等教育"十二五"规划教材

ISBN 978-7-5024-6725-8

Ⅰ.①职…　Ⅱ.①柳…　②李…　Ⅲ.①职业选择—高等学校—教材　Ⅳ.①G647.38

中国版本图书馆CIP数据核字(2014)第177198号

出 版 人　谭学余
地　　址　北京市东城区嵩祝院北巷39号　邮编　100009　电话　(010)64027926
网　　址　www.cnmip.com.cn　　电子信箱　yjcbs@cnmip.com.cn
责任编辑　郭冬艳　美术编辑　吕欣童　版式设计　孙跃红
责任校对　郑　娟　王佳祺　责任印制　李玉山
ISBN 978-7-5024-6725-8
冶金工业出版社出版发行；各地新华书店经销；北京印刷一厂印刷
2014年8月第1版，2014年8月第1次印刷
787mm×1092mm　1/16；11.5印张；275千字；170页
28.00元

冶金工业出版社　投稿电话　(010)64027932　投稿信箱　tougao@cnmip.com.cn
冶金工业出版社营销中心　电话　(010)64044283　传真　(010)64027893
冶金书店　地址　北京市东四西大街46号(100010)　电话　(010)65289081(兼传真)
冶金工业出版社天猫旗舰店　yjgy.tmall.com
（本书如有印装质量问题，本社营销中心负责退换）

编 委 会

前　言

党的十八大报告指出："要坚持教育优先发展，全面贯彻党的教育方针，坚持教育为社会主义现代化建设服务，为人民服务，把立德树人作为教育的根本任务，培养德智体美全面发展的社会主义建设者和接班人。"《大学生职业发展与就业指导课程教学要求》（高教司〔2007〕7号）中明确指出"提倡所有高校开设职业发展与就业指导课程，并作为公共课纳入教学计划，贯穿学生从入学到毕业的整个培养过程"，教育指导思想的确立，必将促进学校就业指导服务水平的提升并使广大毕业生的就业能力得到提高。

职业素养是21世纪职场的生存法则，是提升个人与组织核心竞争力的关键，职业素养还是成功的代名词，也是职场人士最强的竞争力，是生存的硬道理。本书根据高等院校教育的特点和培养目标，针对各专业建设和课程结构，立足实用性，强调知识的运用和实际能力的培养；广泛吸收国内同类教材的优点，系统地阐述了大学生应该具备的职业素养；并针对企业对人才的要求进行充分调研的基础上，总结多年教学实践经验，从职业素养、职业规划、就业创业等方面出发，按职场法则、职业之梦、成业之基、立业之本等内容进行编写。

本书内容新颖、结构严谨、风格独特，主要讲述了职业活动的基本知识和基本理论，每章均以格言开头，每章末有拓展阅读和案例分析，可大大提高学生运用知识分析问题和解决问题的能力。学生在学习职业基本知识的同时，也可获得职业活动的基本技能和方法。

本书可作为高等院校"大学生职业发展与就业指导"课的教材或参考书，还可作为一般读者提高职业素养及企业对员工进行素养提升培训的参考读本。

本书共分为四篇九章，主要内容包括：职业知识、职业理想、职业技能、做遵守道德的职业人、职业生涯规划、做一个融入社会的职业人和创业成就人生梦想。

本书在编写过程中参考并借鉴了大量的文献资料，吸收了有关方面的成果，在此，向这些文献的作者表示感谢！参与本书各章编写的人员分别是：第一章李建波、苏维；第二章苏维、李鸿；第三章张守友、王惠；第四章李惠玲、母诚荣；第五章严红、柳跃东；第六章母诚荣、赵敏；第七章柳跃东、夏继海；第八章苏维、柳跃东；第九章柳跃东、刘沁云。

鉴于作者的水平和写作时间有限，书中难免存在疏漏和不足，恳请广大读者指正。

编委会
2014 年 5 月

目　录

第一篇　职场法则

第二篇 职业之梦

第三篇 成业之基

第一篇

职场法则

职业竞争靠的是实力，靠的是个人的职业素养。职业素养是21世纪职场生存法则，是提升个人核心竞争力的关键。职业素养是成功的代名词，是职场人士最强的竞争力，是生存的硬道理，是成就人生事业的基础。

第一章　职业素养概述

职业素养是劳动者对社会职业了解与适应能力的一种综合体现。一般来说，高等院校学生能否顺利就业并取得比较好的成绩，在很大程度上取决于职业素养，职业素养越高的学生，获得成功的机会就越多。

第一节　职业素养

对于一个初出茅庐的年轻人而言，要做事必须首先学会做人，而做人的首要品质是诚实、勤奋、节俭和正直。这些品质比什么都重要，人品是任何时代都不能缺少的。一个人如果没有这些品质，必定一事无成。职业素养是21世纪职场生存法则，是提升个人与企业（或者单位、组织）核心竞争力的关键。在一定意义上我们可以说，职业素养还是成功的代名词，也是职业人最强的竞争力，是生存的硬道理。拥有良好的职业素养，能让你在激烈的职业竞争中脱颖而出。

一、素养及职业素养概念

（1）素养。所谓素养是指一个人在从事某项工作时应具备的素质与修养。它是指一个人在品德、知识、才能和体格等诸多方面先天的条件和后天的学习与锻炼的综合结果。

（2）职业素养。职业素养是指职业内在的规范和要求，是在职业过程中表现出来的综合品质，包含职业道德、职业技能、职业行为、职业作风和职业意识等方面。可以说，职业素养是人才选用的第一标准；职业素养是职场制胜、事业成功的第一法宝。

素养体现在职场上的就是职业素养；体现在生活中的就是个人素质或者道德修养。职业素养包含职业道德、职业技能、职业行为、职业作风和职业意识；时间管理能力提升、有效沟通能力提升、团队协作能力提升、敬业精神、团队精神；还有最重要的是个人价值观和公司的价值观能够有机衔接。职业素养主要表现在职业兴趣、职业能力、职业个性及职业情况等方面。我们可以把职业素养看成是人类在社会活动中需要遵守的行为规范，个体行为的总和构成了自身的职业素养，职业素养是内涵，个体行为是外在表象。在一定意义上，职业素养是一个人职业生涯成败的关键因素。职业素养是个很大的概念，专业是第一位的，但是除了专业，敬业和道德是必备的。

二、高素质技能型人才的含义

《国务院关于大力发展职业教育的决定》要求高职高专院校大力提升培养高素质技能型人才的能力，这是贯彻党中央关于“大力发展职业教育，提高高等教育质量”的战略决策，在教育领域落实科学发展观的重要举措。高等院校承担着培养生产一线、服务一线和工作一线的高素质技能型人才的任务，那么什么是高素质技能型人才?

高素质技能型人才是一个综合概念，一方面强调的高技能，高技能型人才作为近年来出现的一个概念，是相对于初、中级技能人才和一定历史时期而言的，随着产业结构的调整，科学技术的发展，其外延与内涵会逐渐扩展。另一方面强调的是高素质；高素质是衡量综合能力的概念，是随着社会的发展，各区域经济发展的不同而综合处理程序化之外事件的能力。

在我国现阶段，人们常把决策管理层的劳动者称为“白领”，把操作执行层的劳动者称为“蓝领”，高技能型人才则是介于决策管理层和操作执行层之间的技能水平较高的人才，俗称“银领”。一般认为，高技能人才是在生产、运输和服务等领域岗位一线的从业者中，具备精湛专业技能，在关键环节发挥作用，能够解决生产操作难题的人员。主要包括技能劳动者中取得高级技工、技师和高级技师职业资格及相应职级的人员，可分为技术技能型、复合技能型、知识技能型三类人员。主要分布在一、二、三产业中技能含量较高的岗位上（《中华人民共和国职业分类大典》中第三至第六大类）。高技能人才应具备以下5个方面的能力：有必要的理论知识；有丰富的实践经验；有较强的动手操作能力并能够解决生产实际操作中的难题；有创新能力；有良好的职业道德。

高素质技能型人才的素质表现在以下三个方面：

（1）职业技能，它是高技能人才所应具备的最基本素养。包括：掌握基本的职业技能操作方法和操作规范，并达到上岗所要求的熟练程度（一般以取得职业资格证书为准）；树立基本的职业意识，形成与职业或岗位相对应的较完备、合理的专业知识结构等。其衡量尺度一般遵从国家制定的相关职业标准。具备这一层次的素质，可保证高技能型人才在既定的工作岗位上胜任工作，也使毕业生在社会为其提供的相应岗位中能顺利就业。

（2）职场应变能力。职场应变能力就是指高技能型人才灵活、适时应对职场要求变化的能力。它包括：及时把握特定职业在职场中的发展趋势和最新动态的能力；自主学习新职业技能的能力；掌握最先进的相关职业知识和操作方法的能力；扩大知识面，形成更全面的具有延伸性知识结构的能力。具备这一层次的素质可使这类人才不仅成功就业，而且在必要时能顺利转岗或再就业，甚至赢得更新、更好的职位，在职场上进退自如。

（3）专业创新能力，高技能型人才同样需要具备创新能力，其内涵主要包括：不断发现现存事物的缺陷，不断找出新问题的能力；创造性地解决问题的能力；根据工作的需要提出创造性的设想的能力，并能够具体实践、操作和开发；进一步扩大知识面，以适应其创新的各种要求的能力。具备这一层次的素质，可使高技能型人才在职业生涯中工作能力得到更大提升，并把握创业的机会，实现由单纯谋职到自身事业获得发展的重大转折。

三、职业素养的影响因素

影响职业素养的因素主要有：受教育程度、实践经验、社会环境、知识因素、社会智力因素（计划能力、决策能力、组织能力、人际关系能力、说服能力、领导能力）、工作经历以及自身的一些基本情况（如身体状况、气质类型、性格向性等）。其中社会智力因素最重要，一个人的社会智力水平对于人的生涯设计、生涯实践和生涯成功有着巨大的影响。一般来说，劳动者的就业能力在很大程度上取决于其具备的职业素养，职业素养越高，获得成功的概率就越大。

四、职业素养的意义

大学生是一个特殊的社会群体，校园是大学生走向社会的最后准备基地，虽然社会上不同职业的行规业律各不相同，但各个行业对求职者的基本职业素养要求是一致的。因此，大学生在学习过程中要注重培养良好的职业道德品质，要具备爱岗敬业的精神、奉献意识；具备强烈的社会责任感和使命感，树立正确的择业观和创业理念。从个人的角度来看，适者生存，优胜劣汰，个人缺乏良好的职业素养，就很难取得突出的工作业绩，更谈不上建功立业。因此，只有具备了良好的职业素养，才能在职场上开辟出属于自己的天地。

总之，人格操守、职业素养是事业成功最忠实的资本，很多人对于这一点缺乏深刻的认识，有的人过分地注重技巧、权谋和手段，却忽视对良好品德的培养。有些人虽然很有才干，但他们存在一些投机心理，并不想长期为组织效力，而只是想短期内获得个人利益。像这样的人即使再专业、再有才干也会被众多单位拒之门外。事实上，哪怕是一个“才高八斗”的人，倘若轻视人品的自我修养和塑造，忽视自己的职业素养，他也绝对成不了真正的“人才”，这也就是选人、用人要德才兼备，以德为先的哲理。

第二节　职业素养的基本内涵

一、职业素养的内涵

所谓职业就是个人在社会中从事作为主要生活来源的工作。素养就是个人平日正确的待人处事的态度。由此看来，职业素养就是个人在劳动实践过程中，通过学习、培训、锻炼、自我修养等方式逐步积累和发展起来的，反映个人在身体、思想、心态、文化、技能、潜能、诚信、荣辱和责任等方面情况的内在品质。职业素养，是高等院校大学生发展成为职业人所必需的基础，是任何一个职业人应该具备的职业素质素养。可以说，职业素养是人才选用的第一标准；职业素养是职场制胜、事业成功的第一法宝。

职业素养包括职业素质和职业技能两个方面，职业素养的培养应该是职业素质的教育和职业技能的训练。职业素养的培养要与现代社会体制和现代社会生产力发展水平相一致，要在进行职业素质教育和职业技能训练中来完成。

我们把一个人的全部才能看做一座冰山，浮在水面的这一部分我们称之为员工的显性素养，仅为冰山的八分之一；而潜在水面之下的八分之七部分，我们称之为隐性素养（见图1－1）。

（1）显性素养。

知识：主要是指从学校系统学来的知识。

技巧：为人处世的技巧。如沟通技巧、谈判技巧。

理解能力：对事件的理解程度和速度。

分析判断能力：对事件的判断和评价。

经验：工作中积累的经验和技能。

表现在工作中：懂得运用知识作判断，掌握让客户满意的技巧，能够根据自己理解的信息作出合理的反应，能够灵敏感知外界的变化，具有识变、应变、改变的心理素质。

（2）隐性素养。隐性素养支撑着显性素养。作为一名合格的职业人、企业员工，不仅要具备一定的显性素养，更重要的是要具备隐性素养。

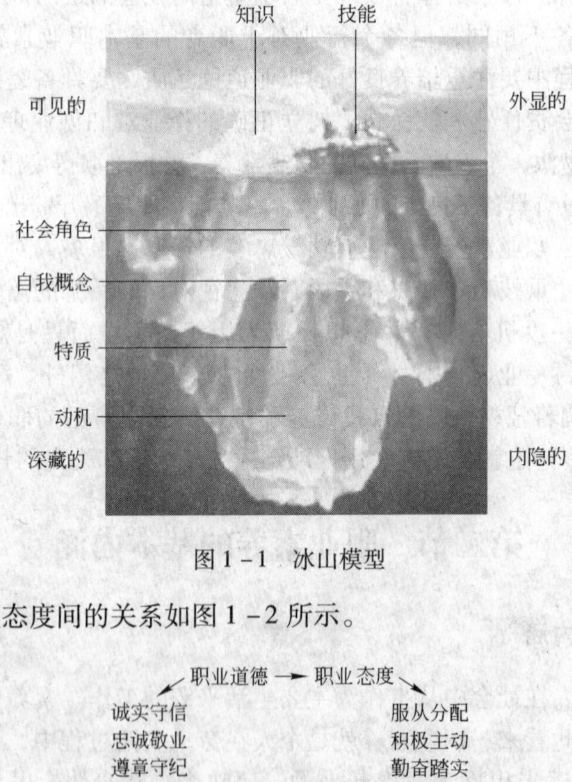

图1－1 冰山模型

职业道德与职业态度间的关系如图1－2所示。

职业道德 → 职业态度

诚实守信
忠诚敬业
遵章守纪
严守机密
顾全大局
团结协作

服从分配
积极主动
勤奋踏实
尽职尽责
学无止境

图1－2 职业道德与职业态度

二、职业素养的构成

（一）身体素质（身体是本钱）

指体质和健康（主要指生理）方面的素养，即身体素质，通常指的是人体肌肉活动的基本能力，是人体各器官系统的机能在肌肉工作中的综合反映。身体素质一般包括力量、速度、耐力、灵敏、柔韧等。身体素质经常潜在地表现在人们的生活、学习和劳动中，自然也表现在体育锻炼方面。一个人身体素质的好坏与遗传有关，但与后天的营养和体育锻炼的关系更为密切，通过正确的方法和适当的锻炼，可以从各个方面提高身体素质水平。

身体素质包括五方面：速度素质是人体在单位时间内移动的距离或对外界刺激反应快慢的一种能力；力量素质是身体某些肌肉收缩时产生的力量；耐力素质是指人体长时间进行肌肉活动和抵抗疲劳的能力；灵敏素质是指迅速改变体位、转换动作和随机应变的能力；柔韧素质是指人体活动时各关节肌肉和韧带的弹性和伸展度。

案例1－1：王均瑶的故事

王均瑶（1966年9月15日～2004年11月7日）出生在浙江省温州市苍南县大渔镇，少年辍学投身经济建设大潮，以其敢于创新、勤于创业的精神，心怀实现人生价值的梦想，积极参与社会活动，从一名普通的温州青年，成长为经受过市场经济洗礼的优秀企业家。但2004年11月王均瑶因劳累过度，患肠癌，英年早逝，年仅38岁。所以在毕业生想要发展自身事业的时候别忘了健康的体魄永远是你事业的基础。

王均瑶从生产经营编织袋起家。

1991年，承包了从温州到长沙的包机航线，这是中国首次允许私人承包航班座位，被称之为“胆大包天”第一人；1995年，在整合航空和乳品业的基础上成立均瑶集团，形成多元化经营；2002年，均瑶集团以18%的股份参股中国东方航空武汉责任有限公司，这是中国民营企业首次被允许参股航空公司。

（资料来源：《京华时报》，2004年11月11日第B35版）

（二）心理素养（心理是关键）

指认知、感知、记忆、想象、情感、意志、态度、个性特征（兴趣、能力、气质、性格、习惯）等方面的素养。一个人的心理素养是在先天素质的基础上，经过后天的环境与教育的影响而逐步养成的。心理素质包括人的认识能力、情绪和情感品质、意志品质、气质和性格等个性品质诸多方面。心理是人的生理结构特别是大脑结构的特殊机能，是对客观现实的反映。心理素质具有人类素质的一般特点，但也有自己的特殊性。在21世纪的今天，人的心理素质显得越来越重要。心理健康的特征是：能正确认识自我、具有良好的社会适应能力、乐观向上的心境、和谐的人际关系。

案例1－2：一封忏悔信（马加爵）

夜已经深了，面对着这高墙铁网，我无法入眠，思绪万千，几年的大学生活仿佛就在眼前，但我此刻却是在这样一个地方。表面上看我很平静，但到了这种境地，试问谁又能做到心如止水呢？

两个月前我的身份是一所重点大学的大学生，一个即将进入社会展示自己才能的毕业生。家人和国家都对我寄予厚望，而我本人又何尝不是满腔热血地想为祖国的现代化建设作出一份贡献，实现自己的人生价值。我的母校在整个云南省是名气最大、实力最强的高校，就业前景是很看好的。这些我都从师兄、师妹（老乡）和老师那里打听得很清楚了，所以很多报纸上渲染的大学生就业压力我是从来没有感受到的。

写到这里我真的很痛苦。可以说这“天之骄子”的身份是国家给予的，也可以说是我个人经过12年努力奋斗得来的。但我当初怎么就轻易地毁了这一切呢？那四名被害者也和我一样，家里都有父亲母亲，兄弟姐妹，也和我一样经历了多年的寒窗苦读，也和我一样对未来充满期待。但我当初怎么就那么轻易地毁了他们呢？人云：“凡事都是有原因的”，又说：“事物的发展总有内因和外因，而内因是占主导地位的”。所以现在每天我都努力思索，试图从自己身上寻求原因，一个合理的解释，但此刻我亦很糊涂，只能说很偶然！

就因为一次打牌吵架，我走上了这条路。现在我以一个旁观者的身份看，这是多么荒谬，多么无知，多么悲哀，多么残酷啊！难道生命就这么脆弱？难道这世界上就没有什么值得留恋的吗？不是的！现在我是这么想的，以前也是！但是那几天我的心里只有苦恼，只有恨，诸多后果都未曾设想。很多事情来不及思考，就这样发生了。事后才知道造成的影响是多么大，才知道给亲人造成了多么大的伤害，也才明白伤心难过的远远不止我的亲人朋友。后悔啊，但木已成舟，已无力挽回。我想对整个社会说声对不起，想对那四名同学的亲人朋友说声对不起，但你们会接受吗？对这么一个恶魔，你们能接受吗？

我在农村上了六年小学，有一位老师特别严厉，自备了一个小木条来惩罚学生。在众多学生当中我是最顽皮的。大概是四年级吧，这位老师开始对我疼爱有加，因为他发现尽管我仍然是那么顽皮，但有小聪明。我对学习的兴趣就是从那时候开始的，是这位严厉而又负责任的老师所赐。老师，真的很感谢您，您是我的启蒙老师。

唉，往事回忆起来总是那么的甜蜜。

我高中时的那位班主任是一位仁慈有爱心而又负责任的人。我再也找不到什么华丽美好的词语来刻画他了——要想把自己内心的感受清晰、全面地表述出来是很难的，相信每个人都有过这种体会。我们班主任几乎每天早晨六点整就来到我们宿舍催我们起床做早操。因为好几个人很不自觉，常赖床不起。有一个学期我对班主任说我不想做早操，想多睡点儿好养足精力学习，老师也马上答应了。那么多的学生当中就只有我有这个特权。这位老师讲课详细，我私底下总觉得太过花费时间，觉得很多细节没必要一一细点。但我终于明白，老师面对的不只是我，而是全班同学。俗话说，十个手指都有长短。各人有各人的资质，水平参差不齐。他是对全班同学负责啊！有人说小事情才是最感人的。这样的小事真是太多了，但我却描述不出来，只知道它们感动了我很久，很久。

还有很多人都让我感到了温暖，感到了内疚，但我不想一一写出来，以免像流水账。

这篇短文取名“忏悔”，除了想写出自己的所感所想以对所有受到伤害的人有个交代之外，还想以此警醒世人，千万不要犯罪，凡事要三思。当你想犯罪的时候你要明白——最大的受害者其实是你最亲最爱的人！

其实，我最想对亲人们说声对不起。父亲母亲对我从小就疼爱有加，寄予厚望。希望我出人头地，希望我为家乡争光。他们为我含辛茹苦了几十年，而我在即将成功的时候，却犯下了不可饶恕的罪行，这对他们的打击是多么的沉重啊，可怜天下父母心，对不起……

（资料来源：《鹿寨都市》，www.545600.com/thread-168957-1-1.html，2004-4-6）

据《中国青年报》2004年4月6日报道，为揭开“马加爵何以成为杀人凶手”的谜底，犯罪心理学教授李玫瑾奔赴云南，对此案进行了全面调查，还专门为马加爵设计了心理问卷，做了心理测试，之后写出了上万字的《马加爵犯罪心理分析报告》。报告指出，真正决定马加爵犯罪的心理问题，是他强烈、压抑的情绪，是他扭曲的人生观，还有“自我中心”的性格缺陷。

（三）政治素养

政治素养指政治立场、政治观点、政治信念与信仰等方面的素养。政治素养对职业人的其他素质起着主导和决定性作用，其是职业素养的方向。政治素养是职业人的政治思想状况和政策水平，包括政治立场、思想作风、工作态度、政策水平等因素。政治素养是党性和阶级性在国家公职人员素质中的体现，具有导向性，对职业人的其他素质起着主导和决定性作用。

（四）思想素养

思想素养指思想认识、思想觉悟、思维方法、价值观念等方面的素养。世界观、价值观在职业发展中起统帅作用，是职业素养的灵魂。思想素养受客观环境等因素的影响，例如家庭、社会、环境等。

（五）职业道德素养

职业道德素养指道德认识、道德情感、道德意志、道德行为、道德修养、道德标准、法纪观念方面的素养。职业态度、职业道德修养的水平在职业发展中起保证作用。职业道德素养是个人在道德上的自我锻炼，以及由此达到的较高道德水平和道德境界。

毫无疑问，现代化社会需要有道德的现代人。道德素质的培养要放在素质教育的首要地位来考虑。爱因斯坦说得好：“第一流的人物对于时代和历史进程的意义，在道德品质方面，也许比单纯的才智方面还大。”

（六）专业素养

专业素养是指从事社会职业活动所必备的专门知识、技能方面的素养，主要包括三个方面：扎实的理论基础、熟练的专业技能、全面的业务能力，专业素养是职业发展的本领。

在现代社会有许多的“权威”、“专家”，他们之所以能成为业界的高手，毫无疑问，来源于他们的专业技能素养。但这并不是说每个人要对所处企业的业务全面通晓，但起码要在和自己相关的业务上真正搞懂弄通，在一定的范围之内是“权威”、“专家”。有些话是很有道理的，如“一招鲜，吃遍天”、“学个手艺养全家”。人要想有一项专长很容易，只要肯全身心地投入你手头所从事的工作，并且不断地摸索、总结、提高，用不了几年就会出成果。学一门手艺，即使不参加工作，自己也可以养活自己。实行市场经济，就是运用“优胜劣汰”、“适者生存”的自然规律，没有本事，没有专长的人，生存的空间将会越来越小。你是一只羊，那你随时都有可能给狮子填肚子，即便你是一头狮子，生病了、衰老了、跑不动了，照样也要饿肚子。马克思的一句话：“不学无术在任何时候，对任何人都无所帮助，也不会带来利益。”在一个工作岗位离开钻研业务谈进取，那只能是一句空话。

（七）科学文化素养

科学文化素养指科学知识、技术知识、文化知识、文化修养等方面的素养。科学精神、求知欲望和创新意识是职业素养和职业发展的基础。主要是学习能力、信息能力、创新意识、创新精神、创新能力、创业意识与创业能力等。可以说人文素养是当代职业人的必备素养，是职业人不断提高职业修养的基础条件。学习和创新是个人价值的另一种形式，能体现个人的发展潜力以及对企业的价值。

（八）人文素养（内涵）

一个人的精神世界有三大支柱：科学、艺术、人文。科学追求的是真理，真理给人以理性；艺术追求的是美，艺术给人以感性，让人富有激情；人文追求的是善，因此，人文给人以悟性，人文中的信仰使人虔诚。作为一个当代的职业人，不能没有科学，也不能没有艺术，更不能没有人文修养。可以说，人文素养是当代职业人的必备素养，是职业人不断提高职业修养的基础条件，是一个现代职业人素养的内涵。人文素养包括：

（1）审美素养。审美素养指人所具备的审美经验、审美情趣、审美能力、审美理想等各种因素的总和。审美素养既体现为对美的接收和欣赏的能力，又转化为对审美文化的鉴别能力和审美文化的创造能力。

（2）社会交往和适应素养。社会交往是人类特有的一种高级活动形式，又是人类共同活动的一种特殊形式。社会交往素养是当代大学生立足社会的重要素养之一，是大学生社会化的一项重要内容。大学生社会交往素养主要包括语言表达能力、社交活动能力、社会适应能力、应变力等。这些能力是后天培养的个人能力，它可从一个侧面反映一个人的能力。

综上所述，人生重要的，不是能力而是性格；不是成功而是价值；不是你认识多少人，而是在你离开人世时，有多少人认识了你！

希望大学生们：用信念支撑精神，用毅力实现梦想，用知识改变命运，用理性避免危机，用宽容对待生活，用激情挑战人生！

拓展阅读1－1：一流员工的十大职业素养

一流员工的十大职业素养如图1－3所示。

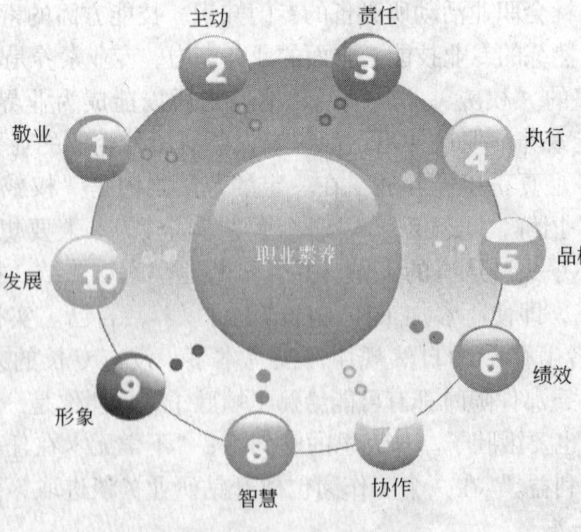

图1－3 十大职业素养

（1）敬业。不怕起点低，就怕境界低；只有小雇员，没有小角色；培养工作中的使命感；处处以专业的标准要求自己；将简单的事情做到最好。

（2）主动。你是雇员，但你更是主人；不是上级，但能影响上级；老总不在，要干得更好；先走一步，海阔天空；先让你的付出超越报酬，然后你的报酬会超过你的付出。

（3）责任。拿得起责任，放得下架子；优秀者，就是优秀的责任承担者；扩大了“承担圈”，便放大了“成功圈”；“活儿是给别人做的，更是给自己做的”。

（4）执行。不是做事，而是做成事；“烧开一壶水”；四个“到位”；“从考虑点到考虑系统”。

（5）品格。成为值得依赖的人；坚守原则，即使天塌下来；经得住考验，才是真品格；“小胜凭智，大胜靠德”。

（6）绩效。“穷忙”、“瞎忙”是职场大罪；“老黄牛”也要插上绩效的翅膀；强化工作的结果导向；优化你的工作方式。

（7）协作。没有人能独自成功；团队不是缩小了自我，而是放大了自我；最佳团队精神，需要牺牲精神；没有完美的个人，只有完美的团队。

（8）智慧。做智慧型员工，总有解决的办法，总有更多的办法，总有更好的办法。

（9）形象。不要往自己喝水的井里吐痰；单位提前，自我退后；你就是单位的“金字招牌”。

（10）发展。个人发展要跟上公司发展的主旋律；是选择钱，还是选择路；别太在乎自己，地球不会因你而不转动。

三、职业素养的特征

职业素养的特征主要有：

（1）职业性。由于社会分工不同，人们从事着不同的职业，而不同的职业，职业素养是不同的。对建筑工人的素养要求，不同于对护士职业的素养要求；对商业服务人员的素养要求，不同于对教师职业的素养要求。李素丽的职业素养始终是和她作为一名优秀的售票员联系在一起的，正如她自己所说：“如果我能把10米车厢、三尺票台当成为人民服务的岗位，实实在在去为社会作贡献，就能在服务中融入真情，为社会增添一份美好。即便有时自己有点烦心事，只要一上车，一见到乘客，就不烦了。”

（2）稳定性。一个人的职业素养是在长期执业时间中日积月累形成的，一旦形成，便会产生相对稳定性。例如学习建筑设计的同学，毕业工作以后，经过几年的实践，会形成他自己独特的设计风格，并在一定时期内保持相对的稳定。当然，随着他继续学习、工作和环境的影响，这种素养还可继续提高。

（3）内在性。职业从业人员在长期的职业活动中，经过自己学习、认识和亲身体验、分析、比较、反省觉得怎样做是对的，怎样做是不对的。这样，有意识地内化、积淀和升华的这一心理品质，就是职业素养的内在性。我们常说：“把这件事交给××师傅去做，有把握，请放心。”人们之所以放心他，就是因为他的内在素养好。

案例1－3

2012年5月8日20时30分许，佳木斯市第十九中学下晚自习的初三学生涌向四中校门（因学校正在装修，初三学年借用四中校舍），没想到他们的前面正面临着危险——停在胜利路北侧第四中学门前的一辆金龙大客车突然失控，连撞两车后向校门口的学生们撞来。

面对失控冲过来的汽车，正在路旁疏导学生的张丽莉老师，在危急时刻，本可以选择退避，但她用手推开、用身体撞开了身边的学生，而自己随即被卷入车下，车轮从张丽莉的大腿辗压过去，肉都翻卷起来，路面满是鲜血，惨不忍睹。被轧伤后，她有时清醒有时昏迷，在送往医院的途中，还对大家说："要先救学生"。

很快，张丽莉老师舍身救学生而自己被卷入车底的事迹传遍了大街小巷。淳朴善良的美丽女教师，霎时感动了龙江大地。"英雄教师"张丽莉让人们知道，这个世界原是如此美丽活泼，充满爱，充满生命力。交通事故是偶然的，但张丽莉老师舍身救人的事迹却不是偶然的。情急之下的壮举，是本能，更是责任、爱心、无私和崇高。

（资料来源：《最美教师张丽莉事迹》，北京高校毕业生就业信息网，2013－09－09）

案例1－4

2012年5月29日，"最美司机"吴斌在驾驶客车从无锡返杭途中，突然有一块铁块像炮弹一样，从空中飞落并击碎车辆前挡风玻璃砸向他的腹部和手臂。造成肝脏破裂及肋骨多处骨折，肺、肠挫伤，但在危急关头，吴斌强忍剧痛，换挡刹车将车缓缓停好，拉上手刹、开启双跳灯，以一名职业驾驶员的高度敬业精神，完成一系列完整的安全停车措施，确保了24名旅客安然无恙，而他自己虽经全力抢救却因伤势过重去世，年仅48岁。

（资料来源：中国高速网 http：//www. cngaosu. com/）

（4）整体性。一个从业人员的职业素养是和他的整体素养相关的。我们说某某同志职业素养好，不仅指他的思想政治素养、职业道德素养好，而且还包括他的科学文化素养、专业技能素养好，甚至还包括身体心理素养好。一个从业人员，虽然思想道德素养好，但科学文化素养、专业技能素养差，就不能说这个人整体素养好。相反，一个从业人员科学文化素养、专业技能素养都不错，但思想道德素养比较差，同样，我们也不能说这个人整体素养好。所以，职业素养一个很重要的特点就是整体性。

（5）发展性。一个人的素养是通过教育、自身社会实践和社会影响逐步形成的，具有相对性和稳定性。但是，随着社会发展对人们不断提出的要求，人们为了更好地适应、满足、促进社会发展的需要，总是不断地提高自己的素养，所以，素养具有发展性。

（6）细节性。员工的职业素养，是一种养成，是一种修炼，一旦养成，就会有职业的敏感性和细节性，所以，员工的职业素养体现在细节上。老子说"天下难事，必做于易；天下大事，必做于细"，中国有古话"千里之堤，溃于蚁穴"，讲的都是必须注意细节，把"小事"做好。不起眼的小环节，小事，是需要我们细心去做的，这些事情如果做好了，我们会有预想不到的收获。在一定意义上，我们可以说"细节决定成败"，它告诉我们无论是在工作中，还是在生活当中一定要细心，一点一滴决定了我们的人生。

四、职业素养的核心内容

职业素养包含的三大核心内容：

（1）正确的职业理念。职业理念是职业素养的核心。良好的职业素养包涵了良好的职业道德，积极的职业心态和正确的职业价值观，这是一个成功职业人必须具备的核心素养。良好的职业理念应该是由职业认知、认同、爱岗、敬业、忠诚、团结、诚信、奉献、正面、乐观、用心、开放、团结、合作及始终如一等内容组成的。

（2）高超的职业知识技能。职业知识技能是做好一个职业应该具备的专业知识和能力。俗话说“三百六十行，行行出状元”，没有过硬的专业知识，没有精湛的职业技能，就无法把一件事情做好，就更不可能成为“状元”了。所以要把一件事情做好就必须坚持不懈地关注行业的发展动态及未来的趋势走向；要有良好的沟通协调能力，懂得上传下达、左右协调从而做到事半功倍；要有高效的执行力。研究发现：一个企业的成功30%靠战略，60%靠企业各层的执行力，只有10%的其他因素。中国人在世界上都是出了名的“聪明而有智慧”，中国人不缺少战略家，缺少的是执行者。执行能力也是每个成功职业人必须修炼的一种基本职业技能。还有很多需要修炼的基本技能，例如：建筑专业的识图、制图、施工管理的知识技能，甚至是砂浆的搅拌；例如：云锡股份公司区域性矿山采矿专业的快速高效采矿方法，快速运输平台建设，物资快速供应系统等；还有职场礼仪、时间管理及情绪管控等等。各个职业有各专业的知识技能，每个行业还有每个行业的知识技能。总之学习提升职业知识技能是为了让我们把工作做得更好。

（3）良好的职业行为习惯。职业行为习惯就是在职场上通过长时间的学习－改变－形成而最后变成习惯的一种职场综合素质。理念可以调整，技能可以提升。要让正确的理念、良好的技能发挥作用就需要不断地练习、练习、再练习，直到成为习惯。

职业素养概括地说包含：职业道德；职业思想（意识）；职业行为习惯；职业技能，是职业素养中最根本的部分。而职业技能是支撑职业人生的表象内容。职业道德、职业思想（意识）和职业行为习惯属于世界观、价值观、人生观范畴，从出生到退休或至死亡逐步形成，逐渐完善。而职业技能可通过学习、培训获得。例如，计算机的使用、建筑设计、建筑施工和建筑工程管理等属职业技能范畴的技能，可以通过在高等院校的学习掌握入门知识和技术，并在将来工作实践运用中日渐成熟而成专家。可企业更认同的道理是，如果一个人基本的职业素养不够，比如说忠诚度不够，那么技能越高的人，对一个企业或者一个单位来说其隐含的危险越大。因此，做好自己最本职的工作，也就是具备了最好的职业素养。

可往往我们通过观察身边的一些人和事，会发现这种情况：比如某位员工职业技能很高，却终日不为单位效力，想着跳槽，对单位的忠诚度不够。类似这样的问题说明：如果个别员工基本的职业素养不够，技能越高的人，隐含的危险越大。如果单位有一位员工如此，就会让其身边很多员工心情变得浮躁、不安，就像夜晚月亮周围的光环一样，起到负面的晕轮效应。所以说企业员工职业素养程度的高低决定了企业的未来发展，同时也决定了员工自身的发展。所以很多企业及高效运转的单位，都高度认可工作态度大于职业技能，这个工作态度就是指职业素养。

我们经常会看到一些企业和个人忽视职业素养的培训和学习，忽视意识、道德、礼仪行为等方面的培训学习，这就难以从根本上提升职业素养，提升企业的核心竞争力。企业要想具备较强的市场竞争力、员工个人要想不断提升职业竞争力，就必须加强职业素养的培训和学习。只有这样才能让所有的员工都像正常运转的链条中的每一节一样，由内而外的做好本职工作，否则企业难免会变成一盘散沙，员工个人的职业竞争力也很难得到提升。

资质、知识、行为和技能，这些是员工的显性素养，可以通过各种学历证书、职业证书来证明，或者通过专业考试来验证。我们把职业道德、职业意识和职业态度等统称为隐性素养，显性素养和隐性素养的总和就构成了一个员工所具备的全部职业素养。现在的高等院校毕业生在显性素养方面表现还可以，但在隐性素养方面由于个别学生不注意修养或者是没有受到过严格的道德教育，因此表现出隐性素养，特别是道德修养上的欠缺，导致很多企业不招聘应届毕业生。而这个问题并没有引起大部分学生的重视，须知：你再聪明，也挽救不了道德上的缺陷。因此，我们应该积善成德，从小事做起，提高我们的职业道德。

许多人的成功其实很简单，因为一切美德都蕴含在平凡的小事之中。高尚道德品格的养成是一个循序提高的过程，所谓积善成德。所以要坚持把每一件小事做好，把每一个细节做好就会成就大事。可是，在实际工作中，我们会经常看到，有人迟到了，有人在工作期间接打私人电话，特别有的青年职工上班经常看手机信息，有人把用完的工具随手乱放，有人每天工作还没完成就焦急的等待下班等等，这些虽然是小事，却能折射出一个人的道德水平。所谓积久成习，良好道德行为习惯的养成是一个循序渐进的过程。我们在日常生活和工作中，要重视每一件小事，每一个细节，在做好每件小事的同时，逐渐养成好的行为习惯。

案例1－5：许振超：干就干出世界一流

他虽然只是个初中毕业生，却主持了青岛港前湾码头两台国内最大桥吊的安装；他只是个基层队长，却参与了青岛港创国优管理金奖的申报，建立了整个明港公司质量管理体系；他的桥吊队才组建一年多，却创造了集装箱作业的世界纪录，赢得国际航运大公司的称赞。如今，以这个普通产业工人的名字命名的青岛集装箱服务品牌——“振超效率”，正激励着青岛港15000名工人向建设世界一流强港的目标冲刺。

“振超效率就是要敢创世界第一”。

在青岛港，“振超”是一个人名、一种效率，也是一个承诺、一种精神。

2003年1月6日，青岛港集团总裁常德传到码头一线调研，当得知明港公司桥吊队连续创出作业新纪录时，他对桥吊队队长许振超说：“就用你的名字命名集装箱保班品牌吧。”然后，他又问明港公司总经理朱广太：“上海港最快12小时完船，你们敢不敢保证不论多大的船舶都能10小时完船？只有这样才称得上是有青岛港特色的‘振超效率’。”“振超效率”这个名词由此而生。

集装箱码头的特点就是装卸效率高，装卸效率高就等于能保证集装箱班轮的班期，保证船舶班期是船公司的生命线，也反映着港口的生产实力与码头的服务质量。“振超效率”

成了青岛港在服务质量方面对集装箱客户的重要承诺，也成了青岛港在激烈的市场竞争中争箱源、争船舶、争航线、加快集装箱发展的重要保证。

许振超时常激励自己和队友："我们并不比别人差，中国香港码头能干出来的水平，我们也能干出来，而且会干得更好。不论干什么，干就要干出点名堂来，'振超效率'就是要敢创世界第一。"

2003 年 3 月 4 日，明港公司在接卸"地中海航运"的"阿莱西亚"轮时，许振超和他领导的桥吊队创造出了每小时装卸 299.7 自然箱的中国大陆沿海港口最高纪录。世界第二大船公司——"地中海航运"专门寄来感谢信，盛赞青岛港的作业效率已与世界一流大港相当。4 月 27 日晚 20 时 20 分至次日凌晨 2 时 35 分，许振超带领队友仅用 6 小时 15 分就完成了全船 3020 标准箱作业，船时效率和单机最好效率分别为每小时 339 自然箱和 70.3 自然箱，打破了由中国香港现代货柜码头创下的 336 自然箱和 68 自然箱的世界最高纪录。许振超由此成了世界纪录的主要创造者。

"干一行就要爱一行，爱一行还要精一行"。

从 1974 年初中毕业进港当工人，到现在成为明港公司桥吊队队长，许振超在青岛港一干就是 30 年。30 年来，许振超一直没有改变对自己的定位，他说："我就是个工人，而且是个没上过多少学的码头工人。我对自己的要求就是干一行爱一行，爱一行还要精一行，这样才能当个称职的好工人。"

2003 年 3 月 24 日晚上，五六个维修主管围在明港 5 号桥吊伸距上愁眉不展。许振超闻讯赶来，得知是桥吊张紧液压装置坏了，修了一下午还是没弄好。许振超这儿摸摸，那儿看看，过了十几分钟，他在张紧液压站前站住了，反复摸了摸里面的两个溢流阀和前后 4 根油管，然后招呼其他人："你们来试试。"一个维修主管摸了摸说："好像一个温度稍稍高一点。"许振超说："就是右边这个阀，换掉它试试。"十几分钟后，换上新溢流阀的机器恢复了正常。工人们纷纷翘起大拇指赞道："神了！"许振超却说："没什么神的。以前开门机时就遇到过类似的毛病，连技术员也没办法，我不想放弃，就买了本《液压技术》边学边修，到底给鼓捣熟了。"

许振超随身带着三样"宝"：一本翻烂的英文字典，一个笔记本，还有一台笔记本电脑。字典用来查资料中的单词，笔记本用来记录每天工作中的心得，电脑则用来及时整理队里的规章制度以及职工培训的教案等。这种不断学习的劲头使许振超取得了一个又一个佳绩，这些年，他先后获得 10 余项集团技术创新奖。有一次，他发现桥吊起升的励磁电源装置每两三周就烧坏一组可控硅，就找到技术主管一起反复研究，自行设计改造了电路，并用国产可控硅替代了进口配件，既解决了问题又降低了成本。该装置生产厂家的工作人员得知后，说："这可是瑞典生产的世界一流的装置呀，亏你老许敢想敢做！"

"到世界任何一个现代化码头，我们都能干出一流的活儿来"。

为了提高队内年轻司机的业务水平，许振超专门编制了青岛港第一本桥吊作业手册，把自己和桥吊队其他优秀司机的经验编写成册。他说，队里来了不少新手，经验不足，这样做能够让他们少走弯路。明港公司总经理朱广太为此感叹道："青岛港有不少基层队长很能干，但还没有一个队长像许队长这样善于总结经验，善于带新人。"正是靠着这本手册，许振超创造了用 3 个月时间带出一批桥吊司机的纪录，而按照惯例，像桥吊司机这样的高空特种作业，从培训到上岗至少要一年时间。

许振超经常说：“我们的目标是，到世界任何一个现代化码头，我们这支桥吊队都能干出世界一流的活儿来。”他之所以敢确立这样的目标，是因为拥有一支过硬的队伍。在许振超的桥吊队里，现在已经出了许多像他一样的装卸专家，有的还超过了他。技术主管刘俊生等人成功主持了1号、8号、9号桥吊的电控改造及3号、4号桥吊的整体加高等一系列技术创新项目；维修班改革了桥吊钢丝更换方式，把换钢丝时间由过去的9个多小时压缩到7个小时，创造了国内大陆沿海港口中最快的速度。

许振超管理的桥吊队拥有几亿元资产和近200名员工，被誉为明港公司“第一岗位”。面对一流的码头和现代化的桥吊群，许振超给自己定下一个规矩，在这里当队长得有新套路，要会管理，绝不当“吆喝队长”，不能像过去那样靠吆吆喝喝的老办法。为此，许振超着实下了不少功夫。他找来国家、交通部和集团的机械设备管理条例，还找来了国家标准和ISO9002质量认证体系的相关材料，从头开始学起。通过借鉴一些管理理论和知识，许振超与同事们一起研究制定了26大项管理制度，包括了桥吊维修、养护、使用全过程。上海港机厂一位总工到青岛港搞桥吊使用培训时，连连感叹：“在国内走了这么多港口，从来没有看到一个基层队能有这么完善的管理条例。”

桥吊队的管理出了名，连明港公司也参照桥吊队建立了管理体系，在明港公司的安全质量管理培训课上，许振超成了主讲人。

“成绩永远只能代表过去”。

许振超多少也算是个名人了，明港公司、青岛港、青岛市各条战线都纷纷掀起了向许振超学习的热潮。

青岛市委书记、市长等领导多次在不同的场合对许振超表示钦佩与赞扬，并号召全市人民向他学习。市委副书记、纪委书记、副市长崔锡柱曾在许振超的材料上批示：“这个典型选得好！事迹感人。许振超同志努力掌握现代知识、刻苦钻研技术的敬业精神，敢于挑战世界一流装卸效率的大无畏精神，不愧是现代港口工人的优秀代表。”青岛港集团的报纸《青岛港报》更是开辟了“学振超，赶振超，争创世界名牌”、“学习楷模，人人争先”栏目，连续刊登集团各基层学习“振超精神”的文章。

面对这样的荣誉，许振超却很平静：“能创造出这样的成绩，关键是集团把我安在了这样的岗位。成绩永远只能代表过去，创新是无止境的，学习也是无止境的。”在许振超家，记者无意间看到一堆杂物中露出镀金奖牌的一角，走近一看，上面写着“命名集装箱单船装卸世界纪录——振超效率”，奖牌的边角已经有些破损了。这奖牌是荣誉的象征，他怎么却如此随意地放置呢？许振超看着记者一脸的疑惑，笑着说：“奖牌擦得再亮，也不如把工作做好。”

在实际工作中，大部分企业和个人非常重视显性素养培训，诸如职业技能培训等等，好像这些培训的效果能够立竿见影地凸显出来。很多企业和个人往往忽视隐性素养的培训，忽视职业意识、职业道德和职业态度方面的培训，因此也就很难从根本上提升个人和企业的核心竞争力，只有重视员工隐性素养的培训，才能够更大地提高员工的显性素养培训的效果。

员工职业素养程度的高低决定了员工自身未来的发展，也决定着企业的未来发展。是否具备职业化的意识、道德、态度和职业化的技能、知识与行为，直接决定了员工自身和企业发展的潜力和成功的可能。

五、大学生职业素养的自我培养

作为职业素养培养主体的大学生，在大学期间应该学会自我培养。

(1) 培养职业意识。很多高中毕业生在跨进大学校门之时就认为已经完成了学习任务，可以在大学里尽情地"享受"了，所以晚上上网，白天上课的时候就成了"特困生"。这正是他们在就业时感到压力的根源，因为在学校学习的时间很少并且不刻苦努力，没有学到多少知识、技术。清华大学的樊富珉教授认为，中国有69%～80%的大学生对未来职业没有规划，就业时容易感到压力。中国社会调查所最近完成的一项在校大学生心理健康状况调查显示，75%的大学生认为压力主要来源于社会就业；50%的大学生对于自己毕业后的发展前途感到迷茫，没有目标；41.7%的大学生表示目前没考虑太多；只有8.3%的人对自己的未来有明确的目标并且充满信心。培养职业意识就是要对自己的未来有规划。因此，大学期间，每个大学生应着重解决一个问题，就是认识自己的个性特征，包括自己的气质、性格和能力，以及自己的个性倾向，包括兴趣、动机、需要、价值观等，据此来确定自己的个性是否与理想的职业相符，对自己的优势和不足有一个比较客观的认识，结合环境如市场需要、社会资源等确定自己的发展方向和行业选择范围，明确职业发展目标。

(2) 按照学校的培养目标，完成知识、技能等显性职业素养的学习。职业行为和职业技能等显性职业素养比较容易通过教育和培训获得，学校的教学及各专业的培养方案是针对社会需要和专业需要制定的，旨在使学生获得系统化的基础知识及专业知识，加强学生对专业的认知和知识的运用，并使学生获得学习能力、培养学习习惯。因此，大学生应该积极配合学校的培养计划，认真完成学习任务，尽可能利用学校的教育资源，包括教师、图书馆等获得知识和技能，为将来职业需要做储备。

(3) 有意识地培养职业道德、职业态度、职业作风等方面的隐性素养。隐性职业素养是大学生职业素养的核心内容。核心职业素养体现在很多方面，如独立性、责任心、敬业精神、团队意识、职业操守等，事实表明，很多大学生在这些方面存在不足。

大学生职业素养的自我培养应该加强自我修养，在思想、情操、意志、体魄等方面进行自我锻炼。同时，还要培养良好的心理素质，增强应对压力和挫折的能力，善于从逆境中寻找转机。

我国是发展中国家，具有人口过剩、产业结构不合理和就业压力大等特点，目前，人口数量已近13.5亿，劳动适龄人口达10亿，由于企业深化改革，采用新技术、新设备，导致失业人数不断增加。在这种激励的就业竞争形式下，企业更加迫切地呼唤人才，需要具有精深的专业技术和良好的职业素养的高级人才。

近年来，由于各大高校招生规模不断扩大、就业结构不合理、就业市场不完善、盲目的人才高消费、就业观念有待更新等原因，出现了一些很不正常的奇怪现象：一方面，企业方面求贤若渴，另一方面，求职者一职难求。面对这一严峻形势，企业道出他们的苦衷：

1）就业学生诚信不足。当前毕业生的不诚实现象日益凸显，夸夸其谈自己的专业成绩，好得叫人"瞠目"；招聘人员对这种求职简历大多不屑一顾。一项不完全统计，用人单位招聘应届毕业生的到岗率不足70%。

2）图安逸、怕吃苦。“大城市、好单位、高工资”是大学生的首选。据不完全统计，约有90%的毕业生选择效益好、工资高、地处大中城市的好单位，愿意到急需人才的边远地区和艰苦行业的毕业生仅占2%。

3）小善不为，大善难为。对一些轻而易举就能干好的小事情，不愿干、不屑干，即使是单位要求，也很不情愿，认为浪费了自己的青春。

4）不愿意同别人团结互助，共同合作。这不仅是对大学生道德水平的检验，也是用人单位考察的重要标准。它能反映出大学生处理人际关系的能力和工作协调能力，但是，在竞争过程中，抬高自己、贬低别人的现象却屡见不鲜。对此，用人单位的态度十分明确，对此类学生坚决拒用。

不少用人单位反映部分毕业生缺乏职业素养，理想化情结过浓，对待遇、工作环境过于看重，不安心本职工作，过分注重眼前的实际利益，忽视单位的长远发展。用人单位到学校招聘时要求毕业生踏实肯干，有敬业精神，从基层干起，那些好高骛远、眼高手低、夸夸其谈的毕业生是不受用人单位欢迎的。另外，良好的人际沟通能力与团队精神，生产的社会化使社会分工越来越细，完成一项工作，需要多人的协同配合，因此，沟通、协调能力和团队精神随之成了一些用人单位考核的重要指标之一，良好的人际交往能力和协调能力有助于事业的成功。毕业生到了新的工作岗位，要把自己置身于集体之中，热爱、忠诚、效力于自己的单位，与同事同甘共苦，如果自私自利、性格孤僻，必然在工作中寸步难行。

拓展阅读 1－2

成功者十三个价值连城的习惯。

成功是一种习惯，失败也是一种习惯。你的习惯无法改变，但可以用好的习惯来替代。成功很简单，只要简单的事情重复做，养成习惯，如此而已。以下是成功者十三个价值连城的习惯，我们称之为“百万元的习惯”。

习惯一：成功者清楚地了解他做每一件事情的目的。

成功者虽重视事情的结果，但更重视事情的目的，而目的的清楚则有助于他达到结果并且享受过程。

习惯二：成功者下决定迅速果断，之后若要改变决定，则深思熟虑。

一般人经常在下决定时优柔寡断，决定之后却又轻易更改；成功者之所以能迅速下决定，因为他十分清楚自己的价值层级和信念，了解事情的轻重缓急，因此能有条理地处理。

习惯三：成功者具有极佳的倾听能力。

倾听并非是去听对方说的话，而是去听对方话中的意思。倾听的技巧包括：

（1）倾听时不打断对方的谈话；

（2）把对方的话听完；

（3）即使不需要记录，你都可以听出来对方的意思；

（4）把所有的问题记在脑海，等对方说完后再一同回答。

习惯四：成功者设定“当日计划”。

成功者在前一天晚上或一早就会把当天要处理的事情全部列出来，并依照重要性分配时间。他管理事情而非管理时间。

习惯五：写日记。

写日记的法则：

(1) 保持弹性，重表达思想，而不用太多严格规则；

(2) 持续；

(3) 用来设计你的生命价值和中心思想；

(4) 记录每件事情的差异化；

(5) 记录特殊时刻及事件；

(6) 解决问题；

(7) 学会问更好的问题；

(8) 在日记上写下自己的宣言；

(9) 把每日写下的东西在月底复习；

(10) 加深自己的记忆和经验。

习惯六：做喜欢的事。

习惯七：勤于练习基本动作。

习惯八：运用自我暗示的力量。

自我暗示就是把目标用强烈的语气不断念出声音，告诉自己，让潜意识无法分辨真假，因此相信它。

习惯九：运用冥想的技巧。

当你不断想象自己达成目标是情景，潜意识会引导身体做出那些效果。

习惯十：保持体力或创造更多精力。

习惯十一：成功者人生的目的通常是超越自我，立志为大多数人贡献自己的力量。完成使命而非为金钱工作。

习惯十二：成功者有系统。

成功者都有一套方法来整理思想、行为，因此能不断实践在自己身上，并且教导别人。

习惯十三：成功者找方法，失败者找理由。

成功者愿意做失败者不愿意做的事情。

如果你能采取以上做法，进而养成习惯的话，这些习惯对你可能不只是百万元的价值，更可能带给你心灵的富有。

（资料来源：网易财经　2012-10-08）

拓展阅读1-3

临行奉送锦囊，人生追求“六好”

——方滨兴校长在2013届本科生毕业典礼上的讲话

同学们，大家上午好！

今天，我们在这里举行一年一度的本科生毕业典礼，虽然每年的校历都镌刻着这个日子，对教师们来说习以为常，但对你们来说却非同寻常。因为这是你们人生中一个重要的标志，是你们人生征途中的一个里程碑。不瞒你们说，这次毕业典礼对我来说也是极为特别的，因为这次毕业典礼恰逢本届校行政领导班子履职期满，这是本届领导班子最后一个本科生毕业典礼。

几个月来我一直在想，我该在这最后一次的演讲中向你们传达一些什么信息？回想起我毕业后的工作与生活，回顾了我的人生轨迹。今天，我在最后一次以校长名义所做的毕业典礼演讲中，要向毕业生们奉送一个锦囊，以陪伴你们行走四方。这也是我今天的演讲题目“临行奉送锦囊，人生追求‘六好’”。

“第一好”是指要有个好品德。“地势坤，君子以厚德载物”，北邮校训的第一个词语就是“厚德”。因为“德”是做人之本，也是指导我们思维、行事的灵魂所在。一个人的善或恶、好或坏、成或败，无不源自于其品德。要注意你所想的，你的想法会变成你的语言；要注意你所说的，你的语言会变成你的行动；要注意你所做的，你的行为会变成你的习惯；要注意你的习惯，你的下意识会变成你的性格；要注意你的性格，你的本性会左右你的命运。而所有这一切，其源头就是你的品德。我个人对自己的要求是：举事为先、待人以诚，开拓进取、善善恶恶。当然，我也知道“善善恶恶”并不适合于领导者，因为做领导的不能简单地爱憎分明，而需要普惠众生，包容丑恶；领导者可以“善人以善”，却不宜“恶人以恶”。

“第二好”是指要有个好本事。“本事”何来？是从学中来，从干中来。北邮校训第二个词语就是“博学”。《礼记·儒行》云：“儒有博学而不穷，笃行而不倦。”就是说学者应该学无止境，锲而不舍；要苦于学习，勇于实践。当今时代是知识爆炸的社会，是新知识、新技术层出不穷的时代。量子计算、3D 打印、自动内容识别、自动驾驶、自然语言问答、语音翻译、大数据、NFC 支付、手势控制、互联网安全、云安全、高级持续威胁（APT）等等，都在等待我们去探索，你们需要去选择性地掌握这些知识。但是，只有拥有真本事才能驾驭这些领域。英雄气概是以“本事”为资本的，敢说“可上九天揽月，可下五洋捉鳖，谈笑凯歌还”，那是需要有真本事的！

“第三好”是指要有个好谋划。北邮精神的第二条是“追求卓越”。要做到追求卓越，首先就是要善于规划自己，不能浑浑噩噩，做一天和尚撞一天钟。《礼记·中庸》云：“凡事预则立，不预则废。言前定则不跲，事前定则不困，行前定则不疚，道前定则不穷。”没有事前的准备与计划，就不能取得期望的成果。你们应该想清楚今年我要做什么，要达到什么目标？要谋划好在现在这个岗位中要如何做，追求什么目标？所谓“人无远虑，必有近忧”，也是指没有长远谋划，做事必定没有章法，势必以疲于奔命的方式来应付眼前遇到的每一件事情，不能做到“有所为，有所不为”。荀子曰：“计胜欲则从，欲胜计则凶。”就是告诉我们这个道理：谋事在先就会顺利，随心所欲行事极易失败。

“第四好”是指要有个好态度。好态度首先表现在奉献和敬业中。北邮精神的第一句是“崇尚奉献”，北邮校训的第三句是“敬业乐群”，这就是号召大家对事业要严谨、认真，要有奉献精神。荀子曰：“凡百事之成也必在敬之，其败也必在慢之，故敬胜怠则吉，怠胜敬则灭。”就是说，是否敬业将会决定你自己事业的成败。宋代大儒程颐说：“所谓敬者，主一之谓敬；所谓一者，无适之谓一。”就是说，凡是做一件事，便要专心于一件事，将全副精力集中到这件事上头，心无旁骛，这便是敬。梁启超先生说："所以敬业主义，于人生最为必要，又于人生最为有利。"敬业包含爱业、勤业、精业、创业等多种境界，我们应该具备为社会发展而奉献的价值观。

"好态度"也可用于诠释"团结、勤奋、严谨、创新"的北邮校风。在此，"创新"是第一要义，开拓进取是我们努力追求的目标；"严谨"是核心，"规格严谨、功夫到家"是锤炼优秀科研人员的基石；"团结"是基本要求，团结协作是能干成大事的前提条件；"勤奋"是根本方法，兢兢业业是获得成功的根本保证。你们应该做到"眼勤、脑勤、手勤、腿勤"，要热爱岗位、笃学求精、献身创新，在平凡的岗位上做出不平凡的事业来。

"第五好"是指要有个好心气。这就是你们一定要有一个健康的心理，要提高自己的抗压、耐挫能力。我作为校长始终倡导我们的教职员工"对待学生要像对待朋友的孩子一样"加以关怀，所以我一直对你们就像敞开我的邮箱一样敞开心扉，有言必达、有信必回。但是，我的这一要求并没有得到教职员工的广泛认同。不赞成者认为学生从家庭到大学，就是走向了社会，他们需要认识社会，需要感受社会残酷的一面。这个残酷现实的主要表现就是，你已脱离了家庭的中心地位，社会上无人会拿你当宝，甚至能够认可你的存在就不错了。如果我们把学校仍旧打造成一个温室，温室的花朵今后焉能承受住社会的风霜雨雪？从真空进入大气中，焉能有抗毒能力？有个毕业生回校感言："老师，过去你们对我们太好了，我以为社会上都是这样子。工作后我做了甲方，没想到乙方居然敢跟我拍桌子瞪眼。你们为何不早些告诉我社会是这个样子呢？"

我收到过一个学生的邮件，向我抱怨说"学校的大叔大妈为什么总是大吼大叫的？"我在向他表示需要改善学校服务态度的同时，也告诉他要学会不受干扰，不要让此类事情烦心自己，别忘了自己的本意是来读书的，不是来生气的。其实与人打交道是一种学问，既要追求自己有个好心情，也要给对方一个好心情。我身边有这样一个真实案例：两个人去喝咖啡，每一杯咖啡赠送一包薯条。其中一个人想再要薯条，但不要咖啡，可是服务员说薯条只赠不卖。这个人就拿出钱来协商，同意只要比买咖啡便宜就行。服务员正在犹豫到底该收多少钱好？这时另一个人冲过来说，"象征性收一些就行了，你这个人怎么这么死脑筋呢？"服务员立即把钱退回说："我不是死脑筋，按照规定就是不能卖！"这一来单买薯条是不可能了，相信你们也明白了其中的缘由。

总之，凡事一定要清楚自己原本的目的是什么，要学会掌握心理抗压的能力，要让自己在任何情况下都能hold得住。你们好比是高速运行中的星体，不要让飞来的石子改变自己的轨道。要记住：不被他人所激怒也不去激怒他人是一种包容力，"海纳百川，有容乃大"；不被他人所左右不随意改变既定目标是一种定力，要善于步入"不管风吹浪打，胜似闲庭信步"的儒雅境界。

"第六好"是指要有个好身体。健康是人类的财富，要注意锻炼身体、劳逸结合，要养成良好的生活习惯。我很赞成这样的说法：人生是一个巨大的数字，其中身体健康是最前面的1，人的事业、荣誉、地位、财富、家庭、朋友等等都是1后面的0，显然0越多数值就越大。但是，一旦前面的1没有了，这个数字就真的成为零了。只有保持住了身体的这个1，后面的0积多了才有意义，才能体现出其价值。我们说"身体是人生的本钱"。本钱是用来投资的，不是用来挥霍的。所以你们不要随意突破自己的身体极限，任意浪费自己的本钱。不仅如此，你们还要努力增加自己的本钱。我曾经有一个很好的身体，能连续自由泳两千米。但由于过度透支自己的身体，同时也没有拿出足够的时间来补充，所以一场大病让我失去了能够熬夜奋战的资本，不能再像过去一样双肩同时挑起学术、管理两副重担。这也是我向主管部门提出不再连任北邮校长职务的原因。没有一个健壮的身体，我只有放下一副担子。而你们都有着长远的未来，有着家庭、事业、孝敬父母等多副担子，所以一定要爱惜自己的身体，一辈子都要健健康康的！

同学们，今天我想跟你们说的主要意思就是：要想做人，就要有好品德；要想做事，就要有好本事；要想成大事，就要有好谋划；要想取信于人，就要有好态度；要想取信天下，就要有好心气；要想勤耕不辍，就要有好身体。希望你们记住：凡事要沉稳，要避免草率决策；做事要有恒心，要勇于承担后果。

同学们，我愿意最后一次以校长的名义告诉大家：我会永远用真心祝福你们！我，爱你们！

（资料来源：人民网微博　2013－06－27）

思考题

1. 职业素养由哪些要素构成？
2. 职业素养包含哪三大核心内容？
3. 职业素养有哪些特征？
4. 大学生如何自我培养职业素养？

第二章　职业知识

职业是人们在社会中所从事的作为谋生手段的工作；从社会角度看职业是劳动者获得的社会角色，劳动者为社会承担一定的义务和责任，并获得相应的报酬；从国民经济活动所需要的人力资源角度来看，职业是指不同性质、不同内容、不同形式、不同操作的专门劳动岗位。本章主要阐述职业的形成与发展，内涵与特征，以及职业与事业、职业与人才之间的关系。

第一节　职业的基本理论

一、职业的概念和特征

（一）职业的概念

1. 职业的概念

职业是参与社会分工，利用专门的知识和技能，为社会创造物质财富和精神财富，获取合理报酬，作为物质生活来源，并满足精神需求的工作。

2. 职业含义

“职业”是由“职”和“业”组成。“职”就是职责，是权利与义务；“业”就是事业、行业。“职业”实际上就是在业人员所从事的有偿工作的种类。所以，我们可以这样定义职业：职业是一种参与社会分工，利用专门的知识和技能为社会创造物质财富和精神财富，获得合理报酬，将其作为物质生活来源并满足精神需求的活动。职业存在于社会分工之中，不同性质的工作在场所、方式、内容、目标等方面存在着很大的差别，一定的社会分工或者社会角色的持续实现形成了不同的职业。从社会的发展进程来看，职业不是从来就有的，它是在人类社会出现分工之后而产生的一种社会历史现象，是一种以社会分工和劳动分工为纽带的社会形式和社会关系。

（二）职业的发展演变

社会发展的职业演变过程：

（1）原始社会职业。原始社会初期，氏族成员之间只存在着以性别、年龄等生理因素为基础的自然分工，不存在社会分工，因此也就没有明确的职业存在。社会生产力的不断发展和提高，必然会促使分工的发展。依照恩格斯的理论，人类社会在早期的历史上有过三次意义重大的社会大分工。第一次是农业和牧业的分工；第二次是农业和手工业的分工；第三次是商业和农业手工业的分工。这三次社会大分工，催生出农业、畜牧业、手工业和商业四种职业。

（2）奴隶社会职业。在原始社会之后的奴隶社会里，农业、畜牧业、手工业、商业进一步发展，内部分工更细，如手工业内部出现了制陶业、玉石业、骨器业、青铜业等。

（3）封建社会职业。到封建社会，社会职业更多了。初期出现了王公、官吏、工匠、农夫、商人等，到唐宋时期已有了数百种行业。随着阶级社会的形成与发展，脑力劳动也开始从体力劳动中分离出来。至此，人类社会出现了单纯从事体力劳动的群体，同时也出现了完全脱离体力劳动，以从事脑力劳动为主的经营管理者，掌握国事的统治者和从事科学、艺术的知识分子，这样，人类社会就出现了各种各样的职业。

（4）近代社会职业。工业技术革命，解放了生产力，社会化和专业化程度越来越高，社会分工愈为细化，现代职业种类迅速增加，职业的演变也烙上了深深的时代印记。18世纪80年代，以蒸汽机的发明和广泛使用为标志的第一次工业技术革命，出现了蒸汽机制造工、安装工、修理工等多种职业。而蒸汽机在许多行业中作为动力，又使这些行业发生了重大变化。就蒸汽机在交通运输业中的应用而言，产生了蒸汽机司机、锅炉工、调度员、列车长、乘务员、售票员、巡路工、信号工等一系列职业，而且引发出众多相关职业，如火车头和车厢制造、信号灯制造和修理、火车票印刷等，促成了新职业产生的连锁反应。电的广泛使用，使人类进入第二次工业技术革命，这一时代对人们的生活领域也产生了深刻而广泛的影响。家用电器的广泛使用，也同样为电器制造、安装、修理提供了许多新职业。20世纪50年代，随着科学技术的不断发展，电子计算机、原子能、空间技术等高科技的广泛应用，使人类进入了第三次工业技术革命时代。与此同时，自动化相关职业不断推出。今天，我们面临着新技术革命的挑战，有人把它称为第四次工业技术革命，超大规模集成电路、航天技术、遗传工程、生物工程等新领域里的新技术，最新科研成果，将人类带入了信息时代。

（5）现代社会职业。工业技术革命带来的巨大变化，反映在中国平民百姓的生活方式、精神追求的巨大变化上。20世纪60年代，谁要有一架半导体收音机，就会引来众人羡慕的眼光；70年代的青年人会提着两尺多长的录音机逛大街、遛公园，一台9寸的黑白电视机，会让家里天天客人盈门；80年代，彩色电视机开始进入百姓家庭，年轻人的腰带上有了号称“随身听”的小型录音机；90年代，不但激光视盘、电脑和纯平彩电开始进入家庭，而且号称“掌中宝”的小型摄像机也成为人们追求的目标；21世纪初液晶电视大量普及，随后向3D电视发展；2012年6月初诺基亚808PureView上市，该机由于配备了史无前例的4100万像素摄像头和超大的1/1.2英寸COMS传感器，所以能够接受超过普通数码相机5.4倍的光线，这意味着在使用相同感光度的情况下，能够获得更高的快门速度，拍出效果更佳的500万像素的照片。这一系列的变化，都伴随着许许多多相关职业的产生、更新和淘汰。

随着现代社会分工的不断发展、专业化程度的日益增强和市场竞争的日趋激烈，随着科学技术革命的发展、经济体制的变革、产业结构的调整以及人才素质水平的提高，社会职业将发生众多变化，许多新兴职业应运而生。随着现代科学技术的发展而出现的职业：如高新技术研究与应用、新材料、新工艺、新能源开发、网络设计与管理、计算机软件开发等；随着市场经济的发展而出现的职业：如注册会计师、专业律师、各类专业策划师、营销策划师、监理工程师（建筑）、广告策划师、房地产策划师、注册造价师等。随着一些边缘科学的开发而出现的职业：如生命科学研究、人口学研究、社会学研究、心理咨询、应用美学研究等。随着社会服务需求的扩大而出现的职业：如公益慈善事业管理、社区服务、家政服务（例如：月嫂）、法律顾问、中介服务、环境设计与保护等。为适应政治体制及其管理需要而出现的职业：如公共事业管理、行政监督、司法监督、职业规划师等。这些新兴职业打破传统职业格局，需要大批具备现代科学思想、掌握现代科学知识和现代管理手段的创造性人才；人才培养必须不断适应形势发展，培养出开拓创新型、社会应用型人才，否则将不能满足职业发展的需要。

总之，职业是社会分工和劳动分工形成的。职业的基础是分工，职业的载体是人，没有人也就无所谓职业，每个人都是社会人，每个人也都扮演着不同的职业人的角色。不同的职业把劳动者区分在不同的职业岗位上，相互合作，职业成为人与社会联系的纽带。

（三）职业的特征

根据职业产生的发展历史及其对人类社会发展的影响，职业须同时具备下列特征：

（1）社会性。即职业是从业人员在特定社会生活环境中所从事的一种与其他社会成员相互关联、相互服务的社会活动，职业的基本内涵就是劳动，农民种地、工人生产、科学家进行科学实验、医生给病人治病、教师教书育人，都是劳动，均属于不同的职业。正是这些各不相同的职业，构成了一个完整的社会体系。

（2）差异性。社会本身的多种分工，形成了种类繁多的职业。这种差异往往体现在社会责任、职业层次、工作环境、工作对象、工作方式乃至报酬高低的不同。

（3）稳定性。即在一定时期长期存在，大的形式变化不是很频繁。社会分工是一种客观存在，是社会维系生存并得以发展的基础，社会越进步，社会分工越精细。这种分工，要求劳动者相对稳定，这样才能不断积累经验，不断丰富各个职业门类的知识，同时各职业才能不断发展。某种职业的专业化程度越高，越是要求稳定。

（4）目的性。即职业以获得现金或实物等报酬为目的，劳动者从事某项职业工作是有偿的，即要凭借自己的劳动来获得经济收入。劳动者在从事某项职业时，一方面为社会创造财富，另一方面也得到相应的劳动报酬。有经济收入是职业的一个重要标志。有了这种经济收入，劳动者本身及其家庭，才会有维持生存的基本生活来源和条件。所以我们说“就业是民生之本”。

（5）规范性。即职业必须符合国家法律和社会道德规范。

（6）群体性。即职业必须具有一定的从业人数。

二、职业的社会意义

社会分工产生职业，职业一旦产生就在社会中独立存在，成为人们认识、选择、从事和发展的对象。职业具有重大的社会意义，其意义和作用主要表现在：

（1）复杂的社会分工构成了复杂的社会职业，从而构成了现代人类文明社会的复杂结构。随着生产力的发展，社会分工越来越细，越来越复杂。现代文明社会结构不仅有政治、经济、文化、教育、军事、外交等方面，而且各个领域中又有各种不同的层次和结构，构成了极其细致的社会分工和千差万别的职业。

（2）职业的分类是社会生产力水平和社会分工水平的具体表现。生产力决定社会职业的产生和消失，有什么样的生产力才会产生什么样的职业。

（3）职业的层次结构反映着社会基本的生产关系。在阶级社会中职业与阶级、等级相关，在社会主义社会中，职业也与不同的社会阶层相联系。不同的职业在社会中有不同的职责、权利、义务。职业与人的社会地位、经济收入相关，反映着社会权益的分配，构成不同职业不同的社会需求和对从业者的不同要求。

（4）职业的社会构成及其从业人数和比例反映了社会的经济结构、产业结构、人力资源的配置与其构成关系及比例，反映了社会所能提供的职业种类和数量。

职业和我们每个人都有密切的联系，每个具有劳动能力的人都会在他的一生中从事一种或者几种职业，都会经历自己的职业生涯，并通过职业生涯实现自己在社会中的发展，实现自己的理想和所追求的人生价值，为家庭、组织、社会、国家作出贡献。因此，了解职业、认识职业、对于我们选择职业、寻求职业发展等都具有重要的意义。

拓展阅读

《中华人民共和国职业分类大典》是由劳动和社会保障部、国家质量技术监督局、国家统计局联合组织编制的。中央、国务院50多个部门以及有关研究机构、大专院校和部分企业的近千名专家学者参加了《中华人民共和国职业分类大典》的编制工作。《中华人民共和国职业分类大典》编制工作于1995年初启动，历时4年，1999年初通过审定，1999年5月正式出版。

《中华人民共和国职业分类大典》将我国职业归为8个大类，66个中类，413个小类，1838个职业。其中8个大类是：

第一大类：

国家机关、党群组织、企业、事业单位负责人，其中包括5个中类，16个小类，25个职业；

第二大类：

专业技术人员，其中包括14个中类，115个小类，379个职业；

第三大类：

办事人员和有关人员，其中包括4个中类，12个小类，45个职业；

第四大类：

商业、服务业人员，其中包括8个中类，43个小类，147个职业；

第五大类：

农、林、牧、渔、水利业生产人员，其中包括6个中类，30个小类，121个职业；

第六大类：

生产、运输设备操作人员及有关人员，其中包括27个中类，195个小类，1119个职业；

第七大类：

军人，其中包括1个中类，1个小类，1个职业；

第八大类：

不便分类的其他从业人员，其中包括1个中类，1个小类，1个职业。

第二节 职业与事业

一、职业与事业的关系

职业是个人因生存需要而参与社会分工工作的价值体现过程，它受职业的社会竞争发展需求所制约。如司机这个职业，前些年比较吃香，可是这几年就不行了，因为开车的人多了。再如报关员，以前没有这个职业，后来外贸经济发展需要就产生了这个职业。有很多职业随着社会的发展消失了，而又有许多新的职业在社会发展中产生了，这都是因为社会发展的需求。

（一）事业

事业是个人心理责任需求与目标价值实现的过程。

事业受社会竞争发展需求制约，但是人自身的心理导向，即主观能动性会起很大的作用。很多人瞧不起的职业，却有一些人成就了事业。如从事中小学教育工作的人们中，就有叶圣陶这样非凡的教育家。还有一些人从事可以维持生计的活动，社会没有明确定性为职业，如拾破烂的、卖烧烤的，有的人只作为生存需求而去劳动，而有的人却发现了商机、成就了事业。更有一些活动，社会一些人士自愿承担为自己的事业，不要社会任何报酬，贡献自我的各方面力量，如一些自愿者长期从事保护野生动物、保护环境的自愿活动。

（二）职业

职业是事业的载体。正如轮船上的船长，船长是职业，而船长要领导全体船员到达彼岸却是事业。也正因为职业是事业的载体，在职业的基础上去努力实现心理责任价值追求，所以不能简单地将职业等同于事业。

职业好找，只要有相应的能力都能找到职业，即使能力不足也可以勉强找到职业。但要事业成功就没那么容易了。这是因为：

（1）“男怕选错行”讲的就是作为事业的载体选择错了。

（2）只有职业心而没有事业心。职业心占主导地位的人们“选择环境就业与发展自我”，而事业心占主导地位的人们“改造环境发展自我”，这就是它们最大的心理区别。一些职业心占主导地位的人“身在曹营心在汉”，若哪家企业环境好、待遇高就会想到哪家企业去发展。而事业心占主导地位的人们则不一定，因为他们要实现的是“责任需求与目标价值”。

（3）制约事业成功的最大因素是事业追求者的自我责任承担力与事业责任层级。有的人事业心很强，但是责任承担力相当差，那么只能碌碌无为。而有的人责任层级过低，只为个人事业、家庭事业，而没有上升到组织事业与社会事业，结果因为只是个人事业与家庭事业，支持者不多，跟随者不多，因此也很累，他们所能实现的事业没有太大的社会价值。

（4）事业追求者对事业成功的心理思维项选择也制约着事业成功。如有的人事业成功的心理思维项是金钱财富，而有的人却是学术贡献、精神贡献、文化贡献，这些思维项时时刻刻都在主导着事业追求者的行为。

（5）社会公众对事业成功者的价值评估也在外部推动着事业追求者调整责任价值认知与事业追求项价值选择。

职业心占主导地位的人们，常常会因社会分配不公、自身贡献价值没有得到承认或肯定而心理蒙受极大的委屈。而事业心占主导地位的人们，特别是一些将社会生存与发展责任作为己任的人们，他们在不公的社会面前非常顽强，在困难面前更是强者，他们非常自信：事业会有后来人。也正因为这样，他们的努力在不断地推动社会向前发展，即使是当社会或公众认知他们的努力价值时，他们有可能已经成为黄泉下人了，但他们的成功是无法用物质财富来衡量的。

有工作的职业人是快乐的，有事业的人是幸福的，当职业和事业一致时，人们是既快乐又幸福的。当职业和事业矛盾时，人们感到痛苦，这种痛苦源于自己的拥有和归属的矛盾。职业和事业的矛盾，就像是你的两只眼睛不能看到一样东西。老鹰有时飞得比鸡还低，但鸡永远也不能飞得像老鹰那么高。你是一只老鹰，也许你被意外安排在鸡的社会环境，年幼时，接受鸡一样的培养和训练，你的习惯和想法都会很像鸡。有时候，你还会因为不如鸡而被误解和欺侮而感到痛苦和自卑。有一天，你和鸡被带到山顶悬崖绝壁，在你的同类老鹰的追逐恐吓中，鸡纷纷落入深渊，而你会在挣扎中挥动有力的翅膀而飞向森林之上的天空。恍然大悟的你知道了你的事业是飞翔，你的归属是天空，和鸡一样的生活仅仅是你找到事业前的一段职业生涯。

（三）事业与职业间的关系

事业是终生，职业是阶段性。职业往往是对工作伦理规范的认同，比如自己从事了某项工作，获得了一定报酬，工作伦理规范就要求他尽心尽力完成相应的职责，如此才能对得起自己所获得的报酬，职业往往仅是作为一个人谋生的手段而已。事业则是自觉的，是由奋斗目标和进取心促成的，是愿为之付出毕生精力的一种“职业”。把工作仅仅当成谋生的手段，还是当成终生为之奋斗的事业，最后的结果将有天壤之别。把工作当成事业来干，意味着胸怀壮志，工作中渗透的是一种干事业的激情，这种激情，就是“想干事、会干事、干成事”，就是一种面对机遇，敢于争先；面对艰险，敢于探索；面对落后，敢于奋起；面对竞争，敢于创新的勇气，正所谓“道虽迩，不行不至；事虽小，不为不成”。

总之，事业和职业，虽然只有一字之差，但却是两种完全不同的概念和心态。“职业”是指个人在社会中所从事的作为主要生活来源的工作。“事业”则是指人们所从事的具有一定目标、规模和系统，对社会发展有影响的经常活动。

二、专业、职业、事业之间的关系

在人的生涯规划中，我们会经历专业、职业和事业的抉择阶段，当然并不是每一个人都会经历全部阶段，有人或许经历一次、有人或许经历两次，有人甚至经历多次。那么专业、职业、事业之间的关系是什么呢？

（一）专业

狭义上讲是指大学里所划分的学科类别。从广义上讲专业是指产业或科研机构所分的业务门类，人们在各个不同的学术领域进行深度研究，专门攻读的行业类别。专业是伴随求知学习的过程，我们主修一门专业的目的应该是为了提升自己，充实自己。学习专业知识或专业技能也是为日后能适应社会，为社会生存立足打下基础，使自己在某一领域具备某种才华和能力。这相当于一种投资行为，正所谓投资有风险，选择专业也一样有风险，当我们高中毕业时对各个《报考指南》上近百个五花八门的专业还懵懂不知的时候，凭着对专业名称的感觉报考了尚一无所知的专业。通过在大学里一段时间的学习，当我们对自己的专业有所了解时，有不少的同学发现对自己所学的专业并不感兴趣。另外当我们大学毕业找工作时，自己所从事的职业或许和自己所学的专业并不对口，这些都是风险。

（二）职业

职业是一种社会现象，它不是一成不变的，是不断伴随人类社会的发展与进步而发生变化的。我们利用自己所学的知识和技能从事一种可以为社会创造经济价值、精神价值并从社会中获取物质及精神补偿的活动。通常职业是伴随生存谋生的过程，是一种有偿的社会劳动。人们不得不从事各种各样的职业以为了能在社会中生存立足、养家糊口。这是一种被动的劳动，人们迫于各种不同的压力才从事的职业活动。

（三）事业

事业是职业的更高阶段，相对职业来说要高尚得多，像一种主义、一种思想。事业伴随的往往是对人生的一种追求或回报社会的过程，是指人们为实现一定的目标而做出对社会发展有一定影响的活动。它是正面的、持续的、阳光的和对社会有积极作用的。要选择好自己的事业就一定要确定自己的事业兴趣，我们所选择的事业应该是我们所喜欢的，并且在从事的事业中能得到快乐和幸福感。

（四）三者之间的关系

职业和事业是矛盾的，职业是被动的劳动，而事业是发自内心的主动行为。职业往往具有短期性，是人们为生活所迫而进行的社会劳动；事业具有长期性，可继承性，人们为了实现某种理想或者肩负某种社会责任而从事的社会活动。职业和事业又具有一致性，当人们不仅把自己所从事的职业用来解决生存和生活需要，而是当做自己的理想和奋斗目标，并且在其中找到归属感，那么职业就会上升为事业。例如教育事业，一些有责任感的教师不再仅仅为了挣点钱养家糊口，他们把教师这个职业当做他们为社会培养一代又一代对社会有用的人才的奋斗责任，那么他们所从事的不光是教师这个职业而且也是教育事业。专业、职业、事业三者之间着实存在着奇妙的关系，对于当代大学生的我们应努力学好专业知识，掌握专业技能，为走入社会选择职业，从事事业做好充足的准备。希望当你们步入社会时能选择一个好的职业，并且通过努力拥有属于自己的一番事业。所以，我们可以这样来看他们的关系：

专业是基础；就业是开始；职业是手段；事业是目的。

当自己的就业与自己所学的专业一致时，人就会产生幸运感，工作就是享受。当自己的职业与自己想要的事业一致时，人们就会产生幸福感，工作就是享受。

总之，职业所得的成果是成绩，事业所得的成果是成就。一个人未必一定要做出一番轰轰烈烈的大业，也未必要作出多大的贡献，只要用一颗平常的心，能够把职业当事业来干，也会在平常的岗位上实现人生的最大价值。

第三节 职业与人才

人才是指在某一岗位上有一定的才能、以创造性劳动成果对社会发展和人类进步作出一定贡献的人。所谓创造性劳动，包括物质财富和精神财富的创造，如科学家的发明创造、文学家的创作等。人才是人力资源中的精华，是社会经济发展的关键要素。

一、人才的概念

（一）人才

人才这个概念是中国特有的，泛指才华出众的人。在国外没有“人才”这个提法，但有“天才”、“精英”等相近的词语。2003 年全国人才工作会议，在总结以往人才定义的基础上，第一次通过中央文件对人才概念作了表述，即“只要具有一定的知识或技能，能够进行创造性劳动，为推进社会主义物质文明、政治文明、精神文明建设，在建设中国特色社会主义伟大事业中作出积极贡献，都是党和国家需要的人才”，即只要能够创造性地工作的人都是人才。这是对传统人才概念的重大突破，体现了科学的人才观，对人才发展具有重大意义，也为社会各方面所接受。

（二）人才与人力资源的关系

人才与国外通用的人力资源、人力资本等概念的关系如何？从人才和人力资源的关系看，人才是人力资源中的先进部分。就人才的才能、创造性、对社会的贡献等方面而言，人力资源是生产力，人才则是先进生产力。从人才和人力资本的关系看，不管是按投入还是产出的方法来算，人才都是人力资本中的核心价值，或者是价值较高的那一部分。“人力资本”概念是诺贝尔经济学奖得主西奥多・舒尔兹在 1960 年首次提出的，即以劳动者的质量或其拥有的技术、知识、工作能力所表现出来的资本，人力资本与物质资本两者共同构成国民财富，并且人力资本存量对劳动生产率的提高和经济增长起着越来越重要的作用。20 世纪 80 年代以罗默、卢卡斯为代表的“新增长理论”进一步丰富了人力资本的内涵，提出“特殊的知识和专业化的人力资本”。两者关系概括地讲，“人才资本”就是体现在人才本身和社会经济效益上，以人才的数量、质量和知识水平、创新能力特别是创造性劳动成果及对人类较大贡献所表现出来的价值。“人才资本”与“人力资本”的区别主要体现在：人力资本的内涵泛指知识技能和工作能力；而人才资本的内涵，则突出强调潜在的创新能力、创造性的劳动成果及对人类的较大贡献。

（三）人才的地位和作用

人才是强国兴邦之本，改革发展之基，国力竞争之源。自古以来，国以才立，政以才治，业以才兴。在以知识和信息为主要特征的现代社会，拥有创造、掌握、传播和利用知识的人才的丰裕程度和实力如何，更成为制约经济发展、科技进步、国力竞争的主要甚至是决定性的因素。因此，树立科学的人才观，积极推进人才强国战略，真正把我国由人口大国转化为人才资源强国，对顺利实现全面建设小康社会的目标具有深远的历史意义。

二、职业成就人才

我国著名的遗传学家谈家祯教授说得好：“现在社会上有一种片面的说法，认为只有科学家、艺术家、作家和专家才算人才。事实上，在我看来，大饼做得好也是人才，木工做得好、绣花绣得好、烧菜烧得好等都是人才，行行出状元嘛！一个国家好比一架机器，有无数个齿轮在运转，有无数枚螺丝钉在起作用。其中转动灵活的齿轮和优质的螺丝钉就是人才。只要有志气，勤奋好学，人人都可以把自己培养成为国家所需要的人才。”

职业人必须具备的基本素质有：

（1）动机。动机就像车轮的轴心，处于核心地位，动机的大小和强弱决定了车轮的运转速度和运行状况，积极心态影响下的动机会加速车轮的运转，同样可以加速人才的成功与成长，反之，消极心态影响下的动机则对人才的成长不利，不但不利于人才的成长，反而起到了很大的破坏作用。所以我们必须正确认识动机对我们成功的激励性作用，积极调整自己的心态，以积极的心态面对工作和挑战，不断激励与超越自我，实现我们的目标和远景。人与人之间只有很小的差异，但这种很小的差异却往往造成了巨大的差异！很小的差异就是所具备的心态是积极的还是消极的，巨大的差异就是——成功与失败。心态是一种心理定式，这种定式会支配人的行为方式，进而支配一个人的职业走向。职业心态能够成就一个人，也能够毁掉一个人。你有知识，有能力，知道怎么干，又会干，但是，你想不想干啊？这是个大问题！而职业心态决定的是你想不想干，愿意不愿意干。可见，知道怎么干、会干，如果不想干，你同样不会获得卓越的绩效。只有想干，积极主动去干，才能有所成就。所以说：积极的职业心态是取得卓越绩效与职业成功的根本驱动力，职业心态是职业素质的根基。

（2）知识。做任何一项工作，首先要具备的就是应对那份工作的专业知识，要做得好还得具备与其相关的其他知识，以形成自己的知识体系，支持工作的开展。职业化的人才必须具备专业化知识，做管理的懂管理知识，做财务的懂财务知识，做营销的懂营销知识，没有专业化的知识，无论如何也无法做到职业化，也就无法在激烈的竞争中得到认可，更谈不上发展进取，所以掌握专业化的知识很重要。

（3）技能。技能是支持人才开展工作的必要手段，只有知识，没有技能，也是寸步难行，试想，一个管理人员不具备沟通的技能，怎么与人沟通，怎么开展工作，没有人际交往技能，怎么与同事合作，怎么管理下属？这些都是我们必须掌握的基本技能，当然还有许多更高层次的技能需要掌握，要看我们做什么工作。技能的锻炼应该提高到与知识同等的高度，并高度重视，才可能将知识转化为力量，转化为效益。

（4）行动。具备了良好的动机，专业化的知识，熟练的技能水平是不是就可以了呢？不是。接下来一个重要的素质就是行动的能力。有的人方方面面都比较优秀，知识水平很高，能力很强，可就是做不出出色的工作业绩。原因就出在行动能力欠缺上。汤姆·彼得斯说过，快速制订计划并采取行动应该成为一种修养。我们非常同意他的观点。要想成为一个职业化的人才，就必须改掉犹豫不决、瞻前顾后、拖拖拉拉的办事作风，在自己认准的事情上认认真真地采取行动，用行动来证明一切，而不是自己惯性的假想。

（5）良好的习惯。习惯决定命运，作为职业人必须具备良好的习惯，无论是生活还是工作，都要时刻培养自己的习惯，改掉不良习惯，慢慢养成职业化的行为习惯。良好的习惯给人美的印象和感觉，良好的习惯可在一定程度上帮助职业人成功。

三、人才引领职业

科学的人才观认为：人才不仅要具有一定的知识或技能，而且能够进行创造性劳动。职业的分工是相对的，而职业活动的内容与方式又是多样的。新的职业出现，职业活动效益的提升无不与人才的创造开拓精神相联系。是人才根据科学技术的发展和社会生活的需要，创办出新的职业；是人才设计出更为合理和更大效益的职业活动规划。所以说，职业活动造就了人才，人才也引领了职业的发展。

思考题

1. 简述职业的内涵。
2. 谈谈职业与事业的关系。
3. 简述专业、职业、事业之间的关系。
4. 结合所学专业阐述如何在以后的职业岗位上成为人才。

第二篇

职业之梦

有梦才有未来。梦是远方幸福的追求，是职业发展的动力；有了梦就有了明确的奋斗目标，有目标就会为理想打拼。

职业之梦是个人对未来职业的向往和追求，既包括对将来所从事的职业种类和职业方向的追求，也包括对事业成就的追求，贯穿于人的一切创业活动之中，是推动创业者从事创业活动的内在的精神动力。《钢铁是怎样炼成的》作者奥斯特洛夫斯基曾幽默地把一个人的理想比作心灵的“发动机”。青年时期是学生的人生观、世界观形成的时期，也是个人职业理想孕育的关键时期，作为理想的重要组成部分的职业理想，它体现了人们的职业价值观，直接指导着人们的择业行为。

第三章　职业理想

人的行为是有目标导向的，为自己设下目标，可以带出人生希望，你所有的行为将会凝聚在这个希望的周围。你就一定能活出有意义的人生来。

当代大学生正处于社会激烈变革的时期，社会发展既为其择业带来了新的机遇，也使其面临着严峻的挑战。树立正确的职业理想，对大学生完善人格、顺利就业，并在职业实践中把理想变为现实具有重要意义。马克思说：“我们在选择职业时，应遵循的原则，是人类的幸福和我们的自我完善。”当代大学生要根据社会发展的需求和自身专业，把高尚的职业理想融入到崇高的社会理想中，认真规划未来的职业生涯，迎接就业市场的严峻考验，实现自己的职业理想，体现自我价值并为社会作出更大的贡献。

第一节　社会理想与职业理想

人们的行动会受思想的支配，在各种思想观念中，理想对行动起着长远作用。大学时代，正是人生之舟起航之际，崇高的理想能帮助我们扬起生命的风帆，并伴随我们的生命旅程。我们必须正确认识社会理想与职业理想，处理好它们之间的关系。

一、理想

曾经有位哲学家这样说过：人是为理想而生活的，没有理想的生活，就像一潭死水，没有生机，没有欢乐；失去理想的青年，恰是失去了舵的航船，只能在生活的大海上漂泊，永远达不到光辉的彼岸。由此可见，理想对我们每一个人来讲，特别是对广大大学生来讲，它是多么重要。那究竟什么是理想呢？理想对人生、对社会又有什么作用呢？

（一）理想是人生的奋斗目标

1. 理想的含义

《现代汉语小词典》解释为“对未来事物的想象或希望（多指有根据的，合理的）”。（1982 年版第 330 页）可见，理想就是人们在实践中形成的具有现实可能性的，对未来的向往和追求，是人们的政治立场和世界观在奋斗目标上的集中体现。不同时代、不同阶级，人们的理想各不相同，即使是同一时代、同一阶级，不同人的理想也不尽相同。

（1）理想具有明确的指向性。既然理想是一个目标，它就有明确的指向性即指向未来，因此它排斥过去和现在。从这个意义上讲，理想既不是对过去的追忆，也有别于现实存在。

（2）理想具有可能实现性。理想总是对未来的一种有根据的、合理的设想或希望，所以它是有可能实现的，因而它排斥幻想、空想。如：人们想发明永动机的梦想，莫尔的乌托邦社会，这些不是理想。

理想一般来讲总是符合客观规律的设想。我们再来看看理想的第三层含义。

（3）理想的实现有一个奋斗的过程。要实现理想必须要通过努力奋斗。为什么会有理想？为什么人们总会有自己的追求和向往呢？这是因为人的活动是有意识、有目的的活动。人们在活动之前总要根据已知的事实，首先在自己的头脑中构造出准备加以实现的思想蓝图，确定自己的行动所要达到的目标。

2. 理想的类型

（1）按性质划分：科学/非科学、崇高/庸俗。那么区分科学理想与非科学理想、崇高理想与庸俗理想的标准又是什么呢？凡是符合事物发展规律的理想，就是科学的理想，凡是不符合事物发展规律或者违背事物发展规律的理想，是非科学理想，因为它违背了事物发展的客观规律。辩证唯物主义认为，意识是客观存在在人脑中的反映。比如：法轮功向往的天国，其实就是对现实存在的一种虚幻、歪曲的反映，这本身就是一种错误的意识。再比如：制造永动机的理想就不具备实现的条件。那我们又该如何区分崇高理想与庸俗理想呢？崇高理想的出发点，是为了祖国、人民的利益乃至人类的解放；庸俗的理想，总是从个人或小家庭狭隘私利和眼前利益出发，孜孜以求个人的物质享受和腐朽的生活方式。因此，理想的出发点差异就是区分崇高理想与庸俗理想的标准。我们所说的有理想，就是指有科学的、崇高的理想。

（2）按内容划分：社会理想、道德理想、职业理想、生活理想。社会理想：人们对未来社会制度和社会面貌的预见和期望。道德理想：对做人的标准和道德境界的向往和追求。职业理想：人们对未来工作的向往和追求。生活理想：人们对未来的吃、穿、住、行、爱情、婚姻、家庭等具体目标的追求。其实，在这四种理想中，它们的地位并不是平行的、并列的，而是有所不同的。其中，社会理想是最根本的，起主要作用的。它既贯穿于其他理想之中，又是一个人全部理想的归宿和基础。因此，我们通常所说的“大学生应当有理想”，主要是指有科学的、崇高的社会理想。科学、崇高的社会理想总是同国家的前途、人类的命运紧紧联系在一起，如果仅仅围着“我”字谈理想，就像挂在天边的云霞，终将因为无可依附而转瞬流逝。

（3）按奋斗时间长短划分：远大理想和具体理想。如实现中华民族的伟大复兴，就是我们中华儿女的远大理想，而为了实现这个远大理想，我们的党制定了一系列的发展战略，例如邓小平同志提出的“三步走”发展目标。

由此可见，具体理想的实现是实现远大理想的前提、基础，即远大理想是具体理想实现的累积结果。我们大多数人的理想是不会相同的，为什么会有这么多不同内容、不同方面、不同层次的理想呢？假如今天我们同学跟自己的父母或其他长辈聚在一起谈论理想时，他们的理想会跟我们的理想相同吗？不会。这也就是说不同时代、不同时期的人们，他们的理想也就不同。这又是为什么呢？从理想的含义中我们看到理想是人们对未来的一种合理的、有根据的设想，既然它是人们对未来的一种设想，那么这种想法属于人的意识的范畴。因此从根本上来讲理想作为一种社会意识，是对社会存在的反映。任何理想都是一定社会的经济关系和其他社会条件的产物，都要随着经济关系的发展而发展，随着社会历史条件的变化而变化，不可能脱离当时的社会现实。如过去在生产力比较落后的20世纪60～70年代，“楼上楼下、电灯电话”这就是人们的生活理想。而改革开放后，中国在经济、政治、文化和社会等方面都有了发展，社会经济面貌发生了巨大的变化，人们的生活理想也开始悄悄地发生了变化，如今许多中国人已经把“旅游，甚至是出国旅游、拥有自己的一辆私家车”作为自己生活所追求的梦想。

3. 理想具有社会性、时代性和阶级性

从上面我们可以感受到由于各个历史时期生产力发展水平的高低不同，社会实践活动的广度和深度不同，人们所追求的理想也就不同。因此，任何理想都具有一定的社会性，它是对社会存在的反映，同时又具有一定的时代性，它会随着社会历史条件的变化而变化。

（1）社会存在决定社会意识。在阶级社会里，不同的阶级对生产资料的占有不同，他们的理想也是截然不同的。奴隶社会、封建社会、资本主义社会的共同点是什么？都是阶级社会，而且都是剥削阶级占统治地位的社会。

封建社会中，地主阶级把永保封建剥削制度作为他们的理想。而小生产者则向往自给自足、太平盛世的理想社会。资本主义社会中，资产阶级的奋斗目标就是为了取得更多利润。无产阶级的理想与他们不同，无产阶级由于自身的经济地位和历史使命，决定其要以推翻剥削阶级的统治，建立一个没有剥削和压迫，以生产资料公有制为基础，具有高度物质文明和精神文明的共产主义社会作为他们的社会理想。因此，在阶级社会里，人们分属于不同的社会阶级，人们的理想也就具有了一定的阶级性。总之，理想具有社会性、时代性和阶级性。

（2）理想作为一种社会意识，它既是对社会存在的反映，同时，它又对社会存在具有能动的反作用，而且社会意识的反作用是一种巨大的精神力量。科学的、进步的理想对社会存在的发展将产生巨大的促进作用；而非科学的、庸俗的理想则会对社会存在的发展起重大的阻碍作用。那么崇高的理想对人生、社会的发展会起什么样的作用呢？崇高的理想作为科学的、进步的理想将会对社会起重大的促进作用。

4. 崇高理想的指导和促进作用

（1）崇高的理想是社会进步的助推器。历史上广大人民群众和许多历史风云人物，为实现改造社会、改造自然的理想而奋斗。对社会进步作出了自己的贡献。

崇高理想是无产阶级争取解放的旗帜，没有它就谈不上阶级的解放、国家的强盛和民族的振兴。自19世纪中叶以来，世界无产阶级在马克思主义的指导下，为实现社会主义、共产主义的理想进行了艰苦卓绝的努力，尽管在前进道路上遇到暂时的挫折，但这种斗争已经并将继续推动人类社会的进程。革命就像火一样，任凭大雪封山，鸟兽藏迹，只要我们有火种，就能驱赶严寒，带来光明和温暖。

革命流血不流泪，生死寻常无怨尤。——杨靖宇

碧血长江流不尽，一言九鼎重千秋。——陈毅

我们从以上为中国革命事业作出杰出贡献的革命者身上看到，正是因为他们有着崇高的社会理想，所以支撑着他们不断为社会的进步而奋斗。

（2）崇高的理想是我国民族团结、共同奋斗的精神力量。邓小平说："为什么我们过去能在非常困难的情况下奋斗出来，战胜千难万险，使革命胜利呢？就是因为我们有理想，有马克思主义信念，有共产主义信念。"

从我国几千年的历史来看，我国人民从爱国主义出发而形成的对祖国发展的美好前景的理想追求，是我国各族人民高尚精神素质的升华，是维系亿万民众团结一致的思想基础和精神力量。全国各民族人民的团结奋斗，实现了建立社会主义新中国的社会理想。

从今天来看，建设富强、民主、文明的社会主义现代化国家，实现中华民族伟大复兴梦的共同理想，集中体现了我国工人、农民、知识分子和其他劳动者、爱国者的利益和愿望，顺乎民心，合乎民意，从而显示出团结和动员各族人民实现共同理想而奋斗的巨大威力。

5. 崇高理想是人生的精神支柱

（1）理想作为一种思想观念和价值目标，它可以成为人们自觉行动的动机，成为人们从事社会实践活动的精神动力和精神支柱。在社会主义市场经济社会中，一些人的思想只盯在了金钱上，他们追求的就是物质享受，什么理想、信念、道德全然不顾，思想颓废、精神空虚，失去了个人前进的精神动力。

（2）人生的道路总有坎坷，理想的实现也必须付出艰苦努力。一个树立了崇高理想的人，坚信自己追求的目标必定会实现，就会激发起为理想而奋斗的勇气和毅力，无论在顺境之时还是在逆境之中，都能矢志不移，勇往直前。

6. 崇高理想的特殊意义

一个失去理想的大学生，就像失去彩屏的凤凰——没有生命之花，没有青春之蕊。因为，理想虽不专属于大学生，但对大学生尤为重要。

（1）大学生在追求真理，探索人生价值上，有着强烈的愿望和要求。

（2）大学生在青年时代若树立了远大理想，就有了高尚的精神生活，使自己的生命更有意义，更有价值。

青年学生展望人生，有不同的职业理想，但不管将来干什么只要你想成为一个有作为、有价值的人，作为大学生的你就应该把个人志向与中国特色社会主义共同理想、共产主义理想和实现中华民族伟大复兴梦统一起来，将自己的一切同祖国、同人民、同人类的命运永远结合在一起。

（二）个人理想与社会理想

1. 社会理想概念

社会理想是指一定社会阶段的个人对未来社会制度和政治结构的向往、想象和追求。

简言之，人们对社会现实与发展的希望和憧憬，就是社会理想。崇高的社会理想为人们指明人生的奋斗方向，激励人们在人生道路上不畏艰险，勇往直前。

我国著名的思想家、政治家、教育家孔子，在与其学生冉有、季路的一次对话中，提出了他对内做到均安民和、对外施行文德的社会理想（“丘也闻有国有家者，不患寡而患不均，不患贫而患不安。盖均无贫，和无寡，安无倾。夫如是，故远人不服，则修文德以来之。既来之，则安之。”）。这不仅是中华民族的文化瑰宝，也是全世界的精神财富，对两千五百多年后的今天，仍有积极深远的影响。

孙中山是我国近代民主革命的伟大先驱，伟大的爱国主义者，一生都在为中华民族的振兴而奋斗。同时他还是一位伟大的思想家，许多思想超越了那个时代的意义，成为中华民族永恒的宝贵精神财富，到今天仍能给我们以启发和激励。

鲁迅先生在《中国人失掉自信力了吗》一文中说过：“我们从古以来，就有埋头苦干的人，有拼命硬干的人，有为民请命的人，有舍身求法的人，……虽是等于为帝王将相作家谱的所谓‘正史’，也往往掩不住他们的光耀，这就是中国的‘脊梁’。”

在我国历史上，当国家、民族处于危亡的时刻，为了祖国统一、民族团结、反抗侵略这一崇高的社会理想，涌现出屈原、岳飞、文天祥、郑成功、林则徐等一大批民族英雄，谱写出可歌可泣的爱国主义颂歌。他们崇高的社会理想和爱国情怀，成为中华民族最宝贵的精神财富，始终激励着一代又一代的中华儿女，为国家民族的独立富强而努力奋斗。

为了国家和人民的利益献身需要将社会理想作为精神动力，而在平凡的学习和工作中，兢兢业业地为振兴中华贡献力量，同样需要社会理想作为精神支柱。而我国各族人民现阶段的共同理想就是建设有中国特色的社会主义，把我国建设成为富强、民主、文明的社会主义现代化国家，实现中华民族的伟大复兴梦。

正确的理想信念对于青年大学生的成长和人生具有导向作用。有了正确的社会理想，就能指引我们朝着奋斗目标前进，并在遇到挫折甚至暂时失败时充满信心。因此，当代大学生只有树立远大的理想，才能看清社会的前途，认准前进的方向，在正确的人生道路上成长、成才。

2. 个人理想与社会理想的关系

——社会理想以个人理想为基础。

——个人理想以社会理想为导向。

个人理想与社会理想的关系是辩证统一和相互制约的。一方面，社会理想决定和制约个人理想，社会理想是个人理想实现的条件，违背社会理想的个人理想很难实现。个人理想只有同国家的前途、民族的命运相结合，个人的向往和追求只有同社会的需要、人民的利益相一致，才可能变为现实，吴奇修的故事就是最好的证明。另一方面，个人理想体现着社会理想，社会理想包含着千百万人的个人理想，社会理想的实现要靠社会成员个人的努力奋斗。在人们社会实践的历史上，国富民强，国破家亡的经验和教训都说明了这一点。所以应该：

（1）用社会理想指导、规范个人理想，让个人理想融合在社会理想之中，在为实现社会理想的奋斗中，实现个人理想。

（2）一旦两者有了矛盾，个人理想要服从社会理想，绝不能颠倒两者的关系。

二、职业理想

（一）职业理想的概念

职业理想是人生理想的重要组成部分，是人们对未来职业的向往和追求。职业理想是社会发展的产物，是随着生产力的发展和社会分工的出现而逐步产生和发展起来的，它决定着人们在职业生活中的事业心和责任感。

（二）职业理想的特点

职业理想是人们在职业上依据社会要求和个人条件，借想象而确立的奋斗目标，即个人渴望达到的职业境界，是人们对未来工作部门、工作种类的向往和对职业发展水平的憧憬。在职业活动中，体现着人们的职业理想并借助职业活动取得的报酬，以实现物质和精神水平的提高，实现自己的生活理想。职业理想不仅可以激励人们对自己献身于其中的事业充满自豪感和荣誉感，还可以促使人们产生实现理想的责任感和紧迫感。一个人在自身能力范围内追求的目标越高，能力发挥得就越大，直接激发的动力也就越强。

职业理想随着社会职业的出现而产生，并随着社会职业的增加而不断丰富和完善。

（1）社会性。职业理想的社会性是由人的社会性决定的。人们提出和设定职业理想是在一定的社会形态和一定的社会条件下形成的。同样，职业理想的实现也取决于一定的社会因素，依赖于特定的社会条件。比如职业流动，从历史上看，由于生产力低，职业种类少，人们选择职业的余地小，职业变换就很少。只有到了现代社会，科技进步，生产力提高，新的职业不断产生，人们选择、变换职业才有了更多的可能，实现职业理想也就有了条件。

（2）现实可能性。职业理想不同于空想、幻想，它是建立在现实可能的基础之上，反映人们对职业的愿望和需求的有形化的构想。

（3）时代性。任何时代的职业理想都受该时代的社会生产方式的发展水平所制约。生产方式越先进，社会经济越发达，社会分工越精细，职业种类就越多；科学技术越先进，职业演化越迅速，人们选择职业的机会就越多，职业理想实现的可能性也越大。

（4）发展性。从社会发展和职业演变的总体看，人们的职业理想随职业声望和职业地位的变化而变化。

从社会存在的个体看，一个人的职业理想随着年龄的增长，社会的阅历的增强而逐渐由朦胧、幻想变为现实，由波动变化而趋于稳定。

（5）阶级性。职业理想是社会意识的一个主要组成部分，因而必然受到社会中不同阶级意识的影响。这就是它的阶级性。

（6）个体差异性。职业理想源于现实，带有明显的个性化特点。一个人选择什么样的职业，与他的思想品德、知识结构、能力水平、兴趣爱好等都有很大的关系。政治思想觉悟、道德修养水准以及人生观决定着一个人的职业理想方向。知识结构、能力水平决定着一个人的职业理想追求的层次。个人的兴趣爱好、气质性格等非智力因素以及性别特征、身体状况等生理特征也影响着一个人的职业选择。每个人由于所处的环境不同，加之个体之间的差异，在职业发展上，实际上又充满了许多难以预料的变化，所以每个人的职业理想都与他人有差异，不可能完全雷同。因此，职业理想具有一定的个体差异性。

（7）层次性。职业理想是人们社会化过程的反映，也是人们身心发展的必然结果。人类个体在环境和教育的影响下，随着知识水平的提高和兴趣爱好的发展，就会逐步培养起对某种职业的爱好，并在此基础上形成一定的职业理想。职业理想大体有初级、中级、高级三个层次。

1）初级层次的职业理想。马克思主义经典作家认为，在现阶段，人们的劳动还是谋生手段，远未达到共产主义社会那种“劳动是人的第一需要”的程度。因此，大部分人的各种目的首先是为了维持自己家庭的生存，过安定的生活，这是人对职业的最初动机、最低要求，这是职业理想的基本层次。每一个健康的人，随着年龄的增长和知识的增多，都会有这样的职业理想，这也表明初级层次的职业理想具有普遍性。

2）中级层次的职业理想。此时，人们希望从事符合个人能力、满足兴趣爱好的工作，以充分发挥自己的能力，体现自我价值、提高自身素质，即寻求从事能够发挥自己专长的职业。其主要目的是通过特定的职业，施展个人的聪明才智，这是职业理想的中级层次。由于人们兴趣爱好的差异，中级层次的职业理想会表现出因人而异的多样性。

3）高级层次的职业理想。进入这一层次，人们的工作目的主要是承担社会义务，通过社会分工把自己的职业同为社会、为他人服务联系起来，同人类的前途命运联系起来，这就是高级层次的职业理想。可以看出，进入这一层次，职业理想已同崇高的社会理想趋于统一。

以上三个层次的职业理想，虽有明显的区别，但在同一个人身上，它们却是可以同时存在而并行不悖的。这就是说，对于同一个人，其工作目的往往是谋求生存、发展个性和承担社会义务三者共存。我们在肯定前两个层次职业理想的同时，鼓励和倡导人们树立高层级的职业理想。

（8）发展性。一个人的职业理想的内容会因时、因地、因事的不同而发生变化。随着年龄的增长、社会阅历的增强、知识水平的提高，职业理想会由朦胧变得清晰，由幻想变得理智，由波动变得稳定。因此，职业理想具有一定的发展性。孩提时代，男孩子都想当一名解放军战士或者警察，但是长大后却成了一名教师、工程师、工人等，事实就说明了这一点。

但是，必须明白，职业理想与理想职业是不同的，职业理想应该建立在个人的专业知识与能力、兴趣和职业激情的基础上，只有三个方面重叠的部分，才可确立为自己的职业理想。

1）树立长远的职业理想。有人说，现在找工作赚钱就行，尤其是在就业形势非常严峻的情况下，没有必要再谈职业理想了。这种看法是不对的。实际上，在任何情况下，一个人都应该有一个长远而又切实的职业理想。

2）正确认识和把握职业理想与现实的关系。在实际生活中，现实往往与职业理想发生矛盾。很多人不能按照自己的理想标准选到合适的职业，于是有的人索性不就业，坐等理想职业的出现；有的人随便谋个有收入的职业混日子；也有的人对与自己的职业理想不相符的工作怨天尤人，无所作为。这些现象发生的根源，皆在于择业者没有能正确认识职业理想与现实的关系。

其实，在大学生毕业后的头两年，大多数人都会感觉到现实与自己职业理想的落差非常大，这段时期被我们称作“职业探索期”。在这段时间里，职业理想与现实发生冲突非常正常。我们应该用这段时间积累经验，同时通过增加对自己兴趣、能力等各方面的认识调整自己的职业理想，积极寻找机会，为自己的长期发展奠定基础。

对于即将毕业的大学生来说，职业理想与“饭碗”的矛盾更会经常发生。这种现象一旦发生，既不要怨天尤人，也不要心灰意冷，而是要冷静地看待。

3）要认真地分析一下自己的职业理想是不是脱离实际、过高；自己的职业素质符合不符合你所选择的职业要求。职业理想虽然因人而异，没有绝对的标准。但是，有一点必须指出的是，理想职业必须以个人能力为依据，超越客观条件去追求自己的所谓理想，是不现实的。这就要求大学毕业生在选择职业之前一定要正确估价自己，给自己一个合理的定位。

4）我们可以把职场分为“天堂团队”、“人间团队”、“地狱团队”，很多人以为不能进入“天堂团队”，就是不理想的。实际上，很多真正有能力的人是从“人间团队”甚至“地狱团队”走出来的。因为当一个人的职业生涯并不是一帆风顺的时候，往往反而可以使一个人的多方面能力得到更好的锻炼。

5）要懂得职业理想不等于理想职业。一般认为当个人的能力、职业理想与职业岗位最佳结合时，即达到三者的有机统一时，这个职业才是你的理想职业。只要你的职业理想符合社会需要，而自己又确实具备从事那种职业的职业素质，并且愿意不断地付出努力，迟早会有一天实现自己的职业理想，而理想职业却带有很大的幻想成分。

6）如果你所选择的职业岗位已无空缺，而你又需要立即就业，那就先降低一点自己的要求。因为如果没有工作，即意味着没有实现职业理想的可能。而就业以后，可以在主观的作用下向自己的职业理想靠近，例如对自己的兴趣、爱好进行一定的调整。

三、职业理想和社会理想的关系

在各种理想中，社会理想是核心，它贯穿于一切理想之中，起着支配、制约其他理想的作用。所以，社会理想是人们思想行为的总目标，影响着职业理想的发展和实现的程序。

（一）职业理想是社会理想的具体化

人们的职业分工是同国家利益、集体利益、个人利益联系在一起的。职业劳动者通过自己具体的职业劳动改造自然、改造社会，在为社会作贡献的过程中取得基本的生存资料，体现自己的人生价值，实现自己的职业理想，也为社会理想的实现作出自己的贡献。

职业理想是社会理想的具体化，是实现社会理想的桥梁。人们一般是通过具体的职业活动去实现社会理想的，人们通过职业理想的实现达到改造社会、造福人类的目的。个人对社会现实发展的憧憬以及对人生所持态度的不同，其职业理想也会有不同的表现形式。正确的社会理想是成就事业、推动社会进步的精神力量，是人在职业活动中的精神支柱。

袁隆平是一位被誉为“当代神农氏”的科学家。他掀起的粮食生产上的“绿色革命”，席卷了神州，震惊了世界。多年以前，人们缺吃少穿，生活穷困，袁隆平为此感到不安。一位农民朋友对他说：“袁老师，你们学堂的先生是顶上有灵光的圣人，种田人盼的就是有好种子啊!”由此，袁隆平萌发了解决粮食生产造福人类的社会理想，并设计了他的职业生涯。1953 年秋，袁隆平从西南农学院毕业，被分配到偏远的湖南安江农校，开始了农业科技教育和研究生涯。历经漫长的岁月，那划时代的科学成就终于在艰难复杂的科学实践中脱颖而出。1989 年 4 月，袁隆平应邀赴菲律宾参加国际水稻研究所的学术会议，与会代表对其精彩的报告和答辩报以雷鸣般的掌声，幻灯映出他的头像和“杂交水稻之父”的字样。国际水稻研究所所长斯瓦米纳博士说：“我们把袁隆平先生称为‘杂交水稻之父’，因为他的成就不仅是中国的骄傲，也是全世界的骄傲。他的成就给全世界带来了福音！”美国一家电影公司特为杂交水稻拍了一部题为《在中华人民共和国的花园里》的彩色纪录片，在影片中称赞袁隆平，说杂交水稻这一科研成果解决了世界各族人民的吃饭问题。袁隆平就是这样，以艰辛复杂的职业实践成功地实现了“民以食为天”的宏伟理想，为此他获得了新中国成立以来第一次颁发的特别发明奖和多项国际大奖。

（二）社会理想是职业理想的精神支柱

正确的社会理想是成就事业、推动社会进步的精神力量，是人们在职业活动中的精神支柱。社会理想、职业理想、道德理想和生活理想是相互联系、相互制约的。其中，社会理想是最根本的理想，它决定和制约着职业理想和其他理想，调节和控制着人们的思想和行为。一个人有了崇高的社会理想，就会产生高尚的道德境界和强烈的责任感、事业心。社会理想是一个人全部理想的核心，只有树立了远大的社会理想，才能自觉地把个人的前途、命运同社会的发展进步联系起来，从而选择既是个人喜爱又是人民需要的职业，努力实现职业活动的最大价值。

我国伟大的思想家、革命家、教育家鲁迅先生在青年时代就曾经以身许国，立下“我以我血荐轩辕”的宏愿。1904 年 9 月，青年鲁迅进入日本仙台医学专科学校，希望毕业回来，救活像父亲一样的被误诊的病人，“战争时候去当军医，一面又促进了国人对于维新的信仰”。然而，当时正值日俄战争期间，鲁迅在幻灯片上看到神情麻木的中国人在围观替俄国人做侦探的中国人被日军砍头的场面，使他感到了身为弱国国民的悲愤，也使他弃医从文，以期拯救中华民族之灵魂。鲁迅先生的职业理想和职业选择，表现了他职业理想层次的提升，正是崇高的社会理想指引他的职业生涯活动，从医治国人的身体到疗救国人的灵魂，由此为之奋斗终生，使他无愧于近代中国“民族魂”的称号。

袁隆平先生和鲁迅先生，他们都以自己的职业，分别从物质和精神层面为人们奉献，造福人类，受到中国人民和世界人民的敬仰，也成为处理职业理想和社会理想关系的典范和楷模。当今时代，建设富强、民主、文明、和谐的社会主义现代化国家，实现中华民族伟大复兴梦的宏伟目标，引导人们树立正确的职业理想和社会理想，促使人们在职业活动中做出更多的努力。当代大学生要本着“位卑未敢忘忧国”的情怀确立崇高的社会理想和高尚的职业理想，真正让社会理想成为我们职业理想的精神支柱。

第二节 树立职业理想的意义

树立高尚的职业理想对明确人生发展目标，促进人生理想的实现有着积极的意义。职业理想是人的知识、意志、情感等因素的综合表现，它蕴藏着强烈的意志力量，促使人们为了实现美好的未来，以坚强的毅力、顽强的斗志，向着既定的目标拼搏奋斗，从而增强人生前进的动力，并最大限度地实现职业岗位的价值。

一、职业理想的作用

职业理想是人生发展的动力，缺少动力的人，犹如没有燃料的汽车，无法在人生道路上前进。

职业理想具有如下五个方面的作用：

(1) 有利于明确人生发展目标。理想是前进的方向，是心中的目标。人生发展的目标通过职业理想来确立，并最终通过职业理想来实现。托尔斯泰曾说："理想是指路的明灯，没有理想就没有坚定的方向，就没有生活。"孙中山先生也说："凡职务无论大小，官阶无论高卑，若不能立志，虽做皇帝，做总统，亦无事可做；若能立志，则虽做一小官，做一工人，亦足以成大事。""要立志做大事，不要立志做大官。"

在人生道路上，人们通过职业活动来追求精神生活、物质生活水平的提高，追求人生价值的实现，追求社会对自己的认同。人的生命是有限的，要使有限的生命有意义，就必须使人生具有明确的奋斗目标，并沿着正确的方向前进，这对于人的一生具有决定性的意义。没有追求的目标，就没有动力，古往今来，许多人之所以能披荆斩棘、满腔热血、坚定不移地投身于自己热爱的事业，取得辉煌的成就，主要是因为高尚的职业理想使他们士气高昂，无私无畏，建功立业。

同学们在现阶段的学习生活中也已经深切地感受到，一旦学习目的不明确，学习的热情就会低落，学习的效果就不明显。因此，有了明确的、切合实际的职业理想，再经过努力奋斗，人生发展目标必然会实现。

职业生活占人生的绝大部分时间，人们对美好生活的追求和向往，往往要通过职业活动来实现。所以，职业理想的确立，就是为人生实践活动确定了目的，为人生认准了奋斗目标。

(2) 职业理想是人生力量的源泉。在力所能及的范围内，追求的目标越高，直接激发出来的动力就越强。职业理想作为一种可能实现的奋斗目标，是人们实现职业愿望的精神支柱和力量源泉。职业理想源于现实又高于现实，它比现实更美好。为使美好的未来和宏伟的憧憬变成现实，人们会以坚忍不拔的毅力、顽强的拼搏精神和开拓创新的行动去为之努力奋斗。因此，它既是一种推动人们获得理想职业的动力，也是推动人们不断提高自身素质的动力。一个人只有树立了高尚的职业理想，才能在自己所从事的职业中具有顽强的毅力和进取的精神，才能在平凡的岗位上勤勤恳恳，任劳任怨，创造出不平凡的业绩。古往今来，凡是为人类进步事业作出贡献的人，无一不是被高尚的职业理想所鼓舞、所激励。

周恩来总理早在12岁时就发出"为中华之崛起而读书"的誓言，表达了他从小立志振兴中华的伟大志向。作为当代大学生，也应树立一个崇高的人生目标并为实现这个目标坚持不懈，奋斗不止，为人民、为国家作出贡献，这样的人生才有意义。

职业理想一经确立，就会激励人们为之付出孜孜不倦的努力，就可以转化为无坚不摧的精神力量，以坚定意志来获取事业的成功。职业理想在人生发展中，不仅可以激励人们对自己献身的事业充满自豪感和光荣感，而且促使人们产生实现理想的责任感和紧迫感。

(3) 职业理想促进人生价值的实现。人生价值分为自我价值和社会价值两个层面。个人的生存、发展是个人适应社会、融入社会、改造社会的过程，是在推动经济、社会发展过程中的自我完善。无论从什么角度去体现人生价值，总要依托某一职业，对职业理想的追求，必然促使人生价值的实现。人总是要在一定的职业中工作和生活，职业在人类生活中具有极其重要的地位和作用。纵观历史，正是人类在满足自身需要的推动下，通过生产劳动，职业实践，改造自然，超越自然，才走出了茹毛饮血的蒙昧社会，开创了自己的文明史，创造了灿烂的物质文明和精神文明。

我们的社会是一个统一的有机整体，千行百业是这个有机整体不可或缺的组成部分。正是由于各行各业，各种职业的人们的辛勤劳动和全力奉献，我们这个社会才百业兴旺，繁荣美丽。职业无贵贱，关键在奉献。可以说，每个职业岗位都有自己的职业精英，他们的所作所为，倾力奉献，从不同方面展现了各自职业岗位的价值。

（4）职业理想是职业选择的向导。由于职业理想是人们对未来职业的向往，一个人一旦确立了科学的职业理想，就应当朝着实现这一理想的方向去努力。而为了实现自己的职业理想，首先必须选择一个与之相适应的职业，这个职业可以是所从之业，也可以是所创之业，否则，职业理想就无法或者很难得到实现。因此，在进行职业选择时，其职业理想将起着非常重要的导向作用。

（5）职业理想是事业成功的精神支柱。职业理想是成就事业、推动社会进步的精神力量，有了这样的精神力量，无论是在职业准备、职业选择还是在就业或创业的过程中，无论遇到什么样的困难，无论遇到什么样的曲折，就都会朝着已经确立的职业目标前进，直到取得事业上的成功。

总之，志不立，天下无可成之事。立志，是人生的起跑点，反映着一个人的理想，胸怀、情趣和价值观，影响着一个人的奋斗目标及成就的大小。

二、珍惜学习机会

著名寓言作家克雷洛夫曾做过一个精彩的比喻：“实现是此岸，理想是彼岸，中间隔着宽敞的河流，行动则是架在河上的桥梁。”扣开职业理想的大门，重要的是持之以恒的奋斗。大学生必须认识实现职业理想的持久性和艰巨性，珍惜在校的学习生活，为实现未来的职业理想打好基础。

实现职业理想要从现在做起。“无冥冥之志者，无昭昭之明；无惛惛之事者，无赫之功。”《荀子·劝学》也就是说：没有专心致志的学习，就没有豁然贯通的智慧；没有默默无闻的工作，就不会有显著不凡的功绩。在为实现职业理想的奋斗中，必须脚踏实地，从眼前的具体事情做起，如上好每一堂课，做好每一次实际操作训练，搞好每一项社会活动……人生道路是漫长的，职业理想的实现不可能一蹴而就，需要一步一个脚印地前进。

人的实践能力水平有差异，这种差异并非先天形成，而是由所处的环境、受教育程度及自身实践状况等因素造成的。能力是在实践过程中形成，并在实践过程中表现出来的。因此，为培养实现职业理想的能力，必须积极参加社会实践活动。

“莫等闲，白了少年头，空悲切”。同学们，就让我们珍惜现在宝贵的光阴，努力学习，努力奋斗吧！

三、职业理想的树立

每个人由于思想素质、道德观念、知识能力、家庭背景、对外界影响的接受程度不尽相同，因此也就不可能有统一的职业理想。

首先在择业时要用科学的世界观作指导，一切从实际出发，实事求是地确立自己的职业理想。从实际出发：一方面，是从我国还处在社会主义初级阶段这个实际出发。现阶段我国的大多数企业高科技含量还不高，劳动强度还比较大，劳动条件比较艰苦，择业时应该有吃苦的思想准备；另一方面，就是要从自身的条件这个实际出发。此外，在确立职业理想时，应该学以致用或选择相近的职业作为自己理想的职业。

要树立正确的职业理想，必须做到如下几方面。

（一）全面地认识自己

要树立正确的职业理想，首先必须全面地认识自己。一要全面认识自己的生理特点，主要包括性别、身高、体重、视力、健康状况、体质和相貌等；二要全面认识自己的心理特点，主要包括兴趣、能力、气质和性格特点、人格类型以及道德品质等；三要全面认识自己的学习水平和将来可能达到的状态；四要正确认识自己的身心特点、学识能力等与未来职业需要之间的差距，要在全面认识自己的基础上，结合自己的发展潜力，对自己进行合理的定位。只有这样，才能制定出一个适合自己特点的、切实可行的奋斗目标，也才能确立一个可以实现的职业理想。

（二）全面地了解社会

树立正确的职业理想，要全面、科学地了解社会、了解职业。

（1）了解党和国家的路线、方针、政策；

（2）了解我国社会的经济构成及其发展状况；

（3）了解我国的基本国情；

（4）了解各地区的产业结构、行业结构和职业结构；

（5）了解各种产业、行业和职业对职工共同的基本要求和不同的具体要求；

（6）了解自己所学专业所对应的职业人群，以及该职业人群在社会主义建设中的地位和作用；

（7）了解该职业人群中各种职业的社会价值、工作性质、工作条件、工作待遇、从业人员的发展前途，以及该职业人群中各种职业对人员的素质要求，包括学历、专业、性别、智力、体力、性格等方面的要求。

（三）树立正确的人生观

人生观是人们对人生目的和人生意义的根本看法和根本态度，不同的人生观会产生对人生的不同看法和不同态度，而对人生的不同看法和不同态度，则会导致人们选择不同的人生道路。

由此可见，持有不同的人生观的人，其职业理想也一定不同。正确的人生观会产生正确的职业理想，错误的人生观则会产生错误的职业理想。因此，要根据时代的要求，根据社会发展的要求，坚持以辩证唯物主义和历史唯物主义的立场、观点和方法看待人生，坚持以最广大人民群众的根本利益为核心，坚持以实现社会主义的共同理想为目标，不断加强学习，不断提高自己的思想觉悟，不断提高自己的思想素质、文化素质、能力素质，不断地完善自我，做到自尊、自爱、自强，树立正确的价值观、苦乐观、幸福观、荣辱观，进而树立为人民服务的正确的人生观。

只有这样，才能使自己的职业理想符合人民大众的根本利益，把选择职业与选择人生道路有机地结合起来，使自己在从业或创业的过程中，既实现自己的人生价值，又为人民、为社会作出应有的贡献。

（四）树立正确的职业观

职业观是人们在选择职业与从事职业所持的基本观点和基本态度，是理想在职业问题上的反映，是人生观的重要组成部分。职业观具有三个基本要素：

（1）维持生活；

（2）发展个性；

（3）承担社会义务。

在三个基本要素中哪一个要素占主导地位，将决定一个人职业观的类型与层次。正确的职业观是把三个基本要素统一起来，以承担社会义务作为主导方向。由此可见，有不同的职业观，就有不同的职业理想。

总之，大学生应该结合以下三点来确定自己的职业理想：

（1）要结合正确的世界观、人生观、价值观来树立职业理想。世界观、人生观、价值观是一个人立身社会的思想行动指南，是一个人的精神支柱，它决定着一个人的理想信念和价值判断。在我国，正确的世界观、人生观、价值观就是以生命为中心的宇宙观，以为人民服务的人生观，符合事物发展的规律、符合人类的根本利益的价值观。这是社会主义制度的根本特征和本质要求，也是加强社会主义精神文明建设的需要。作为当代大学生，结合正确的世界观、人生观、价值观来树立职业理想，才能真正成为社会主义国家的主人翁和建设者，才能在现有的制度和环境下走上成功的道路。

（2）要结合专业特长来树立职业理想。现在我们已处于一个多元化的社会，社会分工越来越精细，行业名目繁多，对职业的专门化程度要求越来越高。对于大学生，所学专业就是自己的一技之长，是从事职业工作的专业基础。同学们在校学习期间，从基础理论到专业课，从理论知识到实际工作的实践，都进行了系统的、专业的学习与训练，掌握了扎实的专业理论知识与技能，从而使每个人都有了属于自己的专业特长，以此就可以对号投入各行各业的社会职业中，使自己工作起来轻车熟路，得心应手。比如你要想做一名法官或者律师，那么就要考虑自己是不是学习法律专业的，因为系统的法律知识和通过学习之后所悟出的法感，是你从事此项工作的基础。

（3）要结合自身条件来树立职业理想。每个人都是一个独立的个体，身体、性格、兴趣、爱好等等各方面迥然不同。所以树立职业理想也要因人而异，不能迎合大众，随波逐流。分析自身的条件：自己的身体素质怎么样；自己的长处是什么，不足是什么；对什么职业感兴趣，不喜欢什么职业；自己的性格是内向还是外向等等，都将对你选择的职业产生直接的影响。比如你是一个性格十分内向的人，就不宜做市场营销的工作；你是一个大大咧咧毛手毛脚的人，就不要选择去做会计；因为性格、举止言行对职业发展影响很大。如果你对教书育人感兴趣，就选择当老师；如果你关注国计民生，可以选择到国家机关工作，因为兴趣很重要。自身条件是多方面、立体化的考评指标，需要每个人认真分析与多方面权衡利弊，它对你的职业理想起着重要的内在作用。

（五）中国梦与当代大学生的成长

2012 年 11 月 29 日，新一届中央领导集体走进国家博物馆，参观《复兴之路》展览。中共中央总书记、中央军委主席习近平发表了重要讲话，阐述了引发广泛共鸣的“中国梦”话题。“中国梦”是实现民族复兴、国家富强、人民幸福的梦，也是每个大学生的理想之梦，“中国梦”与每一位当代大学生的成长成才都紧密相关、密不可分，息息相关。

（1）“中国梦”是中华民族复兴之梦。它寄托了近代以来我国几代仁人志士的理想、愿望。近代以来，帝国主义、殖民主义用坚船利炮打开了中国的大门，肆意侵略扩张，蚕食这片具有悠久文明历史的土地，将中华民族推向殖民地、半殖民地的苦难深渊。由于外敌的入侵和封建统治的腐朽，近代中国100多年积贫积弱、多灾多难，成为亚洲乃至全世界最穷困、最悲苦的国家之一。拥有一个强大的祖国，是几代国人的奢望和梦想。随着新中国建立60多年，尤其是改革开放30多年的艰苦奋斗和不断建设，在中国共产党的领导下，中国的综合国力全面跃升，经济总量已稳居世界第二位，2013年，我国货物进出口总额达4.16万亿美元，我国跃居世界第一货物贸易大国，这是令世界为之震惊的巨大成就。但是，由于历史原因，我国人口多、底子薄、发展不平衡的状况到今天还没有根本改变，同时，我们还面临着其他国内国际的许多困难和艰巨挑战。党的“十八大”为我们描绘了走向强盛国家的宏伟蓝图，到2021年即建党100周年时，全面建成小康社会；到2049年即新中国建立100年时，建成富强、民主、文明和谐的社会主义现代化国家。这两个100周年的宏伟蓝图，明确了“强国之梦”的基本轮廓，成为所有中华儿女的共同期盼和愿景。近现代史的现实告诉人们：国家强盛，国家好，民族好，我们自己才会好，当代大学生都应懂得这个深刻的道理。

（2）实现中国梦是青年发展的最好舞台。习近平同志寄语全国广大青少年：“要志存高远，增长知识，锤炼意志，让青春在时代进步中焕发出绚丽的光彩。”这是党和国家对青年的殷切期盼，也是对大学生的深情呼唤。实现中华民族伟大复兴的中国梦，是面向未来的事业，是一个长期而艰巨的过程，需要一代又一代人的接续奋斗。对于当代青年而言，为实现中国梦而奋斗，既是时代赋予的历史使命，也是实现全面发展的最好舞台。当代大学生是实现伟大“中国梦”的参与者、实践者、建设者，一定要以时不我待的进取之心，弘扬以爱国主义为核心的民族精神和以改革创新为核心的时代精神，从小事做起，从身边做起，从自我做起，献身“中国梦”的伟大实践中，用“成才梦”托起“中国梦”，为实现中华民族伟大复兴的“中国梦”作出无愧于祖国、无愧于时代的卓越贡献。

（3）实现中国梦大学生要勇于担当。2013年3月17日，中华人民共和国第十二届全国人民代表大会第一次会议在人民大会堂闭幕。国家主席习近平在闭幕会上发表了重要讲话。习近平强调，实现中国梦必须走中国道路，必须弘扬中国精神，必须凝聚中国力量。

当代大学生要按照习近平同志提出的“三个必须”的要求，主动将自己的成长成才与实现“中国梦”结合起来，大学生才有自己发展的充足机会和空间。当代大学生应坚持解放思想、实事求是、与时俱进、勇于创新的探索精神，知难而进、一往无前，艰苦奋斗、务求实效，淡泊名利、无私奉献，让以改革创新为核心的时代精神大放光芒。当代大学生要把自己的命运与国家的荣辱兴衰紧密结合起来，更多地关心国家大事，了解当今世界发展的趋势，坚持德智体美全面发展，才能肩负起实现民族复兴的重任，更好地体现作为优秀青年的人生价值和追求，实现自己的期望和梦想。

（4）搭建起中国梦和个人奋斗之间的桥梁。我们把桥梁搭起来要让大学生意识到自己的小奋斗和小故事，最终汇聚成一股强势推动国家发展的巨大动力。这种动力反过来会为个人的奋斗提供机会和正能量。改革开放的深度推进，为大学生的发展构建了一个良好的环境，让更多大学生分享到与其奋斗打拼相匹配的发展机遇和结果。作为社会主体的大学生需要奋斗，社会转型需要大学生激发创造活力，中国梦的实现也会为大学生的个人发展创造更好的环境。

第三节 实现职业理想的途径

我们每个人的职业理想，必须根据社会发展的需要和自身内在的条件，任何脱离社会发展的客观需要和自身所具备的条件而自我设计的职业理想都是不切实际的空想和幻想，都不具备实现的可能性。一般来说，人们职业理想的层次越高，就越能发挥自己的主观能动性，对社会的贡献就越大。相反，一个人如果只停留于谋生的职业理想，他就越不容易激发起自身的积极性和创造性，那么，他对社会的贡献就相对要小些。这里，我们试着从以下几个方面来探讨实现职业理想的途径。

一、树立正确的职业理想观

（一）了解自己

青年学生更容易把自己放在很高的起点，再去观察他们的周围环境，思考他们的职业未来，甚至还想将来所从事的工作条件要比别人好一些，付出的劳动比别人少一些，拿的工资却要比别人高一些。显然，这种失去“自我”的职业憧憬是“空中楼阁”、“水中月亮”，永远可望而不可及。

理想职业的选择是相对的。在很多情况下，我们是被动地选择自己的职业，或者是由于自己学习的专业限制了职业的选择，这就在某种程度上使自己的理想与职业产生矛盾。

因此，我们要把个人远大理想与平凡的职业联系起来，从自身出发，从自己所受的教育、自己的能力倾向、自己的个性特征、身体健康状况出发，才能够准确定位，瞄准适合自己的岗位，树立正确的职业理想并为之不懈努力。

选择专业和职业，“喜欢”、“适合”是主要的原则。

喜欢即兴趣。兴趣是最好的老师，它将直接关系到孩子将来的发展方向和能否取得成就。家长要和孩子一起分析他们有哪些职业兴趣，如对机械工程、计算机、户外运动、科学探索、心理分析、社会服务、美术音乐等，然后根据他们的兴趣选择适合的专业。

适合即性格、气质、能力与专业的匹配。家长要和孩子一起，帮助他们分析其具有哪些性格特征，已经具备的能力和他们具有的职业潜能，如商业运作、广告策划、逻辑推理、机械制造、数字分析等，然后选择相匹配的专业。这是选择专业前家长和孩子必须要做的功课。

对于初入职场的年轻人来说，最好选自己感兴趣的职业。在我国目前的教育体制下，专业很多时候是我们迫于就业压力而选择的。虽然如此，如果条件允许，我们是建议初入职场的毕业生选择自己感兴趣的职业，因为知识是可以快速补充的，而培养兴趣需要漫长的时间，而且跟个人性格有关。理想与现实之间往往有很大的差距，理想能让你在纷扰的现实之中找到正确的前进方向。

大部分初涉职场的人，心中都会充满对美好生活的向往，而当他们积极投入到现实中时，却发现理想往往会令人陷入失望。我们身边有不少人每天都在为实现理想而努力，他们因理想而冲动，他们的理想为这个世界增添了积极的正能量。可还有这样一批人，将生活和工作看得过于理想化，结果令自己总是面临失望、挫折，甚至是消沉。当理想遭遇现实，应如何将“职业兴趣”进行到底，是每一位职场人都在思考的问题。

没有职业兴趣就会被淘汰。职业兴趣对初入职场或新更换工作岗位的人来说，是非常关键的。如果你没有职业兴趣，你将很难对当前的工作产生兴趣，“混日子”的心态将使你慢慢失去职业竞争力，最终被职场淘汰。

（1）职业兴趣能让你为当前工作投入大量精力。当你对一项工作抱有很大热情时，你不会计较何时下班，在你心中做好工作才是最重要的。

（2）职业兴趣能让你察觉自身能力或知识的缺陷，不断提高和充实自己。当你对某项工作很投入时，你会遇到一系列的难题，这就会让你对自己的能力和知识结构进行全面的审视，你会主动地有针对性地补充知识，提高能力。

（3）职业兴趣能让你把目前工作变成一种兴趣。当你在进行某项工作期间投入大量时间、精力和金钱，你逐渐会对当前工作形成一种依赖，最终自然而然产生兴趣。

正确的职业理想是建立在认识自己能力、设定合理目标的基础上的，否则它将成为“海市蜃楼”，你永远无法达到。我们认为：细化的职业理想更易实现。所以，即将毕业的大学生应该把自己的职业理想尽可能的细化。那什么样的职业理想才是适合的呢？要怎样设定自己的理想？

（1）要认清现实。设定自己的职业理想时要根据自己的能力和外部环境来综合确定，如果自身知识和技能都比较低，而且外部环境也不允许自己投入大量金钱和时间提高充实自己时，不妨设一个较低的目标，一旦目标实现，对个人自信心的提升将很有帮助，否则你将在不断的挫折中成长，时间长了自信心将严重受挫。

（2）要设定多个阶段。职业理想要分多个阶段，例如想成为公司独当一面的高级领导，就要为自己设定详尽的职位路线图，例如何时晋升为主管、经理、总监等，这样你才能感觉到你离自己的理想越来越近了。

（3）不断细化对理想的描述。职业理想不能永远都是个虚无缥缈的东西，你要把对职业理想的描述写下来，然后和现在的实际情况进行对照，看哪些是你已经具备的，哪些是你目前还不具备的？这样你的目标将更加具体和集中，也更能让你达到职业理想。

（二）了解职业

每种职业都有与之相适应的职业能力要求。除了具备观察、思维、表达、操作、公关等一般能力之外，一些特殊行业还要有特殊要求。比如说：对于会计、出纳、统计、建筑师、工业药剂师等职业来说，从业人员必须具备很强的计算能力；与图纸、建筑、工程等打交道的工作，以及机械、外科医生等职业，对空间判断能力的要求较高；对于图形的明暗、线条的宽度和长度能做出视觉上的区别和比较的人，就能够从事美术装潢、设备维修、电器修理等工作。因此，有选择地、有针对性地培养自己的能力，主动去适应并接受职业岗位的挑战是十分重要的。

（三）了解社会

了解社会的需求是成功择业并就业的关键。了解社会主要是要了解社会对职业劳动者需求的数量和结构比例、竞争系数和职业发展趋势。社会对劳动者的需求量是指一定时期内职业需求的总量。这是一个动态的又相对稳定的数量。例如，有的职业有很高的社会名望，但需求量很少；有的职业不为多数人看好，但有发展前途，且需求量较大。竞争系数是指谋求同一种职业的劳动者人数的多少。在其他条件一定的情况下，竞争系数越大，职业概率越小。社会地位高、工作条件好、工资待遇优的职业，想要谋取的人数多，相应地竞争系数就大。职业发展趋势是指职业未来发展的态势。有些职业一时需求量大，竞争激烈，但随着社会的发展将日趋衰落；有些职业暂时处于冷落状况，但随着社会的发展会日益兴旺。因此，加强对社会职业需求的分析和预测，了解社会职业岗位需求情况是极其重要的。

二、学习先进人物

千百年来，许许多多的人们，在自己的职业岗位上忠于职守，爱岗敬业，勤奋创造，表现出高尚的职业道德和崇高的社会理想，涌现了许许多多可歌可泣的优秀人物，有的成为专家学者、劳动模范，有的则是职业技术能手或者能工巧匠，他们的爱国情怀、职业操守、敬业精神、人格风范成为世代相传的楷模、人们学习的榜样。三百六十行，行行出状元。如王进喜、时传祥、梁思成、茅以升、华罗庚、李素丽、季羡林、袁隆平、吴登云、许振超、杨善洲、兰辉、王顺友、张丽莉、吴斌等，他们全心全意为人民服务，兢兢业业为国家、为人民无私奉献，值得各行各业的人们特别是大学生学习。

三、精通本专业职业技能

（1）艰苦磨砺。我们应该懂得，只有经过严格的职业训练和生活磨炼的人，才能获得有用的知识及人生智慧。那些最杰出的人物无一不是经过严格的职业训练，无一不是历尽千辛万苦才取得辉煌成就的。严格的训练和挑战往往能锤炼和磨砺一个人的意志，激发一个人行动的勇气。没有训练、没有困难、没有挑战，人们就疏于行动，性格和意志就容易萎缩。高尚的品德是通过磨炼而变得完美，高超的职业技能是通过磨练而变得高超。

（2）职业实践。通过职业实践，提高职业技能是职业理想实现的必然途径。人们对职业的认识同职业实践活动密不可分。只有在实践—认识—再实践—再认识的反复循环中，人们才能加深对职业的了解和认识，完善和升华职业理想，掌握并精通职业技能。

（3）钻研技能。对于在校大学生来说，首先要完成规定的学习任务，促进德智体美劳等方面的全面发展，使我们的自身素质，相关能力达到国家职业技能规定的标准，具备高级专门人才的基本条件。反之，如不能全面完成学习任务，空谈职业理想，任何职业生涯设计和职业理想的实现都是空的。我们还要注意积极参加职业实践活动，增强实践经验，不断提升自己的职业本领。从长远发展来看，靠自己的实力找来的工作，我们会加倍珍惜，而且更为长久，职业发展也会更好，自己的人生价值实现得会更充分。

四、树立自信心

大学生要树立起“天生我才必有用”的理念，对自己的职业生涯充满信心。

每个人都有其特长，也有其不足，要敢于在竞争中发挥自己的特长。一般来说，高职高专的学生在理论功底上不如本科生、硕士生，但是实践能力强的优势将使他们成为用人单位亟要的人才。只要努力奋斗，具有实践能力、掌握一定特长的高职高专毕业生，也能成为各个领域的佼佼者，成为对国家、社会的有用人才。

高职高专的学生在学习期间，要在自我评价的基础上“扬长避短”，发展自己、按照职业对从业者的要求，努力提升自身素质，有目标地弥补自身的差距，主动适应职业的要求。

在择业时，高等院校的学生要选择能让自己“扬长避短”的职业，向用人单位展示自身的长处，走出盲目从众、单凭主观愿望择业的误区，做到既不清高自傲、眼高手低，也不悲观失望、无所适从。扬长避短，就是要正视自己在职业活动中，尽量发挥自己的长处，避开自己的短处。正如《水浒传》所描述的张顺：在陆地上他是李逵的手下败将，可在水中，他却占了上风。

随着科学技术的飞速发展，各种职业对从业者的要求也越来越高。高等院校的学生应该对照今后即将从事的职业对从业者的要求，做自我分析，发现自己胜任这一职业的长处，以此来克服自身的不足，消除自卑的心态，为提升自身素质确定可以实现的目标。对即将从事的职业要有自信，要敢说“我能行”。一个人只要有自信，那他就能成为他希望成为的那种人。

拓展阅读：低学历的比较优势——成材在于自身正确定位

作者：熊丙奇

学历不是决定因素，能力才是最关键的。这个道理，大学生们不会不懂，但是他们有时不得不做出这样无奈的选择，学历是进入公司必须跨越的门槛，我们现在毕竟身在水深火热之中，我们的学历确实比较低，有人说本科都很低了，那么我们专科更低，专科学生不追求学历，还能干什么呢？

这是没有看到专科生“比较优势”的必然结果。

低学历学生，相对于高学历学生，有“比较优势”吗？回答这个问题的前提是，现在的社会，越来越强调人才的能力。能力是用人单位择才至关重要的因素，学历再高，能力不强，照样被用人单位所唾弃；你拥有的能力很高，学历不高，用人单位照样会录用你。在这样的前提下，我们才能来分析低学历者的优势。具体表现在四方面，一是实用技能，二是用人成本，三是期望值，四是稳定性。

在实用技能方面，毫无疑问，低学历的高职高专学生要胜人一筹。当然，有人指责当前的用人单位，不重视对员工的培训投入，希望所有人才一进公司就能“上手”，这导致了关注学生技能的倾向，大学本应该塑造学生的基本素质和能力，上岗的职业培训，是社会机构或者用人单位做的事。从一些高学历的学生，包括研究生、博士生，在毕业前跑去学习“灰领”的培训班，就可以看到，如果关注实用技能的培养，低学历者可以受到要求学生实用技术的用人单位的欢迎。另一方面，读书“甚多”的高学历学生，有一些有很强的书呆子气，他们可能适合于从事教学、科研，但到一些公司里去，动手实践能力明显弱于低学历学生。

在用人成本方面，很显然，低学历者相对于高学历者有着优势。我们可以看到，一般来讲，低学历的人，在用人单位里起薪较低，按照我国的工资制度，用人单位是根据学历高低给予不同的起薪的，研究生、本科生和专科生均有不同的起薪。起薪低，也就意味着用人成本相对低。一个500强企业的人力资源总监，这样看待低学历和高学历者：如果两个应聘者按公司的测评体系测评下来，分数是相同的，也就是说综合能力、素质相差无几，公司宁愿要低学历的学生，而不愿意要高学历的学生。有两个原因，第一个原因是低学历的用人成本低。第二个原因是，如果高学历的学生还没有低学历的学生那么优秀，就证明他的学习能力，没有低学历学生的学习能力强，或者他在大学的付出，没有低学历学生的付出多。所以公司更看重低学历的学生。当然，前提是两个人的能力、素质差不多，而低学历的用人成本低，这样，用人单位就觉得用你更合算。因为，公司也要衡量自己的投入和产出。

第三是期望值，低学历人才，相对来说，他对自己未来的期望，更加务实，不像有的高学历者那样好高骛远。他们总想着一年之后自己要到什么工作岗位，两年之后要发展到什么程度，三年之后又如何……有这样的规划，表明他们有强烈的成功渴望，但脱离现实就会让他们眼高手低，甚至是高不成，低不就。高学历者，往往会作出偏离实际的评估，对自己有更高的期望，不满足用人单位给自己提供的工作岗位。与之对应，低学历者在这一方面，要求就少一些，定位就务实得多，他们往往能勤恳地干好用人单位交办的不起眼的工作，而没有多少怨言，也很少动辄就产生另攀高枝的念头。这样一种合适的期望，显然更加适合用人单位的发展需要。这也就是低学历人才具备的优势之一。

再就是稳定性，与期望值对应的就是稳定性。对未来期望值高的人才，往往稳定性不强，而如果期望值不是特别高，不那么挑三拣四，就将具有比较强的稳定性。每一个人才都是用人单位的合作伙伴，他当然不期望在对你进行培训投入，在你适应单位文化氛围之后，你却将他抛弃。高学历者能力强，能动性大，相对应的，就不太稳定，有一些高学历者没有与用人单位一道同甘共苦创事业的精神。如果低学历者在这方面，能展现出与用人单位风雨同舟的精神，那么，用人单位无疑会欢迎你。

以上四方面优势，就是低学历同学应该注意培养、注意打造的。总体来说，你的稳定性，你的期望值，你的用人成本，都相对高学历者，处于优势，关键在于，你要有让用人单位看中的实用技能。没有实用技能，你的用人成本、稳定性、期望值都无从谈起。能力是基础，有了过硬的本领，才会有期望值、稳定性、用人成本的量。

（资料来源：《中国大学生就业》网，
http：//www. chsi. com. cn/jyzd/zazhi/cz/200711/20071123/1620136. html，2007－11－23）

思考题

1. 阐述职业理想的特点。
2. 阐述职业理想分几个层次。
3. 阐述实现职业理想的途径。
4. 结合专业学习情况，谈谈应树立怎样的职业理想。
5. 谈谈职业理想对职业成功的作用。
6. 职业理想有哪几方面的作用？

第四章 职业生涯规划

职业是人们为了取得收入而从事的具有市场价值的活动，人的职业发展历程就是职业生涯。本章主要介绍职业生涯的基本范畴，分析个人职业生涯发展中的关键点，阐述了职业生涯规划的原则、思路等。

第一节 职业生涯规划的意义

中国有句古话："凡事预则立，不预则废。"我们每一个人提前做好职业生涯规划是十分必要的。在了解什么是职业生涯规划之前首先要知道什么是职业、什么是职业生涯。

所谓职业，是指社会人员按照社会分工所从事的相对稳定、合法、有报酬的工作。比如教师、医生、公务员、工人等等，都是职业名称；职业生涯则是指一个人一生从事职业活动的全过程，专指个体职业发展的历程，是一个人终生经历的所有职位的整个历程。而职业生涯规划是根据个人情况（比如自己的兴趣、爱好、能力、特长、经历等）及所处的环境，确立职业目标，选择职业通道，并采取行动和措施，实现职业生涯目标的过程。换句话说，职业生涯规划的意思就是：你打算选择什么样的行业，什么样的职业，什么样的企业或组织，想达到什么样的成就，想过一种什么样的生活，如何通过你的努力、学习与工作达到你的目标。

一个人的职业生涯是一个漫长的过程。也许一生只从事一种职业，也许一生中从事多种职业，但每个人都希望找到一个相对稳定、薪水合理、自己喜欢的职业。如何选择和规划自己的职业生涯，往往受学识、爱好、机遇、工作环境、薪酬高低等主客观条件的制约，只有根据现实的环境和工作需要，不断进行调整，培养对所从事职业的敬业精神，在实践中产生对事业的热爱，才能集中精力全身心投入工作，实现个人价值，做出成就。

职业生涯规划也可叫职业生涯设计。

如：做出个人职业的近期和远景规划、职业定位、阶段目标等一系列计划与行动。职业生涯设计的目的绝不只是按照自己的资历条件找一份工作，达到和实现个人目标，更重要的是帮助个人真正了解自己，为自己订下事业大计，筹划未来，拟订一生的发展方向，根据主客观条件设计出合理且可行的职业生涯发展方向。同时，进一步详细分析自己的条件及内、外环境的优势和限制，在"衡外情，量己力"的情形下设计出各自合理且可行的职业生涯发展方向。职业生涯活动将伴随我们的大半生，拥有成功的职业生涯才能实现完美人生。

对每个人而言，职业生涯规划有利于清楚今后发展的方向，从而有意识地培养和开发相关能力，实现在职业方面的持续发展。

科学合理的职业生涯规划能帮助人们按照社会发展的要求，顺利地实现就业并不断地发展自己，最终实现职业理想，享受到成功的快乐和喜悦。因此，职业生涯规划具有特别重要的意义。

一、节省成本，提高求职效率

职业规划就是“明确职业定位、确立清晰的职业目标、寻求最佳发展通道”，正确树立职业规划对就业有着直接的促进作用。

合理的职业规划简单地说，就是在明确职业目标后，能轻松地挑选适合自己的职业及岗位，从而避免了乱投简历的漫天撒网，这样将大大节省时间成本，同时也提高了求职效率。

二、积累经验，提升职业竞争力

条理清晰的职业规划，在很大程度上可以帮助从业人员明确职场方向。由于职业生涯是一个人生过程，它规划了一个人主要的职业方向，人们就会提前为职业目标的实现做各种准备，比如相关知识和技能的学习和掌握，相关职业核心能力的培养和提升，因为这些能力是无论从事任何职业都必须具备的基本素质要求。充分提升自己的职业竞争力，只有这样工作和职业才会更好地发展，才会得到更高的经济收入，人生价值与社会价值自然就会得以体现。同时，在这个过程中又可发现新的职业机遇，增强职业竞争力。

三、实现职业理想

每一个人在进行职业生涯规划时必须把各种主客观因素都考虑进去，从而使自己的规划具有较强的针对性和可行性；同时，可把规划制订得仔细和具体一些（比如短期、中期、长期规划，下月、下周、明日计划等），做到切实可行，并将规划融入日常的学习、工作和生活中，使自己的活动更具目的性和计划性，最终更好地实现职业理想。

第二节　职业生涯规划的原则、程序与方法

一、基本原则

（1）具体原则。在进行规划时，每一阶段如何安排、如何实施，都要具体、详细，尽可能用数字说话，要做到具体可行。

（2）实际原则。在进行规划时，要充分考虑到自己的个性、能力和兴趣以及社会环境和社会发展等其他相关因素，从而更好地选择切实可行的实现途径。

（3）全程原则。职业生涯规划是一个持续修正的长期规划，所以在进行规划时必须考虑到职业生涯发展的整个历程，作全方位、全过程的考虑。

（4）清晰原则。在进行规划时，要充分考虑各个阶段的目标是否明确，实现目标的措施是否清晰具体，步骤是否直观、明了？

（5）变动原则。由于职业生涯规划是一个长期的规划，因此在制订时必须考虑到可能变化的环境，所制定的目标与措施能否根据环境的变化而作出调整。

二、设计准则

由于职业生涯规划是一个系统工程，主要取决于两个方面：

（1）社会发展的客观需要，特别是社会职业的现实要求；

（2）自身的实际情况，其中起主要作用的是自己。

因为职业生涯规划不是社会或学校强加在个人身上的实施方案，而是从业人员自己在内心动力的驱使下，结合社会职业的要求和社会发展利益，依据现实条件和机会所制订的非常个人化的实施方案，着重从个人的角度来讨论职业生涯规划。因此，个人生涯规划设计须遵守如下准则：

（1）择己所爱。从事自己所喜欢的工作，工作本身就能给你一种满足感，职业生涯也会从此变得妙趣横生。兴趣是最好的老师，是成功之母。调查表明：兴趣与成功机率有着明显的正相关性。在设计自己的职业生涯时，务必注意：考虑自己的特点、兴趣，择己所爱，选择自己所喜欢的职业。

（2）择己所长。择己所长是做好职业生涯规划应当始终遵循的重要原则，择己所长讲的就是在进行职业生涯规划的过程中要做到量体裁衣。职业生涯规划具有个性化的特征，所以需要结合个体的具体特点进行。任何职业都要求从业者掌握一定的技能，具备一定的能力条件。而一个人一生中不能将所有技能都全部掌握，所以必须在进行职业选择时择己所长，从而有利于发挥自己的优势。运用比较优势原理充分分析别人与自己，尽量选择冲突较少的优势行业。

（3）择世所需。社会的需求不断演化着，旧的需求不断消失，新的需求不断产生。昨天的抢手货或许今天会变得无人问津。所以在设计自己的职业生涯时，一定要分析社会需求，择世所需，否则，会自食其果。

（4）择己所利。职业是个人谋生的手段，其目的在于追求个人幸福。所以在择业时，首先考虑的是自己的预期收益——个人幸福最大化（马斯洛需求层次论）。明智的选择个人利益最大化的职业取向，从社会角度和个人意向中取舍，从而在由收入、社会地位等变量组成的函数中找出一个最大值。这就是你在选择职业生涯中的收益最大化原则。

三、考虑因素

个人生涯规划设计要考虑的因素有：

（1）了解自己。要分析自己喜欢的工作和事情是什么？自己的优势或才干是什么？每个人都有某种才干，每个人的才干都经久不变、与众不同；唯有在你反复、愉快和成功的做一件事时，你的能力才算得上是优势；每个人最大的成长空间在于其最终的优势领域。要分析自己讨厌的工作和事情是什么？自己的弱点是什么？当你干起事来使你感觉压抑、不愉快，并且成绩平平时，你干这些事的能力便是你的弱点。不是每个人都能学会做好几乎任何事，人的弱点应该避开，改变是不可能的。然后再分析目前自己所处的行业、企业和职位有哪些潜在威胁？又有哪些机会？在任何时候、任何地方，机会和威胁都相互依存，并可互相转化。

（2）制定目标。必须先确定你的理想，它是你对未来个人生涯的一种奋斗目标。你必须考虑你为什么而活？在你的理想的框架内制定你的事业生涯目标，并将它分解成阶段目标。

（3）设计生涯规划。根据制定的目标，制定一个整体生涯规划，作为一个纲领性长期规划；制定一个3～5年的生涯规划，作为一种发展的中期规划；制定一个1年的生涯规划，作为一个操作性强、变化较小的短期规划。

四、规划程序

明确职业类别，了解职业特点，是制定规划的第一步。我国于1987年5月1日实施《中华人民共和国国家标准——职业分类与代码》，将全国职业分为八大类，包括：各类专业技术人员；国家机关、党群组织、企事业单位负责人；办事人员和有关人员；商业工作人员；服务性工作人员；农林牧渔劳动者；生产工人、运输工人和有关人员；不便分类的其他劳动者。

如果你要从事专业技术，就云锡公司（矿山企业）而言，主要有采矿、选矿、机电、冶金等，你首先需要了解其工作性质、环境及特点，选择适合自己的作为发展目标，然后有目的、有意识地进行学习与培训。同时，职业生涯规划应充分考虑人、环境、职业与成功的事业生涯之间的关系。那么如何规划职业生涯的呢？在进行具体的规划时，一般按以下程序和步骤进行。

（一）确立职业志向

志向是事业成功的基本前提，没有志向，事业的成功也就无从谈起。俗话说："志不立，天下无可成之事。"立志是人生的起跑点，反映着一个人的理想、胸怀、情趣和价值观，影响着一个人的奋斗目标及成就的大小。而职业志向，也就是你要成为一个什么样的人，比如成为一个高级技师、工程师或者是企业家等等，是指自己追求的最终职业成就。所以，在制定生涯规划时，首先要确立职业志向，这是制定职业生涯规划的关键，也是你的职业生涯规划中最重要的一点。

（二）自我分析与评估

进行自我分析与评估，也就是要全面了解自己。自我评估的目的，是认识自己、了解自己。因为只有认识了自己，才能对自己的职业作出正确的选择，才能选定适合自己发展的职业生涯路线，才能对自己的职业生涯目标作出最佳抉择。自我评估包括自己的兴趣、特长、性格、学识、技能、智商、情商、思维方式、思维方法、道德水准以及社会中的自我等等。

一个有效的职业生涯规划必须是在充分且正确认识自身条件与相关环境的基础上进行的。因此，进行准确的自我分析与定位是非常重要的。因为职业志向能否最终实现，最重要的是个人因素，即自己内在的职业素质。所以认识自己、了解自己，正确地分析自己的各种条件是规划职业生涯的前提，对自己的职业目标做出正确的选择，才能对如何实现职业目标做出科学的安排。通过具体的分析，认清自己的优势与劣势，才能在职业生涯规划中扬长避短，从而更好地实现职业理想。需要对自己的性格、兴趣、气质以及能力、需求等有一个正确的分析与判断，即要弄清我想干什么，我能干什么，我应该干什么？在众多的职业面前我会选择什么等问题。从而确定什么样的职业比较适合自己和自己具备哪些能力，适合什么样的职业。

（三）职业生涯机会的评估

职业生涯机会的评估，主要是评估各种环境因素对自己职业生涯发展的影响，每一个人都处在一定的环境之中，离开了这个环境，便无法生存与成长。所以，在制定个人的职业生涯规划时，要分析环境条件的特点、环境的发展变化情况、自己与环境的关系、自己在这个环境中的地位、环境对自己提出的要求以及环境对自己有利的条件与不利的条件等等。只有对这些环境因素充分了解，才能做到在复杂的环境中避害趋利，使你的职业生涯规划具有实际意义。

环境因素评估主要包括：

（1）组织环境；

（2）政治环境；

（3）社会环境；

（4）经济环境。

（四）职业的选择

职业选择正确与否，直接关系到人生事业的成功与失败。据统计，在选错职业的人当中，有 80% 的人在事业上是失败者。正如人们所说的“女怕嫁错郎，男怕选错行 ”。

由此可见，职业选择对人生事业发展是何等重要。如何才能选择正确的职业呢？至少应考虑以下几点：

（1）性格与职业的匹配；

（2）兴趣与职业的匹配；

（3）特长与职业的匹配；

（4）内外环境与职业相适应。

（五）职业生涯路线的选择

在职业确定后，向哪一路线发展，此时要作出选择。即，是向行政管理路线发展，还是向专业技术路线发展；还是先走技术路线，再转向行政管理路线……

由于发展路线不同，对职业发展的要求也不相同。因此，在职业生涯规划中，须作出抉择，以便使自己的学习、工作以及各种行动措施沿着你的职业生涯路线或预定的方向前进。通常职业生涯路线的选择须考虑以下三个问题：

（1）我想往哪一路线发展？

（2）我能往哪一路线发展？

（3）我可以往哪一路线发展？

对以上三个问题，进行综合分析，以便确定自己的最佳职业生涯路线。

（六）设定职业生涯目标

职业目标是职业志向的具体体现，是通过自我分析和职业定位后要确立的必须达到的具体目标，是制定职业生涯规划的核心和关键。一个人事业的成败 ，很大程度上取决于有无正确适当的目标。没有目标如同驶入大海的孤舟，四野茫茫，没有方向，不知道自己走向何方。只有树立了目标，才能明确奋斗目标，犹如海洋中的灯塔，引导你避开险礁暗石，走向成功。

目标的设定，是在继职业选择、职业生涯路线选择后，对人生目标做出的抉择。其抉择是以自己的最佳才能、最优性格、最大兴趣、最有利的环境等信息为依据。通常目标分短期目标、中期目标、长期目标和人生目标。短期目标一般为 1 ~ 2 年，短期目标又分日目标、周目标、月目标、年目标。中期目标一般为 3 ~ 5 年。长期目标一般为 5 ~ 10 年。因此，职业目标的制定要合理、切合实际，必须要根据目前的就业环境和现实情况来选择和制定职业发展目标，要保证目标适中，同时也不可过高或过低，切忌贪高贪快。在设定目标时，首先要根据个人的专业、性格、气质和价值观以及社会的发展趋势确定自己的长期目标，然后再把长期目标细化，根据个人的经历和所处的环境制定相应的短期目标。同时，将长期目标和短期目标结合起来，通过一个又一个短期目标的实现最终实现职业生涯的长远目标。

（七）实现目标的策略

实现目标的策略也就是制定具体的行动计划与措施，包括实现的时间、内容以及如何实现等。在确定了职业生涯目标后，行动便成了关键的环节。没有达成目标的行动，就难以实现，也就谈不上事业的成功。这里所指的行动，是指落实目标的具体措施，主要包括工作、训练、教育、轮岗等方面的措施，相应的教育和培训计划的制订。例如，为达成目标，在工作方面，你计划采取什么措施，提高你的工作效率？在业务素质方面，你计划学习哪些知识，掌握哪些技能，以提高你的业务能力？你准备取得哪些方面的资格证书？在潜能开发方面，采取什么措施开发你的潜能等等，都要有具体的计划与明确的措施。并且这些计划要特别具体，以便于定期检查。一个人只有制订出切实可行的计划与措施，职业目标才能得以实现。在这一过程中主要是把目标转化成具体的方案和措施。因此，为了实现目标，就必须详细分解目标，制订可操作的各种计划以及实施细则，从而保证计划的顺利进行和实现。

（八）评估与修正

俗话说："计划赶不上变化快。"影响职业生涯规划的因素很多。有的变化因素是可以预测的，而有的变化因素难以预测。职业生涯规划的评估与修正过程也就是个人对自己的不断认识过程，也是对社会的不断认识过程。在这个过程中，要使职业生涯规划行之有效，就须不断地对职业生涯规划进行评估与修订。必须根据个人需要和发展变化的环境来调整和修正规划，从而使规划更切合实际、更易实现也更加有效。一成不变的发展计划有时形同虚设。其修订的内容包括：职业的重新选择；职业生涯路线的选择；人生目标的修正；实施措施与计划的变更等等。

职业生涯规划是一个发展的动态过程，在这个过程中，每个人只有不断调整自己的目标与措施，才能最终实现职业理想。

五、职业生涯规划的方法

职业生涯目标规划，应从每个人一生的发展写起，然后分别定出十年计划，五年、三年、一年计划，以及一月、一周、一日的计划。计划定好后，再从一日、一周、一月计划实行下去，直至实现你的一年目标、三年目标、五年、十年目标。

未来发展目标：你未来想干什么，想成为什么样的人，想取得什么成就，想成为哪一专业的佼佼者？

十年目标：今后十年，你希望自己成为什么样子，有什么样的事业，将有多少收入，计划多少固定资产，要过上什么样的生活，把它们仔细地想清楚，一条一条地计划好，记录在案。

五年计划：定出五年计划的目的，是将十年大计分阶段实施。并将计划具体化，将目标进一步分解。

三年计划：俗话说，五年计划看头三年。因此，你的三年计划，要比五年计划更具体、更详细。因为计划是你的行动准则。

明年计划：定出明年的计划，以及实现计划的步骤、方法与时间表。务必具体、切实可行。如果从现在开始制定目标，则应单独定出今年的计划。

下月计划：下月计划应包括下月计划做的工作，应完成的任务、质和量方面的要求，财务收支，计划学习的新知识和有关信息等等。

下周计划：计划的内容与月计划相同。重点在于必须具体、详细、数字化，切实可行。而且每周末提前做好下周的计划。

明日计划：取最重要的三件至五件事，根据事情的轻重缓急，按先后顺序排好队，按计划去做，可以避免“捡了芝麻，丢了西瓜”。

六、个人职业生涯规划书的制订

（一）认识自我

（1）性格特征。我是一个相对来说不是很外向的人，平时除了与我认识的人有较多的话外，在陌生人面前，尤其是在陌生的长辈面前，我一般不会有太多的话。但并不是说我喜欢一个人独处，我喜欢与值得信赖的人，相处很好的朋友分享我的事情，所以在职业选择上我明白自己适合做什么，对我而言，根据个人兴趣，爱好以及专业，我觉得我适合会计与语言研究方面的工作。

（2）职业兴趣。由于自己的个性特征，因而我不是很喜欢过于外向的工作，而是喜欢比较稳定的工作。当然，根据自己的专业，我也会尝试一些适合于我自己其他方面的工作。总而言之，我会根据自己的爱好、特长、专业以及以后自己的发展方向与生活经历来选择自己的职业道路。

（3）职业价值观。对我而言，我只是想找份适合自己和自己喜欢的工作，通过自己的工作和努力做出自己应有的贡献，在其中学习、进步；并掌握一定的能力，踏踏实实地工作，立足岗位，在自己的岗位上做出一定的成绩。因而，我的价值观很明确：不在乎金钱多寡与地位高低，做好手头工作，知足常乐。

（4）胜任能力。自己勤奋好学、诚恳踏实、积极向上；有极强的责任心，善于观察，做事认真，易于沟通，加之专业知识也还扎实，相信一定能很好地做好自己的工作，回馈社会。其次，我个人的业余爱好也很广泛，除了正常工作外，我想，自己广泛的业余爱好也会为自己的工作增添一份精彩的。至于自己的劣势，我认为自己在某些方面的胆量有待增加，例如在大众面前的发言能力。总之，要克服自己的缺点，发扬自己的优点，完善自我。

（5）自我分析小节。根据以上方面分析总结，我在很大程度上认识了自己，明确自己适合什么样的工作，对自己的职业生涯做出合理的规划，可以让自己更快地走向成功。职业是自己一生的事情，所以必须先选好适合自己的工作，才能在以后的工作中不断学习、不断进步、不断完善，以期望自己能够在未来有更大的发展。当然工作生活与日常普通生活必须协调好，身体健康也不容忽视，总而言之，自我认知，正确选择，兢兢业业，综合协调，和谐发展。

（二）环境分析

在“知己”的基础上还要“知彼”，即全面、客观、正确地分析和了解自己将要从事的工组岗位、单位情况以及行业环境，这样才能做出符合实际的职业规划。例如，结合应聘的工作岗位，对该行业的发展趋势和某某单位的基本情况进行全面而细致的分析。

（三）制定职业生涯目标

根据自己的兴趣和现在的专业，如在未来会向会计或审计这个方向发展。围绕这个方向或可能的职业发展道路，对未来作初步规划如表4－1所示。

表4－1 规划表（会计或审计）

计划名称	时间	总目标	分目标	计划内容	实 施	备 注
短期计划	2012～2015年	认真学习专业理论知识，拿到四个证书	1. 全国英语三级证书； 2. 全国计算机等级二级； 3. 会计从业资格证； 4. 初级会计资格证	专业学习，职业素质提升	大二以专业学习和掌握职业技能为主	三年能拿到四证和毕业证书，成为一名优秀的毕业生
中长期计划	2016～2026年	进入职场，有自己的事业	在稳定的企业中发展，工作六年后考上注册会计师	适应职场	在工作中不断积累经验，再进入大企业	成为一名优秀的财务管理人员或者是财务总监

（四）具体目标规划

（1）短期目标规划：“千里之行始于足下”，做好每一天该做好的事，终有一天成功的大门会向你敞开，现在该做的就是让每一天过得充实而有意义。

（2）大学在校期间总体规划：

1）思想政治方面：提高思想认识，加入中国共产党；

2）学业方面：以优异成绩完成大专学业，拿到对工作有益的资格证书；

3）个性发展方面：在三年尽量把自己想干的事都干了，看自己想看的书，学自己想学的东西，尽量不留下遗憾；

4）身体素质方面：每天保证充足的睡眠，不熬夜。经常参加体育锻炼，提高自身素质。

（3）大学三年具体规划：

1）大一：尽可能地多参加社团活动，增长自己的见识，提高自己的能力。

2）大二：通过基本英语能力测试。

3）大三：考取各种资格证，并为升本做准备。

同时，与同学和老师融洽相处，有良好的人际关系。不断培养自己的组织能力、管理能力、表达能力、抗压能力、沟通能力等实际工作所需要的各方面素质与技能，全面提高自己的职业素养与综合能力。

（五）评估调整

职业生涯规划是一个动态的过程，必须根据实施结果的情况以及变化情况进行及时的评估与修正。

一般情况下，定期（半年或一年）评估规划。当出现特殊情况时，要随时评估并进行相应的调整。

拓展阅读 4－1：职场，向上走还是向深走

在职场发展的选择方向上，我们都存在着某种困惑。只要有发展的机会，谁也不愿碌碌无为地混下去，更何况职场的发展与个人生活水平还有着紧密的联系。职场的发展方向大体有两个：向上或向深发展，换言之，管理权力的发展，或是专业技术的提高。那么哪个方向该是我们追求的目标？

观点一：职场，哪条路最好走？

赵鸿玉先生（博士）

英国阿斯顿大学管理学博士。毕业后先后受聘于两家英国机床制造业的跨国公司任国际项目经理和高级管理咨询顾问。回国后加入一家国际猎头公司任高级顾问，现任 Globalfit 管理咨询培训公司总经理。

人的本意自然是往高处走，这需要为之付出努力。但努力了并不一定就会实现自己预期的目标，其中的原因可能是多方面的，但努力的有效性不失为主要因素之一。

人在工作中涉及到的相关层面不外乎有两类：工作业务自身和人际往来。前者需要专业知识技能，后者则需要人际交往技能。有一种理论是：不论什么技能都是能力的一种体现，不断提高能力自然就会胜任不断上升的岗位要求，不必考虑太多个人的兴趣和自认为的优势和弱项。这样的说法也能成立，事实上许多人在职场中也是这样走过来的。

不过接下来还有个因素需要考虑，这就是上面提到的努力有效性。如果发展机会是公平的，那它一定是通过竞争才得到的，而有效性则是竞争胜因的关键。试想，你很努力甚至比别人更努力地磨铁杵，当你的铁杵只不过比原来稍细了些时，别人的铁杵已磨成针了。这表明你的有效性低于他人，机会自然先给予他人。另外你在努力的过程中也许感到很痛苦，因为你对把这样一根铁杵磨成一根针并不感兴趣，而别人却对此倍感兴趣而乐此不疲，在享受过程中往往产生出灵感，故而创造或采用了更有效的方法。

这就回到了个人兴趣倾向的话题。有些人对做具体工作更感兴趣，从做事中得到最大的满足和成就感；有些人则对与人打交道更感兴趣，从被他人认可和影响他人中得到满足和成就感。

显然，个人兴趣倾向对于职场的发展会有影响，所以，当面对改变或影响职场发展方向的机会时（如走向管理的路径或走向专家的路径），个人兴趣倾向因素是值得考虑的。需要强调的是，职场上的人大体分为三类：侧重做事；侧重与人交往；对以上两项均较感兴趣，对某项略有偏重。

对于最后一类人（多数人属于此类），在职场方向上可顺其自然，个人选择可让位于优先到来的机会。对于前两类人，个人的主动选择会变得至关重要。道理归结为两点：如果岗位性质与个人的兴趣倾向差异很大，一是你很难从工作中享受到乐趣；二是在厌倦的状态下你很难有所创新并获取超人的业绩。而这些对于未来职场的发展都是极为不利的，在方向选择上应当注意回避。

不做管理就没有发展吗？

显然不是。走专家方向的路同样大有作为。业务高手不仅会直接为公司带来更高的利润，他们自身也会因为突出的业务能力而受到上司、同事、同行的尊重和认可。他们也会因自身具有的能力而对他人产生更大的影响从而越发受到公司的重视和信任。

什么时候该拒绝高职位的诱惑？

在现实中，一个人被公司考虑晋升为管理者，首先往往是由于他在业务方面表现出的优秀能力或业绩。晋升谁不乐意呀？早就求之不得，但接下来的是这个人需考虑自己的兴趣倾向。如果他具有强烈的做事倾向，在行为倾向上也仍会停留在过去作为业务尖子的轨迹上，这样便不能充分实现管理者带领团队并提高团队业绩的基本职责。结果就会产生工作压力，他需要强迫自己花更多时间去关注自己不感兴趣的人和事。如果观念意识不能转变，他就会感到痛苦以至于提到工作就头疼。有谁愿意长期从事没有乐趣的工作？如果未来你面临这样的机会状况，还是不要招之即上，应在思考之后做出自己的选择。记住，拒绝机会也是一种历练，如果拒绝某个机会是出于适合你的选择，这也是成熟的一个标志。

两个同时毕业的人，一个做管理，一个做专家，30年后，她们分别会怎样？

只要她们都在努力，都会取得不凡的业绩，所不同的是，她们取得成就的内容和形式不尽相同。一个可能是成功企业的高层管理者，一个可能是业内享有盛名的专家或受公司上下推崇的业务高手。一个在公司成长及开发人才、培养人才方面取得成就，一个在创新和业务拓展方面取得成功。

当然管理路径也需要专业知识技能。在公司定位、发展战略、业务拓展、经营运作等方面都需相关专业知识技能作为重要支撑。

现在的企业里，管理和专家哪个发展的机会更多？

从现状上看，管理者的机会更多。这与跨国公司一直采用的岗位职称体系与薪酬体系相关。多数情况下，高管的收入高于高技术职称的收入水平。这也是许多人认为走管理路径是职场发展唯一路径的重要原因之一。好在许多跨国公司已经认知这一现象并正在尝试加以改善。比如增加专家这条路径上的岗位职称、等级重要性及薪酬水平等。

观点二：技术才是“青春饭”。

郑茜：北京中科红旗软件技术有限公司业务拓展总监

如今的职场竞争异常激烈，不管是往高处发展还是往深处发展都非常艰难，需要承担无数的压力和挑战，没有一定的吃苦精神是很难做到的。我见到很多女性，在发展到一定程度的时候，不用别人叫停自己就准备退后了，她们的想法通常是：自己已经取得一定成就了，而且生活的质量比职位的高低更重要。

这道理听上去是对的。大多数年轻女孩某一阶段还处在愿意享乐，愿意不劳而获，生活在没有具体目标的状态中，能够奋斗出一定成就，已是人中龙凤了。

但女人真的可以停下来，既不再往高走，也不再往深走吗？我曾有过在西门子公司做了11年人力资源工作的经验，看到过无数女性的发展轨迹，就我的经验来看，能够走到高层的女性都有一定的先天管理天赋，再加上后天环境的配合和个人的努力。在上升的过程中，机会会越来越多，视野会越来越宽广，嗅觉也越来越灵敏，对周围非常关注。而在业务技术方面向纵深发展的女性则容易只关注到一小块自己擅长的领域，而且如果没有伯乐发现，在职业中的发展就比较被动。

举一个例子，我见过一位女性，是中科院软件所的硕士研究生，从事技术工作，但她对市场的判断很敏锐、很准确。此时她获得了两个机会：出国深造，在技术的路上往深迈进一步；或在公司里被提升为基层经理。她选择了后者。如今5年过去了，她已经做到了总监级的职位，比同期进入公司的、钻研技术的同事薪水高出50%。

职场上，多才的人才能屹立不倒，专才总是被后浪推前浪。所以我的建议是，也许你自认为性格或爱好上偏向某一发展方向，但要在年轻的时候多做尝试。人的潜力是无穷的，有时会让我们自己目瞪口呆。

（资料来源：http：//www. go - gddq. com/html/s60/2011 - 09/716968. html）

第三节 规划职业生涯

如果你的职业生涯规划目标是成为一个企业的工程师，那么就要把这个规划分成几个中等的规划，如什么时候成为一个专业技术人员，什么时候成为一个助理工程师，然后再把这些规划进行进一步的细分，使它成为直接可操作的具体计划。在这个过程中，要注意把握以下几个方面。

一、树立正确的职业理想

正确的职业发展方向是事业成功的基本条件，职业理想在人们职业生涯设计过程中起着调节和指南作用。一个人选择什么样的职业，以及为什么选择某种职业，通常都是以其职业理想为出发点的。任何人的职业理想都会受社会环境、社会现实的制约。因此，只有树立符合社会发展需要的职业理想才具有现实的可行性。

二、正确进行自我分析和职业分析

（1）职业目标高度适宜。要通过科学认知的方法和手段，对自己的职业兴趣、气质、性格、能力等方面有一个全面认识，要清楚自己的优势与特长、劣势与不足。要避免设计中的盲目性，达到设计目标高度适宜。

（2）充分了解行业现状和发展前景。要对所选择的职业的行业现状和发展前景有一个比较深入的了解，比如某一专业在企业的运用情况、人员构成、人才供给等；还要了解该职业所需要的特殊能力，避免职业选择中的盲目性。

三、尽早确定职业发展方向

一个人的一生是有限的，如果能把自己的时间和主要精力放在选定的目标上，为之努力和奋斗，则更容易取得职业成功。因此，一个人不能没有明确的努力方向，也不能不考虑自身的特点，好高骛远，什么“热”就干什么，东一榔头西一锤子，到头来和一直在一个职业方向上努力的人相比，职业竞争力自然就不足了。

还有很多人在工作中感觉不顺，或遇到外面的诱惑时，就会选择离职，寻求表面上看起来更好的发展，这样的做法实际上是错误的。因为职业规划是一个需要全面而系统的学习过程，而目前的工作是帮助你积累经验、提升技能的。因此对于工作选择必须慎重，可以用一段空闲的时间，静静地思考自己未来职业发展的走向，就会明白对于自己，哪些工作技巧是需要提升的部分，哪些是需要继续磨炼的，哪些是自己比较有竞争力的强项法宝。

四、培养职业能力

（1）要具有一定的知识，因为知识的积累是职业成功的基础和必要条件，同时还必须形成合理的知识结构，没有合理的知识结构，就不能发挥创造性。

（2）对于进入岗位的新人来说，应重点培养其满足社会需要的创造能力、实际操作能力和自我发展的终身学习能力、心理调适能力等。

（3）参加必要的职业训练，包括职业技能的培训、毕业实习等职业训练。

清楚人生目标并不断奋斗的人，往往更容易取得成功。所以，一方面要正确认识自己，另一方面还要不断完善自己，认识自己的职业、确立和追求自己的职业目标，命运掌握在自己手里。

拓展阅读4－2：职业选择中的十大误区

很多人认为他们选择职业的办法是对的，但结果却总是选择了一个不满意的职业。以下是职业选择中的十个认识误区，避开它们能帮你做出明智的决定。

（1）选择职业很容易。事实上，职业选择是一个复杂的过程，你得花时间。职业规划有很多步骤，包括了解你自己，并了解你想从事的职业，以便作出明智的选择。

（2）职业顾问会告诉我应该选哪个职业。职业顾问（或职业生涯发展专家）无法告诉你哪个职业对你来说最好。他们只能指导你、帮你选择职业。

（3）爱好不能用来谋生。选择职业时，最完美的决定是选一个跟你业余爱好相关的职业，此外，人们通常更善于做与自己兴趣相关的事，尽管大部分技能没有经过正式培训。

（4）从“热门职业”里选择我的职业。每一年（尤其是重大年份，比如每个十年的开始），你都会看到成千上万的文章书籍列举“专家”预测的“热门职业”。看看“热门”清单里有没有吸引你的职业，但千万不要用这个清单指导你的选择。也许很多当前的热门职业，过几年就不再热门了。此外，选择职业的时候，你应当考虑到你的兴趣、价值观和技能。因为一个有发展前景的职业，并不一定是最适合你的职业。

（5）只要能赚钱的工作，就能让我快乐。虽然薪水很重要，但选择职业时，你却不能只考虑这个因素。无数的调查指出，高薪工作不是必然让人舒适。对大多数人来说，喜欢工作内容才是更重要的。当然在衡量一项工作时，还是应该比较一下薪水的。

（6）一旦选择了某个职业，就要一辈子从事它。事实并非如此。如果你出于一些原因对你的职业不满意，你仍然可以换工作，或换一个好公司。很多人一生中都会换几次职业。

（7）如果换职业，技能就没用了。你的技能是你的财富。你可以在新工作里运用它们，尽管运用的方式可能不同，但它们绝对不会浪费。

（8）如果好朋友（亲戚、邻居）在这个领域工作得很快乐，我也可以。每个人都是不同的，对某个人有用的东西，对别人不一定起作用——即便两人有很多共同点。如果你对别人的工作感兴趣，就去深入研究一下，做好心理准备——那个工作不一定会适合你。

(9) 选择一个职业，一切就会水到渠成。职业选择是一个良好的开始，但选择之后还有很多事要做。“职业行动计划”可以帮你找工作，并达到长期职业目标。

(10) 不从事某个职业，就无法真正了解它。虽然亲身经历很好，但还有其他方式可以了解一个职业。你可以从书面材料或网络上找资料，或拜访从事那个职业的人。

（作者：Dawn Rosenberg McKay 译者：中国高等教育学生信息网 杜青）

（资料来源：about. com，2008－3－25）

思考题

1. 在进行个人生涯规划设计时要考虑哪些因素？
2. 通过本章学习，你对“不想当将军的士兵不是好士兵”这句话是如何理解的？
3. 有的人总是觉得别人的工作更理想，从而产生跳槽的想法。你是如何看待这一问题的？
4. 有人说“成功的关键在于运气”，你对此有何看法？
5. 做一份自己的职业生涯规划书。

第三篇

成业之基

德乃人之基、业乃事之本、学乃能之源、行乃学之成。

当今的社会不相信眼泪，职业竞争靠的是实力，靠的是个人的职业素养。因此我们在仰望星空的同时，还要脚踏实地提升自己的职业素养。一个职业人能否成就一番事业，取决于这个职业人的理想信念、公德法制、身心素质、职业价值理念，可以说优化的职业素质结构更加重视职业道德修养。职业道德是一个人生存和发展的精神支柱，职业技能决定着大学生求职的成败和职业生涯发展是否强劲，而企业文化是企业内全体成员的意志、特性、习惯和科学文化水平等因素相互作用的结果，能产生无形的力量和动力。因此，大学生要成就事业，必须在大学阶段解读好职业道德、职业技能和企业文化，打造成业之基的“三位一体”精神范畴体系，着力提高自己的职业道德、职业技能，并融入以人为本的企业文化，形成与企业共同一致、彼此共鸣的内心态度、意志状况和思想境界，并形成较强的职业创造力 、凝聚力和发展力，进而产生无形的工作效率和效果，实现个人成长和企业进步双赢。

第五章　做遵守道德的职业人

大学是人生发展的重要阶段，是世界观、人生观、价值观形成的关键时期，也是人生道德意识形成、发展和成熟的一个重要阶段，在这个阶段形成的思想道德观念对每一个同学的一生影响很大，加强道德修养，做一个知荣辱、讲道德的人，是党和人民的殷切期望，也是大学生自身全面发展、健康成长的重要条件。大学生要继承和弘扬中华民族优良道德传统，全面把握社会主义道德建设的内容，自觉恪守社会公德、家庭美德、职业道德、个人品德，努力使自己成为个人品德良好的社会主义事业接班人和建设者。

第一节　道德的基本理论

一、道德的定义

道德一词，它含有风尚、习俗、性格等意思，加以引申也有法则、规范等意思。我国的古典文献中，道德一词也有幸福的含义。从字义上说，“道”一般是指事物变化的规律或法则，还有“理”、“方法”等意思，如常说的“处世之道”；“德”，主要是指人的品行而言，如品德、德行。朱熹有这样的解释：“道，则人伦日用之间所当行者是也。知此而心必之焉，则所适者正，而无他歧之惑矣；德者，得也，得其道于心而不失之谓也。得之于心而守之不失，则始终唯一，而有日新之功矣。”用我们今天的话来说，所谓“道”，就是人们在日常的生活交往中，应当遵循的那些正确规则、道理等等；所谓“德”，就是“道得之于心”，而又见之于行，就是说不仅在思想上懂得“道”，而且在行动上也按照“道”去做。所以，有德之人，必定是懂道理的人，是品行端正的人。正因为如此，中国古书上常常把德与善在同一个意义上使用。比如《大学》的开头说：大学之道，在明明德、在亲民，在止于至善。从这些解释可以看出，古人所用的“道德”一词，是表示人们应当达到的善的目标，用来评价善恶的标准，以一定的标准规范人们的行为。

从上述对道德一词含义的说明中，我们可以归纳出如下几点：

（1）道德标志着人们日常生活所表现出来的习俗、精神状态、品质等；

（2）道德是制约人们言行的一些道理、规范、准则等；

（3）道德是给人们指出的修养目标，同时也是对人的言行善恶的评价标准。

可以说，古典书上对道德一词的解释，对我们正确认识道德的含义，是会有启发的。

二、道德社会作用的基本特点

道德主要是通过调整人与人之间的社会关系而发挥自己特殊的社会作用。但是，通过调整人与人之间关系而发挥作用的，不仅仅有道德，还有政治、法律等形式。道德的社会作用具有如下基本特点：

（1）舆论力量。道德在调整人们之间关系的作用方面，主要表现为一种社会舆论力量的特点。道德则与法律不同，它在调节人与人之间关系时，不是靠制裁，而主要是靠社会舆论的影响力量。道德舆论是通过道德评价而表现出来的，舆论这种无形的社会力量，强烈地影响甚至制约着人们的思想情绪，由此而扶正压邪，扬善抑恶，起到调整关系、解决矛盾的作用。当然，也有消极的，甚至反动的舆论，这种道德舆论的作用，则是负面的。在现实生活中，各个阶级、阶层、集团的人们，都力图用某种道德舆论来干预社会生活，维护自己的统治秩序。

（2）自觉性。道德在其调整社会关系的过程中，必然表现出人的行为的自觉性在起作用的特点。在这方面，道德与法律不同。道德的特点在于以人的自觉性为基础，它在调节人们之间的关系时，主要是依靠人们的自觉行动去实现。道德作用的这一特点，使它在人们的个人生活中显示为一种自我监督的力量。

（3）普遍性和广泛性。道德产生的社会作用，还包括普遍性和广泛性特点。由于道德的社会作用是通过社会舆论和人们的自觉行动去实现的，这种舆论和信念的力量，就像无形的触角一样，能深入到政治、法律所无法涉及的各个社会生活领域中，渗透到社会生活的各个方面去。所以，任何时候都要重视抓好道德教育工作，这是一种无形的社会力量。

（4）持久性。道德的社会作用还有一种持久性的特点，在这方面，与政治、法律的作用相比，也是有明显区别的。道德源远流长，与人类社会共始终，虽然在其发展中有不同的历史特点，但它是贯穿于人类社会发展的整个过程中的。其中那些带有全人类性的道德因素，渗透到政治、法律、宗教、文艺等形式之中，在不同历史条件下、不同社会制度中都起作用，而且这种作用随着政治、法律、宗教等的日益消亡而显得越来越突出了。可以预见，在未来的共产主义社会中，道德的调节职能将表现出更加权威的作用。

但是，我们在说明道德作用的上述特点的时候，绝不能把这些特点加以绝对化，得出“道德万能”的结论。这是因为，道德的社会作用无论怎么大，怎么重要，它毕竟是在一定社会物质生活条件的决定下所起的反作用，它并没有最终的决定意义，只是一种影响作用。同时，在各种社会意识形态中，道德也并不是单独发挥作用的，而是在与其他各种社会意识形式的相互作用中，共同对社会发展产生影响的。所以，道德要充分发挥它的特殊作用，没有法律、政治做后盾，没有艺术等等加以配合，会出现无能为力的现象。

三、基本的道德范畴

在每个时代中，人们以实践经验的总结为基础，批判地吸取历史上各种道德范畴中那些合理的因素，逐渐形成了一系列基本的道德范畴，并在不断完善中加强和延伸。在当代的伦理学中，主要的道德范畴有善与恶、义务、良心、荣誉、幸福、尊严、友谊、正义、诚信等等，它们从不同的角度概括了各种道德关系及道德现象的实质。

（一）善与恶

善与恶这是一对古老的道德范畴，也是一般伦理学的基本概念。善与恶分别是对合乎道德的现象与不合乎道德的现象的概括，因此，它们与“道德行为”、“不道德行为”这类概念具有同等意义。一般来说，善与恶是从动机与效果的统一中去对人们的言行进行道德评价的，前者是肯定，后者是否定。实践证明，真正掌握了善恶标准，可以使人们有一个起码的明确的道德界限。善与恶这对范畴具有鲜明的历史性。恩格斯说过：“善恶观念从一个民族到另一个民族、从一个时代到另一个时代变更得这样厉害，以至它们常常是互相直接矛盾的。”这就是说，在不同的社会历史条件下，人们会有不同的善恶标准。比如在封建时代，自由恋爱是大逆不道的事情，但是对于今天的人们来说却是文明开化的表现。所以，不能把善与恶的范畴看做是一成不变的，判断人们言行的善恶，必须结合历史进行分析。

在阶级社会里，善与恶是有阶级性的，不同的阶级往往在善恶观念上是直接对立的。剥削阶级把维护剥削制度的言行看做是善的，而把劳动人民反抗剥削和压迫的革命行动看做是恶的。善恶观念的这种差别或对立，根本原因在于人们的阶级利益的不同或矛盾。马克思主义伦理学认为，只有符合无产阶级和人民大众利益的言行才是善的，否则就是恶的。

可见，判断善与恶的根本依据或最终标准，归根到底还要看一个人或一个社会集团的言行是否符合社会进步的客观要求，看它是有利于还是有碍于社会发展。也就是说，善的言行与历史发展的必然性是一致的，逆历史发展潮流而动的言行则是恶的、不道德的。当然，对于一些复杂的道德现象，要进行具体的历史的分析，不能把善与恶当做抽象的概念，否则，就会使其变成空洞、无用的概念了。

（二）义务

义务作为一个基本的道德范畴，是社会生活中人们之间、个人与社会集体之间一种普遍存在的道德关系的反映，是社会交往的客观要求。一般地说，所谓义务，就是一个人对他人或对社会应当做的事情，所以，义务与通常说的责任、使命、天职等等有类似的意义。道德义务的履行是自觉的行为，它表明一个人对别人、对社会集体自觉承担的责任。因而，道德义务是基于对自己使命的认识而形成的内在道德的要求。义务的实质是个人对社会集体的高度道德责任感，是人们集体主义精神的一种具体体现。履行道德义务与取得某种权利没有直接的联系。比如，保卫祖国、救死扶伤、扶老携幼等等，在道德上来说，都是义不容辞的事情，并且，履行这类义务的人，大多并不是为了获得相应的权利。同时，我们还强调要把对个人、家庭的义务，放在对集体、社会的义务之后，正确处理这两种义务的关系。

正确的道德义务观念，反映了一个人能正确地处理个人利益与社会利益之间的关系，并且在大多数场合下履行道德义务都表现出了人们的一定程度的牺牲精神。因此，从一个人履行道德义务的情况中，可以看出他的道德水平的高低。经验表明，自觉的义务观念，能够在实践中逐渐变为人们的习惯而巩固下来，而有履行道德义务习惯的人，则是道德高尚的重要标志。

（三）良心

在伦理学的范畴体系中，良心范畴与义务范畴有密切联系，义务是一种客观的道德责任，而良心则是在履行义务的过程中所形成的个人内心深处的道德责任感。从本质上说，良心是以个人理念为基础的一种自我道德意识，也表现为一种自我道德评价的能力。但是，良心虽然是个人的内在道德意识现象，人的良心却并不神秘。人的良心是随着社会的发展逐渐形成的，是人们对自己所处的社会关系的一种比较复杂的反映方式，也可以说是多种道德——心理因素在个人意识中的结合。当然，良心归根到底是由社会物质生活条件决定的。马克思说过："良心是由人的知识和全部生活方式来决定的。"作为一种深刻的道德感情和个人道德责任感，良心在人们的现实生活中发挥着重要作用。一般来说，良心对人们言行有自我监督的作用，从肯定的方面说，能够抑制不道德行为的发生。若一个人对自己的不道德行为感到羞愧，受到良心责备，幡然悔悟，可以转化为一种积极的精神力量。但是，不应当由此而夸大了良心的作用，认为一切人都能"凭良心"行事。在现实生活中往往会适得其反，因为良心毕竟是个人的自我意识现象，并且要受到个人的复杂生活环境的制约。

在现实生活中，良心有复杂的社会性质。在阶级社会里，人们的良心是有阶级性的。不同的阶级，没有共同的良心。良心还带有职业的特点，像科学家的良心、医生的良心等等，都有不同的职业内容。良心范畴的这些特点，要求我们对它进行具体分析，不能抽象地运用它，否则就会在对待复杂问题的时候产生一些有害的糊涂观念。所以，对良心这一道德范畴有科学的认识，对于指导我们的工作和生活实践，特别是对于正确处理复杂的人际关系，是有重要意义的。

（四）荣誉

在伦理学中，荣誉这一道德范畴，与义务、良心这一类道德范畴有密切联系。实践证明，荣誉感实质上是对人们言行的一种价值评价。荣誉范畴包含着两个方面的含义。一方面，它是社会舆论对某种行为所做出的肯定性和赞赏性的道德评价，也就是说，荣誉是一定阶级、集体等对某种行为的社会价值的肯定，在这种情况下，社会舆论在荣誉评价中起重要作用；另一方面，它是一个人对自己言行的社会价值的自我肯定。这就是说，像良心一样，荣誉感也是人们一种自我评价能力的表现。在这种情况下，一个人的荣誉感是通过他本人的知耻心、自尊心、自爱心等形式表现出来的。可以看出，荣誉观的实质，是人们行为的社会赞赏与自我肯定的统一。

荣誉观并不是抽象的，它有具体的社会历史内容。在阶级社会里，不同的阶级有不同的荣誉观。在我国的社会主义现代化建设中，评价人们荣誉的根本标准，就是看他对现代化建设事业作出了什么样的实际贡献。

马克思主义伦理学认为，个人荣誉与集体荣誉是统一的。集体荣誉高于个人荣誉，集体荣誉是个人荣誉的基础；个人荣誉应当归功于集体的努力，个人荣誉是集体荣誉在个人身上的体现。同时，个人荣誉是集体荣誉的组成部分，集体应当鼓励每个人都去建立功勋，为集体增光。所以，一方面要保护和尊重个人的荣誉，另一方面又要反对各种各样的虚荣心。

（五）幸福

幸福这一道德范畴与荣誉这一道德范畴有密切的联系。历来的各种伦理学说都很重视对幸福这一道德范畴的研究，但是由于各自立场和出发点不同，对幸福的含义的理解也是各种各样。马克思主义伦理学认为，幸福这一范畴，实质上是对人生目的的反映，是对人生意义的一种追求，是对生活理想的一种认识。所以，幸福观是人生观的一个重要组成部分。

在阶级社会中，不同的阶级基于不同的人生观，形成了不同类型的幸福观。幸福就是人们在改造客观世界的实践中，由于理想和目的实现而感受到的精神上的满足。所以，幸福的实质是创造和享受的统一。

生活实践告诉我们，人们对幸福追求的实现，必须有一定的社会物质生活条件来保证，否则，幸福将是一种幻想。但是：如果没有科学的、高尚的人生理想作为生活的精神支柱，那么，即使有了富足的物质生活条件，生活也是空虚的、不幸的。那样的生活，当然谈不上幸福。因此，我们的幸福观，是物质幸福与精神幸福的统一。此外，马克思主义伦理学还强调，社会整体的幸福、绝大多数人的幸福高于个人的幸福，因为幸福归根到底要靠社会集体的努力，由广大人民群众的辛勤劳动创造，个人只有在同集体一起奋斗中才能获得幸福。但是，这并不意味着排斥个人幸福，恰恰相反，应当鼓励每个人在为集体作贡献的过程中，争取个人的幸福。实践证明，社会集体维护和关心社会成员的幸福，为他们创造实现幸福的条件，是充分发挥每个人的才智和创造力的必要前提。这就是说，幸福范畴的真正道德意义在于个人幸福与社会整体幸福的统一。马克思说过，为大多数人造福的人才是最幸福的人。可见，幸福与荣誉也是一致的。在我们社会主义时代里，为创造新生活做出了自己最大贡献的人，是最幸福的人，也是最光荣的人。

第二节 中国传统道德

胡锦涛同志在党的十七大报告中指出：“中华文化是中华民族生生不息、团结奋进的不竭动力。要全面认识祖国传统文化，取其精华，去其糟粕，使之与当代社会相适应，与现代文明相协调，保持民族性，体现时代性。”对中国当代大学生来说，从中国传统道德思想中吸取精髓，有的放矢地进行思想道德教育，不失为高校思想道德教育的一条有效途径。

中国传统道德，是中华民族在长期发展过程中逐渐凝聚起来的民族精神的一个重要组成部分，是中华民族传统文化的核心部分。中国素以礼仪之邦著称于世，在五千多年灿烂的文明史中，尊礼重德乃是中华民族的传统。中国传统道德不仅形成了系统的道德理论、原则和规范，而且渗入中华民族的灵魂，积淀为民族精神，深刻地影响着中华民族的民族心理、性格和价值观念、思维方式、行为方式。尤其是儒家思想和学说曾经长期作为意识形态的主导思想，其影响及于政治、经济、文化等方方面面，在国民的心理、性格和思维方式、行为规范上打下了深深的烙印，成为中华民族之国民性与民族精神不可或缺的重要组成部分。尤其是儒家传统道德思想长期作为意识形态的主要思想，对中国传统社会生活曾起着主导和支配作用。传统中国是一个以血缘宗法为基础、社会与伦理有机融合的国度，是一个以伦理为本位，以伦理准绳作为评判社会行为的价值尺度。

一、基本内容

中国传统伦理道德文化浩瀚渊博，有诸多的道德规范；有丰富的践履道德规范的德行；有如何实现道德社会的道德教育思想；有中国文化独到的修身之道；以及道德名言、理论等等。

中国传统伦理道德规范最早产生于原始社会末期的尧舜时代，《尚书 尧典》中就有“以亲九族”、“协和万邦”的表述。在殷墟的甲骨文字里有“礼”、“德”、“孝”等文字，说明商代就已制定了体系性的道德规范。

在我国，传统道德主要指的是儒家道德，其创始人是孔子。孔子生活在春秋时期，时值奴隶制社会向封建制社会过渡的诸子百家争鸣的时期，他从自己的政治理念出发形成全面系统的道德思想。他以“仁”作为最高的道德境界，将孝、悌、礼、信等德目置于其下，形成了中国最早的道德学说。

“仁”是孔子道德思想和道德学说中的核心概念，“仁”的含义最基本的解释是“仁者人也”、“己欲立而立人、己欲达而达人”、“仁者爱人”，就是说要把人当人看，而且要爱人。在孔子看来“仁”是社会规则和人文精神的基础，“人而不仁，如礼何？人而不仁，如乐何？”无“仁”则谈不上其他德行，由此逻辑地得出“为政以德”、天下太平的结论。但是，在春秋战国时期，各国的君主忙于征战，政治上的功利压倒了道德上的考虑，所以，孔子的学说在他生前和死后的一段时间内实际遭受着冷遇。封建阶级的政权得到巩固后，如何保持社会的安定，成了统治者考虑的首要问题，此时，孔子道德观因具有统一人民思想，稳定社会秩序的功效而受到重视。到汉武帝的时代，董仲舒根据孔子的道德教义，在提出“三纲”、“五常”的同时，用“罢黜百家，独尊儒术”的强硬手段，将儒家道德观念上升为中国封建社会的政治伦理。

中国传统道德文化的基本内容主要是通过道德规范表现出来的。如果我们把道德比喻为一张网，那么规范作为网的经纬线必然是丰富而具体的。中华民族在长期的道德实践中，逐步积累，形成了一些世代相传，并不断调整和更新其内容的道德规范，比如：仁、恕、忠、孝、诚、信、礼、义、廉、耻等等。中国传统伦理道德文化中的规范非常多，每一个规范都有其独特的内涵，另一方面规范更主要地又是对行为的规定。

商代“六德”就提出了知、仁、圣、义、忠、和六个规范；孔子伦理思想中的道德规范主要包括仁、孝、悌、忠、信等；《管子·牧民》中提出“礼义廉耻，国之四维”政治伦理的规范；战国时期，孟子上继孔子，提出了仁、义、礼、智四德说，并提出“五伦”，即父子有亲、君臣有义、夫妻有别、长幼有序、朋友有信的伦理原则。董仲舒根据孔子的“君君，臣臣，父父，子子”，提出“三纲”《春秋繁露》，即君为臣纲，父为子纲，夫为妻纲和仁、义、礼、智、信“五常”《举贤良对策》说。宋元时期，人们在管子的礼义廉耻上，配以孝悌忠信，就成了“孝悌忠信、礼义廉耻”八德。中国传统道德规范由公忠、仁爱、诚信、廉耻、礼让、孝慈、勤俭、勇敢、刚直等“九德”构成。

二、基本思想

（一）天下为公

天下为公其实质是中国传统伦理道德思想中的整体意识。中国传统伦理道德思想中的天下，既有“普天之下，莫非王土”的天下；也有以仁义为内容，以社会道德风气为主要表现的天下。“公忠”则兼有公与忠两个字的含义。讲的是对于国家利益、民族利益、社会整体利益的忠诚。它强调的是国家利益、民族利益至上，“以公灭私”，“至公无私”，强调的是为社会尽责、为天下尽忠的献身精神。实际上包涵了爱“君”之国家和爱“大家”之国家这两种内容和性质的爱国主义。其中虽然具有局限性，却也形成了“得民心者得天下”、“不以天下之大私其子孙”、“天下兴亡，匹夫有责”、“先天下之忧而忧，后天下之乐而乐”等类的政治伦理观念。

（二）为政以德

“为政以德”是孔子的观点，他认为道德教化是为政的基础，而每个社会成员的自觉性则是社会秩序稳定的基础：“道之以政，齐之以刑，民免而无耻；道之以德，齐之以礼，有耻且格”《论语·为政》。孟子继承并深化了孔子的思想，指出“仁言不如仁声之入人深也，善政不如善教之得民也。善政，民畏之；善教，民爱之。善政得民财，善教得民心。”（《孟子·尽心上》）

如何才能实现“为政以德”呢？那就是执政者率先垂范。“政者，正也”，为政者应先正已。从而“其身正，不令而行；其身不正，虽令不从。”《论语·子路》“政者，正也，子帅以正，孰敢不正？”“君子之德风，小人之德草。草上之风，必偃”《论语·颜渊》。同时中国传统伦理道德文化特别重视执政者的道德示范力量对于保持政治廉明的重要意义，认为国家政权的决策者和各级官吏的品德好坏，直接决定着国家的兴衰治乱。孔子说：“为政以德，譬如北辰，居其所而众星共之”《论语·为政》。

政治道德，体现为官员从政须加强道德修养和以“仁义”为政纪的要求。这在中国漫长的封建社会中，有其阶级的局限性，但它毕竟是历代统治阶级或集团对于治理国家实践经验的理性思考，在一定程度上有助于清正廉洁、开明政治的出现。实事求是地说，“为政以德”是中国封建社会政治文明的具体体现，也是中国封建社会不断发展的重要因素之一。

（三）德教为先

“德教为先”与“为政以德”是儒家政治伦理思想递进的上下两层。“德教为先”并不仅仅在说道德教育为先，同时还明示了道德在儒家的政治蓝图中的核心地位，即把道德视为治国安邦的最根本的手段，视为立国之本。

德教是否是可能的呢？孔子通过“性相近，习相远”《论语·阳货》回答了这个问题。孟子继承和发展了孔子这一思想，认为人与禽兽的差别原来并不大，即“人之异于禽兽者几希”《孟子·离娄》，并进一步分析说：“人之有道也，饱食暖衣逸居而无教，则近于禽兽”《孟子·滕文公》，即是说，人之所以为人，主要是因为有道德，道德是人区别于禽兽的主要标志。正因为如此，两千多年来儒家学说教育并培养了一代又一代的志士仁人，无论是在地主阶级上升和发展时期，还是在没落时期，都有许多士大夫从儒家学说中汲取了营养，具有高尚的道德情操，并为中华民族的生存和发展作了积极的贡献。同时，在德教为先的思想下，形成了中国十分注重道德的伦理文化，被誉为伦理之邦。

（四）修身为本

修身是中国传统伦理道德中最具特色的概念，在孔子那里被称为“修德”、“克己”、“正身”、“修已”。孟子发扬光大之“存其心，养其性，所以事天也。寿不贰，修身以俟之，所以立命也。”《孟子·尽心上》而荀子讲得更清楚，“扁善之度，以治气养生，则身后彭祖；以修身自强，则名配尧、禹。”《荀子·修身》从内容上讲，修身就是要正其心，整饰自己的心情欲念，保持心地平和，净化、纯化自己的意念，不自负，严格要求自己，经常解剖自己，不掩饰自己的“不善”，逐步达到至善的境界。

但为什么要“修身为本”呢？关键之处就在于“本”。孔子说“克己复礼为仁，一日克己复礼，天下归仁焉，”《论语·颜渊》“克己”的目的在于“天下归仁”。孟子说“君子之守，修其身而平天下”。由此可见“修身为本”与“德教为先”是相贯通的，它们是实现“为政以德”的两翼。只不过“德教为先”的着力点在社会，在统治阶级整体或集体；“修身为本”的着力点在于从天子到庶民的个体。

《大学》中有这样一段家喻户晓的文字：“大学之道，在明明德，在亲民，在止于至善……致知在格物。格物而后知至，知至而后诚意，诚意而后心正，心正而后身修，身修而后家齐，家齐而后国治，国治而后天下平。自天子以至于庶人，壹是皆以修身为本。”可见“修身为本”的本就是“修”、“齐”、“治”、“平”。

修身为本的思想影响了封建社会两千余年，不仅知识分子多形成“一箪食、一瓢饮，在陋巷，人不堪其忧，回也不改其乐”的安贫乐道的气节，而且一切志士仁人把修身作为齐家、治国、平天下的基础和前提，作为实现自己政治理想和道德理想的基础和前提，毕其一生去追求、践行。这种重视修身的道德思想，影响了整个中华民族，不仅在知识分子群体当中，而且在广大的劳动人民中间都表现出重视追求精神生活的民族品格。

总之，可以把中国的传统道德基本上归纳为：

四维：礼、仪、廉、耻。

五常：仁、义、礼、智、信。

四字：忠、孝、节、义。

三达德：智、仁、勇。

八德：忠孝、仁爱、信义、和平。

三、辩证看待传统道德

继承和弘扬中国传统道德，必须以马列主义、毛泽东思想，特别是以当代中国马克思主义——邓小平理论为指导，采取批判继承的正确方针，取其精华，弃其糟粕，反对否定一切和肯定一切的错误态度和倾向。

在中国传统道德的广博内容中，大体上可以分为三种不同的情况。

（1）纯属维护封建等级制度、宣扬愚忠愚孝和男尊女卑的道德戒律，应当彻底予以批判。

（2）基本上属于精华部分，应当基本吸收。

（3）精华与糟粕交织，整合在一起，这在传统道德中是很普遍的。需要我们认真鉴别，区别精华和糟粕，从而吸取精华，剔除糟粕。这里需要强调的是，即使对于那些基本上属于精华部分的民族传统道德，也仍然需要用历史唯物主义态度，重新加以审视，剔除其中不符合时代要求的因素，弘扬其理念在今天具有积极意义的内容。

1938 年 10 月毛泽东同志在中共六届六中全会上作的《中国共产党在民族战争中的地位》指出："今天的中国是历史的中国的一个发展；我们马克思主义的历史唯物主义者，我们不应当割断历史。从孔夫子到孙中山，我们应当给以总结，承继这一份珍贵的遗产。"毛泽东同志指出"清理古代文化发展过程，剔除其封建性的糟粕。吸收其民主性的精华，是发展民族新文化提高民族自信心的必要条件；但是决不能无批判地兼收并蓄。"对于历史遗产和一切进步的文化，都不能生吞活剥地、毫无批判地吸收，应该"如同我们对于食物一样，必须经过自己的口腔咀嚼和肠胃活动，送进唾液肠液，把它分解为精华和糟粕两部分，然后排泄其糟粕，吸收其精华，才能对我们的身体有益"。邓小平同志 1992 年视察南方时要求要"大胆吸收和借鉴人类社会创造的一切文明成果"。江泽民同志强调指出："中华民族是有悠久历史和优秀文化的伟大民族。我们的文化建设不能割断历史。对民族传统文化要取其精华，弃其糟粕，并结合时代的特点加以发展，推陈出新，使它不断发扬光大"。习近平同志 2014 年 5 月 21 日在山东考察时强调，要继承和弘扬中华优秀传统文化，弘扬中华传统美德，弘扬时代新风，振奋中华民族精神。这些论述，正确地解决了对待传统道德的态度和方法问题，为我们继承和弘扬中华传统道德提供了正确的指导方针。

四、中国传统道德与当代大学生道德教育的融合

中华传统道德，影响了一代又一代中国人的思想、行为和人格，至今仍是社会主义现代化教育的重要内容，也是当代大学生全面成长和成才的深厚根基。在经济全球化条件下，各大院校的道德教育既要广泛吸纳世界各国的优秀文化，更要把继承传统文化和培养民族精神贯穿到学生道德教育的全过程。把传统道德之美德融合，渗透到教学、科研和社会实践的各个环节。

（一）品德修养

加强个人品德修养、促进个人全面发展。人应该德、智、体、美、劳等各个方面共同发展，其中"德"是发展的核心。注重自我道德修养是中华民族的优良传统。孟子有一句名言"国之本在家，家之本在身"。曾子也说过："身修而后家齐，家齐而后治国，国治而后天下，自天子以至于庶人，亦是皆以修身为本。"中国古代把修身看做齐家、治国、平天下的基础和前提。当代大学生要很好地融合中华民族优秀传统道德，以"修身"为基础，加强个人品德修养，全面提高个人社会化的程度，进行人生"立志"和人格完善，使自己真正具备高校学生的品德规范，实现全面发展。

（二）爱国主义教育

加强爱国主义教育，弘扬自强不息的民族精神。千百年来，中华民族始终把爱国主义奉为道德传承的至高原则，把民族精神当做民族赖以生存和发展的精神支撑，以爱国主义为核心的团结统一，爱好和平，勤劳勇敢，自强不息的民族精神，是实现中华民族伟大复兴的强大精神动力。

在当代中国，弘扬以爱国主义为核心的民族精神，把传统道德中的爱国主义教育与中国当代现实国情和建设中国特色社会主义的发展相结合，使民族精神融入每一个学生的民族意识、民族品格、民族气质中，成为全体学生为建设中国特色社会主义伟大事业共同奋斗的价值取向。

（三）健全人格

加强社会主义核心价值体系教育，塑造大学生的健全人格。党的十八大报告指出："社会主义核心价值体系是兴国之魂，决定着中国特色社会主义发展方向。"各大院校要在大学生中深入开展社会主义核心价值体系学习教育，用社会主义核心价值体系引领思潮、凝聚共识。要坚持用中国特色社会主义理论体系教育大学生，广泛开展理想信念教育，引导大学生树立正确的世界观、人生观和价值观。要大力弘扬民族精神和时代精神，深入开展爱国主义、集体主义、社会主义教育，大力倡导富强、民主、文明、和谐；倡导自由、平等、公正、法治；倡导爱国、敬业、诚信、友善，积极培育社会主义核心价值观。要加强和改进大学生思想政治工作，注重人文关怀和心理疏导，培育当代大学生自尊自信、理性平和、积极向上的社会心态。要深化大学生精神文化活动，丰富大学生精神世界，增强大学生精神力量，让大学生的积极性、主动性和创造性充分释放，不断提高大学生的思想道德和文化素养。

自古以来中国人就把知荣明耻看得很重，孔子首倡"行之有耻"，认为有耻的人才能承担起社会责任。我国历史上关于荣辱观的古训和格言比比皆是："不知荣辱，乃不能成人"，"无羞恶之心，非人也"，"有义为荣、背义为耻"，"耻存则心存，耻忘则心忘"，"宁为玉碎，不为瓦全"，"宁可站着死，不可跪着生"，"富贵不能淫，贫贱不能移，威武不能屈"等等。

2006 年 3 月 4 日下午胡锦涛同志在第十届中国人民政治协商会议第四次会议的民盟、民进联组会上的讲话中第一次明确提出了以"八荣八耻"为主要内容的中国特色社会主义荣辱观，以"八荣八耻"为主要内容的中国特色社会主义荣辱观继承和吸收了中华民族传统荣辱观的优秀成分和优良道德教育因素，体现了对优秀文化遗产的传承，使社会主义荣辱观具有深厚的传统文化底蕴。当代大学生要把中华民族优良传统道德的荣辱观融合进当代社会主义荣辱观中，对不合时宜的行为予以科学的指导、矫正不合理的认知、减少那些由于个人行为与传统文化道德相悖而造成的内心冲突，塑造大学生的健全人格。

（四）诚信教育

诚信，顾名思义，就是诚实守信。在中华民族的道德体系中，诚实是为人之本，守信是立世之先。《论语》中有一句话："人无信不立，人之无信而不知其可也。"孟子说："诚、天之道也，思诚者，人之道也。"孔子教育学生对人对事要诚实不欺，要讲究信用；"与朋友交，言而有信。""敬事而信"、"谨而信"，并认为这是处理好人际关系，人与人和睦相处的重要交往原则。诚实守信不仅是每个人做人的立世之本，而且也是我们国家和民族得以生生不息、繁荣昌盛的强大精神支柱。诚信是一切道德的基础和根本，当代大学生应把中华民族优良传统道德诚实守信融入到当代社会主义科学发展观中，做诚实守信的人。

那么如何做到诚信？我们认为：

（1）说话时要做到三思而后说，我们中国有“一言既出驷马难追”，如果做不到就不要说，否则说了就要努力做到。

（2）虚的口号或标语不要常挂在嘴上。

（3）针对客户提出的“不诚信”问题，拿出改善的方法。

（4）停止一切“不道德”的手段。

（5）不能耍小聪明，耍不得！

（五）感恩教育

加强感恩教育，培养优良的心理品质。感恩，是中华民族的传统美德，中华民族是最懂得感恩的民族，诸如“投之以桃，报之以李”，“卧冰求鲤”、“忠孝双全”、“望云思亲”、“上书救父”等感恩故事诠释了中华民族的传统的淳朴民风。

把优秀的传统感恩教育融入大学生的思想道德教育中，加强对大学生思想政治教育的针对性、实效性，促进和谐校园建设，培养社会主义事业合格建设者和可靠接班人具有重要意义。要使当代大学生明白感恩是一种处世哲学，也是一种社会责任，通过感恩教育可培养大学生优秀的心理品质。

（六）生命教育

加强生命教育，培养大学生的积极人生观。尊重生命，珍惜生命是儒家的一贯主张，也是中华民族的优良传统美德，人的生命是有限的，但是如何选择人生道路，做到仰不愧于天，俯不愧于地，这是每个人都必须认真思考的。生命教育就是使学生认识人类自然生命、精神生命和社会生命的存在和发展规律，让学生认识个体的自我生命和他人的生命，让学生正确认识生命的生老病死过程，让当代大学生把中国优良传统的生命价值观融合到当代现实社会生活、工作和学习中，树立正确的人生观。总之，使学生能够正确认识、接受中华民族的传统美德，并将它落实在学习、生活和工作中。

第三节 职业道德

在社会生活中，职业活动是一个特殊的领域，在这个领域中，在职业活动的基础上逐渐形成了一种特殊的人际关系，即职业伦理。调节职业活动领域中的特殊人际关系，需要有相应的道德规范，这就是职业道德。作为社会主义道德体系的基础之一，职业道德是有特殊地位的。在社会的职业活动中，加强各行各业的职业道德建设，对于提高整个社会的职业文明水平，改良社会风气，促进人际关系的和谐发展，具有重要意义。

一、职业道德概念

职业道德是人们在进行职业活动过程中，一切符合职业要求的心理意识、行为准则和行为规范的总和。职业道德是一般道德在职业行为中的反映，是社会分工的产物。它是一种内在的、非强制性的约束机制，是用来调整职业个人、职业主体和社会成员之间关系的行为准则和行为规范。

道德由一定社会的经济基础决定，以善恶为评价标准，以法律为保障并依靠社会舆论和人们内心信念来维系的，调整人与人、人与社会及社会各成员之间关系的行为规范的总和。道德是社会学意义上的一个基本概念。不同的社会制度，不同的社会阶层都有不同的道德标准。

二、职业道德的本质

（一）生产发展和社会分工的产物

自从人类社会出现了农业和畜牧业、手工业的分离，以及商业的独立，社会分工就逐渐成为普遍的社会现象。由于社会分工的出现，人类生产须通过各行业的职业劳动来实现。随着生产的不断发展，科学技术的不断进步，社会分工越来越细。

分工不仅没有把人们的活动分成彼此不相联系的独立活动，反而使人们的社会联系日益加强，人与人之间的关系越来越紧密，越来越扩大，经过无数次的分化与组合，形成了今天社会生活中的各种各样的职业，并形成了人们之间错综复杂的职业关系。这种与职业相关联的特殊社会关系，需要有与之相适应的特殊的道德规范来调整，职业道德就是作为适应并调整职业活动和职业关系的行为规范而产生的，可见，生产的发展和社会分工的出现是职业道德形成、发展的历史条件。

（二）人们在职业实践活动中形成的规范

人们对自然、社会的认识，依赖于实践，正是由于人们在各种各样的职业活动实践中，逐渐认识了人与人之间、个人与社会之间的道德关系，从而形成了与职业实践活动相联系的特殊的道德心理、道德观念、道德标准。由此可见，职业道德是随着职业的出现以及人们的职业生活实践形成和发展起来的，有了职业就有了职业道德，出现一种职业就随之有了关于这种职业的道德。

（三）职业活动的客观要求

职业活动是人们由于特定的社会分工而从事的具有专门业务和特定职责，并以此作为主要生活来源的社会活动。它集中体现了社会关系的三大要素——责、权、利。

（1）每种职业都意味着承担一定的社会责任，即职责。如完成岗位任务的责任，承担责权范围内社会后果的责任等。职业者的职业责任的完成，既需要通过具有一定权威的政令或规章制度来维持正常的职业活动和职业程序，强制人们按一定规定办事，也需要通过内在的职业信念、职业道德情感来操作。当人们以什么态度来对待和履行自己的职业责任时，就使职业责任具有了道德意义，成为职业道德责任。

（2）每种职业都意味着享有一定的社会权力，即职权。职权不论大小都来自于社会，是社会整体和公共权力的一部分，如何承担和行使职业权力，必然联系着社会道德问题。

（3）每种职业都体现和处理着一定的利益关系，职业劳动既是为社会创造经济、文化效益的主渠道，也是个人主要的谋生手段，因此，职业是社会整体利益、职业服务对象的公众利益和从业者个人利益等多种利益的交汇点、结合部。如何处理好它们之间的关系，不仅是职业的责任和权力所在，也是职业内在的道德内容。

总之，没有相应的道德规范，职业就不可能真正担负起它的社会职能。职业道德是职业活动自身的一种必要的生存与发展条件。

（四）社会经济关系决定的特殊社会意识形态

职业道德虽然是在特定的职业生活中形成的，但它作为一种社会意识形态，则深深根植于社会经济关系之中，决定社会经济关系的性质，并随着社会经济关系的变化而变化发展着。

在人类历史上，社会的经济关系归根到底只有两种形态：

一种是以生产资料私有制为基础的经济结构；

一种是以生产资料公有制为基础的经济结构。

与这两种经济结构相适应也产生了两种不同类型的职业道德：

一种是私有制社会的职业道德，包括奴隶社会、封建社会和资本主义社会的职业道德；

另一种是公有制社会即社会主义社会的职业道德。以公有制为基础的社会主义的职业道德与私有制条件下的各种职业道德有着根本性的区别。

社会主义社会人与人之间的关系，不再是剥削与被剥削、雇佣与被雇佣的职业关系，从事不同的职业活动，只是社会分工不同，而没有高低贵贱的区别，每个职业工作者都是平等的劳动者，不同职业之间是相互服务的关系。每个职业活动都是社会主义事业的一个组成部分。各种职业的职业利益同整个社会的利益，从根本上说是一致的。因此，各行各业有可能形成共同的职业道德规范，这是以私有制为基础的社会职业道德难以实现的。

三、职业道德的特征

（1）职业性。职业道德的内容与职业实践活动紧密相连，反映着特定职业活动对从业人员行为的道德要求。每一种职业道德都只能规范本行业的从业人员，在特定的职业范围内发挥作用。

（2）实践性。职业行为过程，就是职业实践过程，只有在实践过程中，才能体现出职业道德的水准。职业道德的作用是调整职业关系，对从业人员职业活动的具体行为进行规范，解决现实生活中的具体道德冲突。

（3）继承性。职业道德是在长期实践过程中形成的，可作为经验继承下来。即使在不同的社会经济发展阶段，同种职业因服务对象、服务手段、职业利益、职业责任和义务较稳定，职业行为道德要求的核心内容将被继承和发扬，从而形成了被不同社会发展阶段普遍认同的职业道德规范。

（4）多样性。不同行业，其职业道德要求、道德标准、道德规范不同。因此，职业道德具有多样性的特征。

四、本质特征

社会主义的职业道德，是人类社会职业道德发展的新阶段，它批判地继承了历史上职业道德传统中有价值的因素，反映了社会主义社会中职业活动的基本特点和客观要求。因此，社会主义职业道德具有一系列新的本质特征。

（1）社会主义职业道德目标是共同的。社会主义职业道德反映了职业活动中职业工作者的个人利益、职业集团利益和社会利益的根本一致性。应当承认，随着市场经济的发展，在职业集团之间，是有利益差别的，有时会因竞争而产生利益矛盾。但是，社会主义社会的职业活动是以社会主义所有制关系为基础的，所以，任何一种职业活动，都是整个社会主义建设事业中不可缺少的组成部分。人们的职业分工不同，但目标是共同的，根本利益是一致的。这样，不但消除了各个职业集团在根本利益上的对立，而且也避免产生同行是“冤家”的心理基础。这就决定了在社会主义社会职业活动中，职业工作者之间、职业集团之间，应当是团结互助的集体主义关系。

（2）社会主义职业伦理观的民主性质越来越突出。在社会主义职业活动中，每个职业工作者之间、职业工作者与服务对象之间，都是独立平等的社会主体，特别是随着科技发展而逐渐成长起来的社会成员的网络服务关系，社会主义职业伦理观的民主性质就越来越突出了。在社会主义社会中，由于社会分工不同，人们从事不同的职业活动，各职业间没有尊卑贵贱的区别，职业工作者之间不再是封建的隶属关系和人身依附关系。这就消除了旧社会在职业道德上的互相歧视现象，每个职业工作者都有自身的职业自豪感，从事任何职业活动都是光荣的。因此，加强社会主义职业道德建设，有助于建立和发展平等、团结、友爱、互助的新型社会关系。

（3）社会主义职业道德的核心是为人民服务。社会主义职业活动的宗旨，决定了这种职业伦理观的核心是为人民服务。这是因为，在社会主义社会的职业活动中，不同的职业工作者间存在互相服务的关系。所以，社会主义社会职业道德的核心问题，是个服务态度问题。在我们的社会中，人人都是服务对象，人人又都为他人服务。也可以说，在整个社会的各种职业活动中，是一种“人人为我，我为人人”的关系。这就可以消除旧社会中常有的那种职业偏见，比如消除所谓“治人者”与“治于人者”之间的对立。

总之，全心全意为人民服务是社会主义职业道德建设的最高目标。

五、基本内容

《中华人民共和国公民道德建设实施纲要》中明确指出：“要大力倡导以爱岗敬业、诚实守信、办事公道、服务群众、奉献社会为主要内容的职业道德，鼓励人们在工作中做一个好建设者。”因此，我国现阶段各行各业普遍适用的职业道德的基本内容是“爱岗敬业、诚实守信、办事公道、服务群众、奉献社会”。

（一）爱岗敬业

通俗说“干一行，爱一行”，它是人类社会所有职业道德的一条核心规则。它要求从业者既要热爱自己所从事的职业，又要以恭敬的态度对待自己的工作岗位，爱岗敬业是职责，也是成才的内在要求。

爱岗就是热爱自己的本职工作，并为做好本职工作尽心竭力。爱岗是对人们工作态度的一种普遍要求，即要求职业工作者以正确的态度对待各种职业劳动，努力培养热爱自己所从事工作的幸福感、荣誉感。

敬业就是用一种恭敬严肃的态度对待自己的职业。任何时候用人单位只会倾向于选择那些既有真才实学又踏踏实实工作，持良好工作态度的人。这就要求从业者只有养成干一行、爱一行、钻一行、精一行的职业精神，专心致志搞好工作，才能实现敬业的深层含义，并在平凡的工作岗位上创造奇迹。一个人如果看不起本职岗位，心浮气躁，好高骛远，不仅违背了职业道德规范，而且会失去自身发展的机遇。虽然社会职业在外部会表现出差异性，但只要从业者热爱自己的本职工作，并能在自己的工作岗位上兢兢业业工作，终会有机会创出一流的工作业绩。

爱岗敬业是职业道德的基础，是社会主义职业道德所倡导的首要规范。爱岗要忠于职守，对本职工作尽心尽力；敬业是爱岗的升华，是要以恭敬严肃的态度对待自己的职业，对本职工作一丝不苟。爱岗敬业，就是对自己的工作要专心、认真、负责任，为实现职业奋斗目标而努力。

（二）诚实守信

诚实就是实事求是地待人做事，不弄虚作假。在职业行为中最基本的体现就是诚实劳动。每一名从业者，只有为社会多工作、多创造物质或精神财富，并付出卓有成效的劳动，社会所给予的回报才会越多，即“多劳多得”。

“守信”，要求讲求信誉，重信誉、信守诺言。要求每名从业者在工作中严格遵守国家的法律、法规和本职工作的条例、纪律；要做到秉公办事，坚持原则，不以权谋私；要做到实事求是、信守诺言，对工作精益求精，注重产品质量和服务质量，并同弄虚作假、坑害人民的行为进行坚决的斗争。

（三）办事公道

所谓办事公道是指从业人员在办事情处理问题时，要站在公正的立场上，按照同一标准和同一原则办事的职业道德规范。即处理各种职业事务要公道正派、不偏不倚、客观公正、公平公开。对不同的服务对象一视同仁、秉公办事，不因职位高低、贫富亲疏的差别而区别对待。

如一个服务员接待顾客不以貌取人，无论对于那些衣着华贵的大老板还是对那些衣着平平的乡下人，对不同国籍、不同肤色、不同民族的宾客能一视同仁，同样热情服务，这就是办事公道。无论是对于那些一次购买上万元商品的大主顾，还是对于一次只买几元钱小商品的人，同样周到接待，这就是办事公道。

（四）服务群众

服务群众是指听取群众意见，了解群众需要，为群众着想，端正服务态度，改进服务措施，提高服务质量。做好本职工作是服务人民最直接的体现。要有效地履职尽责，必须坚持工作的高标准。工作的高标准是企业发展的客观需要，是强烈的事业心责任感的具体体现，也是履行岗位责任的必然要求。

（五）奉献社会

奉献社会是社会主义职业道德的最高境界和最终目的。奉献社会是职业道德的出发点和归宿。奉献社会就是要履行对社会、对集体、对他人的义务，自觉地、努力地为社会、对集体、为他人作出贡献。当社会利益与局部利益、个人利益发生冲突时，要求每一个从业人员把社会利益放在首位。

奉献社会是一种对事业忘我的全身心投入，这不仅需要有明确的信念，更需要有崇高的行动。当一个人任劳任怨，不计较个人得失，甚至不惜献出自己的生命从事某项事业时，他关注的其实是这一事业对人类、对社会的意义。

第四节　大学生道德修养

与道德教育一样，道德修养也是一种重要的道德实践。与道德教育不同的是，道德修养主要表现为个人的思想意识活动。因此，道德修养的原则、方法、目标等等，也有自己的特点。作为个人的道德实践，其根本目标是追求一种高尚的道德理想。研究道德修养的理论，对于深入细致地做好思想政治工作，加强主体精神文明建设具有重要意义。

一、大学生道德修养的重要性

（1）全面提高青年大学生的政治理论素质和思想认识水平至关重要。从青年大学生自身发展状况看，青年大学生正处在世界观、人生观、价值观形成和发展的重要时期，这个时期的大学生思想、道德和心理等方面有了一定的发展，但总的来说，社会生活经验不够丰富，思想不够成熟，存在明显的知行脱节现象。比如在成才问题上，一方面具有强烈的成才愿望，另一方面又缺乏勤奋刻苦、勇攀科技高峰、耐得住清贫、耐得住寂寞的决心和恒心。这就需要在学校教育和引导下，不断学习，加强思想道德修养，完善自己。高校思想道德修养课是在高校德育工作经验总结和科学研究的基础上形成的关于大学生政治、思想、道德品质修养和心理行为训练的系统理论和知识。学习思想道德修养课，对于提高大学生的政治理论素质和思想认识水平，帮助大学生分辨是非，汲取精神营养，获得真、善、美的心灵启迪，不断提高思想道德修养，具有非常重要的意义。

（2）当代大学生必须树立正确的世界观、人生观和价值观。从大学生所处的社会环境看，其正处在发展社会主义市场经济和对外开放的历史条件下，正置身于利益主体多元、思想道德多元和价值取向多元的历史背景中。目前社会上出现的拜金主义、享乐主义、个人主义等资产阶级腐朽思想及各种社会丑恶现象和封建迷信思想都对青少年的健康成长带来许多负面影响。特别是在电子信息网络广泛覆盖的今天，一些错误的思想观念以网络为载体，具有传播速度快、覆盖范围广、声势大、难于控制的特点，对青少年影响极大，对思想教育工作提出了新的挑战。对此我们要有一个清醒的认识，不仅要从治理社会大环境入手，为大学生的健康成长提供一个良好的社会环境，而且，要从加强高校思想政治教育入手，开设思想道德修养课，对大学生进行有中国特色社会主义理论、爱国主义、集体主义、中华民族优秀道德传统、艰苦奋斗、创业精神等方面的教育。实践证明，这是一个有效的措施，它对于引导大学生树立正确的世界观、人生观、价值观，增强抵御市场经济负面效应的影响及资本主义、封建主义腐朽思想的侵蚀，使之成长为社会主义现代化建设所需要的高级专门人才具有重要的意义。

二、道德修养的内涵

（一）含义

修养是一个合成词，“修”原意指学习、锻炼、陶冶和提高；“养”原意是指培养、养育和熏陶。所谓修养是指一个人的素质经过长期锻炼或改造达到的结果和水平。在社会生活中，“修养”的含义是很广泛的，一般是指个人的自我学习、磨炼、改造、陶冶功夫，使自己的知识或品德达到一定的水平。伦理学中的道德修养，是有特定含义的，它主要是指个人通过自身的努力来提高自己的道德水平、提高自己的思想境界，并形成一定的道德品质的过程。再具体一点说，道德修养就是人们自觉地按照一定的道德原则，遵循一定的道德规范，在道德意识和道德品质方面，进行自我锻炼、自我改造、自我教育和自我完善的过程。这是个人在道德上的磨炼、涵养和陶冶的一种功夫。

（二）实质

就是要实现人的自我道德改造或自我道德更新。只要认真进行思想道德上的修养，完全可以不断提高自己的道德境界，成为一个道德高尚的人。古人常说的“人皆可以为尧舜”，道理就在这里。我们的现实生活也证明了这一点。

（三）最终目的

从根本上说，道德修养就是为了使人们逐步成为一个人性完美的人。这里的关键在于，如何来论证道德完美的标准问题，这就是伦理学上所要研究的关于道德理想的问题。所谓道德理想，就是人们心目中理想的人格，或者说是一种理想的道德境界。这种具有高尚道德境界的理想人格，首先是在一定时代中，一定阶级、阶层或社会集团所追求的最高道德典范；一定的道德理想，是一定社会中的道德原则集中和完美的体现。这就是伦理学上所谓道德理想的基本内容。

（四）实质

道德理想是一定历史时代的产物，像被后世树为楷模的那些杰出历史人物一样，他们并不是天生的，而是一定时代的产物。恩格斯在谈到伟大人物产生的特点时写到，是谁恰好成了某一时代的伟大人物，这具有一定的偶然性。但是，一旦时代需要这样的人物，那么，伟大人物就会出现，像恺撒、奥古斯都、克伦威尔等等，就是这样产生的。这就是说，伟大人物的出现是历史必然因素和个人的偶然因素的统一。作为一定的道德理想的体现的伟大人物（并不完全是政治意义上的）的出现，则是时代发展的客观要求和对这一客观要求的高度自觉认识的统一。由此可见，伟大人物或杰出人物所反映出的道德理想，是一定时代的要求，是该时代的精华。

(1) 坚持学习马克思主义的伦理观。在马克思主义的历史唯物主义中，论述了许多关于道德以及社会主义道德和职业道德的科学观点，是职业道德修养的指针，坚持理论联系实际，学习马克思主义的伦理观，有利于从业人员树立科学的世界观、人生观和道德观。

(2) 发挥榜样的激励作用，向先进模范人物学习。社会主义现代化建设中涌现出来的先进集体和先进人物，是实践社会主义精神文明的榜样。榜样的力量是无穷的，学习先进模范人物的高尚品德和崇高精神使之在全社会发扬光大，成为激励和鼓舞广大群众前进的精神力量，是社会主义精神文明建设的重要内容，也是从业人员加强职业道德修养，提高自身职业道德水平的必由之路。

学习先进模范人物还要密切联系自己职业活动和职业道德的实际，注重实效，自觉抵制拜金主义、享乐主义、极端个人主义等腐朽思想侵蚀，大力弘扬新时期的创业精神，提高职业道德水平，立志在本岗位上多作贡献。

(3) 提倡“慎独”、“积善成德”、“防微杜渐”。“慎独”一词出于我国古籍《礼记·中庸》：“道也者，不可须臾离也，可离非道也。事故君子戒慎乎其所不睹，恐惧乎其所不闻。莫见乎隐，莫显乎微，故君子慎其独也”。意思是说，道德原则是一时一刻也不能离开的，时时刻刻检查自己的行动，一个有道德的人，在独自一人，无人监督时，也是小心谨慎，不做任何不道德的事。我们现在依然提倡“慎独”，是重在自律，即在道德上自我约束。慎独既是加强职业道德修养的行之有效的重要方法和途径，也是一种崇高的思想道德境界。

在提倡“慎独”的同时，提倡“积善成德”。就是精心保持自己的善行，精心地培养自己心中开始出现的共产主义道德观念和品质的幼芽，使其不断积累和壮大。我国战国时哲学家荀况曾说：“积土成山，风土兴焉；积水成渊，蛟龙生焉；积善成德，而神明自得，圣心备焉。故不积跬步，无以至千里；不积小流，无以成江河。”高尚的道德人格和道德品质，不是一夜之间就能够养成的，它需要一个长期的积善过程。只有不弃小善，才能积成大善；只有能积众善，才能有高尚的品德。平时不检点，不积善，只幻想有朝一日碰上一个紧要关头挺身而出，一个早上成为英雄人物是根本不可能的。

在积善的同时，还要“防微杜渐”。在职业道德修养领域中善恶区别，泾渭分明。善虽小，仍然不失其为善；恶虽小，也终究是恶。所以从业人员对自己任何不符合职业道德的言行，都务必注意克服，将其消灭在萌芽状态之中。三国时代的刘备在他的遗嘱里叮嘱儿子“勿以恶小而为之，勿以善小而不为”，指的就是这种防微杜渐的修养方法。在现实中，人们最易疏于防范的便是“小恶”。小恶虽小，但任其发展，就会泛滥成灾，此所谓“千里之堤，溃于蚁穴”。

在现实生活中我们常常可以发现，大家都在按照先进榜样去做，有的人做得好，自己在道德上有了明显进步，但也有的人进步得并不理想。这就是说，同样都在进行道德修养，但结果各有不同。造成这种情况的原因很多，但是其中一个重要原因是道德修养的途径以及方法不同。关于这个问题，历来的伦理学家都很重视，也提出了不少有价值的见解。比如中国儒家提出的“慎独”，就是一种很重要的道德修养方法。这种修养方法，包含着合理的因素，它符合道德社会作用的特点。因为道德主要是通过人们的自我控制，来调整人们之间的关系的。因此，要不断提高自己道德水平的人，在任何情况下都会自觉地严格要求自己，按一定的道德规范去行事，这样才能使自己达到更高的道德境界。

应该承认，对于一个真心实意进行道德修养的人来说，“慎独”的方法是有价值的。因为一个人时刻严格要求自己，经常反省、检查自己的缺点、毛病，对自己做不留情面的解剖，对于不断提高自己的道德境界，有着重要的作用。周恩来 1943 年在整风学习中自订的《我的修养要则》，就是一个生动的说明。雷锋的成长过程也有这一特点。比如从他的日记中可以看出，他总是经常检查自己、剖析自己，不断地给自己提出新的道德目标。很显然，这对雷锋的成长是一个重要的促进因素。

但是，也应当看到，自我修养、慎独等方法，在旧的伦理学中，是有局限性的。比如说，儒家所说的“慎独”，基本上是唯心主义的，是脱离社会实践的一种“闭门思过”的办法。古代许多人的所谓修养，大都是唯心的、形式的、抽象的、脱离社会实践的东西。他们片面夸大主观的作用，以为只要保持他们抽象的善良之心，就可以改变现实，改变社会和改变自己。我们是革命的唯物主义者，修养不能脱离人民群众的革命实践。这说明，马克思主义伦理学所提倡的道德修养，并不应当是脱离社会实践的、单纯的“闭门思过”，而必须投身于群众的革命实践，在改造客观世界的过程中，改造自己的主观世界。马克思、恩格斯说过，只有伟大的社会革命实践，才能推翻剥削阶级的统治，而且只有这种革命实践，无产阶级才能抛掉自己身上的一切陈旧的肮脏东西，成为新社会的创造者。因此，马克思主义伦理学所说的道德修养，实质上是指在革命实践中的自我改造。革命者的道德境界的提高，只有在革命实践中才能实现。通向道德理想的根本之路，是在革命实践中的高度自觉的道德修养。雷锋、焦裕禄、孔繁森、兰辉、张丽莉、吴斌等道德典范，都是在社会主义建设的实践中锻炼成长起来的，他们把共产主义道德的原则、规范，变成了活生生的实践，而革命实践又不断地使他们的道德意识升华，不断达到新的更高的道德境界。从本质上说，为实现一定道德理想而进行的道德修养，也是一种特殊的道德教育方式，即自我教育的过程。

案例

汉武帝刘彻在位时，司马迁在朝中任太史令，具体负责编写《史记》。当时，许多达官贵人都想讨好司马迁，期望通过他的笔给自己在历史上留下好名声，于是纷纷给他送来了奇珍异宝。

有一天，朝中最得宠的大将军李广利派人给他送来一件礼物，司马迁的女儿婵娟打开送来的精致盒子，发现盒子里放着的是一对世间罕见的珍宝——玉璧。

司马迁发现婵娟对宝物有不舍之意，于是语重心长地说："白璧最可贵的地方是没有斑痕和污点，所以人们才说，白玉无瑕。我是一个平庸而卑微的小官，从来不敢以白璧自居，如果我收下了这珍贵的白璧，我身上的污点就增加了一分，白璧不能要，叫人送了回去。"

司马迁所著的《史记》，被称为"史家之绝唱"，在我国历史上占有重要的地位。《史记》的价值就在于真实地记录了历史，司马迁何以能据实写史？原因之一就是他自身清白，珍惜自己的名誉，行得端做得正。倘若司马迁见了别人的东西就喜爱，不珍惜自己的名誉，必定使他难以秉笔直书，《史记》也绝不会有今天这样的价值。

三、加强"四德"修养的重要意义

党的十八大报告指出："要坚持依法治国和以德治国相结合，加强社会公德、职业道德、家庭美德、个人品德教育，弘扬中华传统美德，弘扬时代新风。"

2013 年 5 月 4 日习近平总书记在同各界优秀青年代表座谈时强调，自觉树立和践行社会主义核心价值观，带头倡导良好社会风气，始终保持积极的人生态度、良好的道德品质、健康的生活情趣，努力使自己成为祖国建设的有用之才、栋梁之材。

中央把"四德"建设提到事关和谐文化建设的战略高度，具有很强的现实性和指导性，为建设和谐校园文化指明了方向。高校应该始终把道德建设作为加强精神文明、深化校园文化建设的重要内容，广泛开展多种形式的教育和实践活动，促进形成校园道德风尚。但是，由于受当前社会、经济、人文等形势的影响，人们的价值观念、行为方式趋于复杂化，校园道德建设方面仍然存在一些亟待解决的问题。主要表现在：有人道德观念淡薄，是非、善恶、美丑界限混淆；有人不讲职业道德、不讲信用，见利忘义，损公肥私；有人以权谋私、腐化堕落等。所有这些，都对道德建设提出了新的课题。因此，加强"四德"建设，是高等院校促进平安校园和谐建设，确保学校"和谐发展"目标的内在要求，是把校园文化建设不断引向深入的重大举措，也是加强群众性精神文明建设的根本途径和提高员工素质的一项基础性工程。

（一）加强以“诚”为核心的职业道德修养

所谓职业道德修养，就是从业人员在道德意识和道德行为方面的自我锻炼及自我改造中所形成的职业道德品质以及达到的职业道德境界。职业道德修养是一种自律行为，关键在于“自我锻炼”和“自我改造”。任何一个从业人员，职业道德素质的提高，一方面靠他律，即社会的培养和组织的教育；另一方面就取决于自己的主观努力，即自我修养。两个方面是缺一不可的，而且后者更加重要。高等院校的大学生虽然还不是职业人，但是高等院校的学习时间是校园人向职业人转变的最后一个时期，因此对职业道德的认知、认同、遵守应该提到日程上。

大学生职业道德修养要突出“忠诚企业、诚实敬业、诚信待人”等方面的修养。

（1）忠诚企业。工作后，要对立身从业的工作单位忠心、忠诚、负责，尽心尽力，恪尽职守。牢固树立企业利益至高无上的观念，以企业为家，爱岗敬业，体现岗位价值。在困难危险面前，视坚守岗位为天职，决不擅离职守。始终把企业利益放在第一位，为维护企业利益敢于牺牲个人和局部利益。坚决不做损公利私、内外勾结有损企业利益的事。坚决不参加有损企业形象的活动。

（2）诚实敬业。在从业和劳动过程中，求真务实，付出和奉献真实客观的劳动。在工作中，对自己职责范围内的工作敢于负责，不违规违纪，不逃避责任，不弄虚作假，不揽功诿过，不推诿扯皮，不沽名钓誉。对组织分配的任务态度诚恳，脚踏实地，埋头苦干，任劳任怨。对挑战性的工作潜心研究、干出成果，决不浅尝辄止，半途而废。珍惜工作岗位，热爱所从事的工作，不朝三暮四，不挑肥拣瘦。充分发挥主观能动性，创造性地劳动，在岗位上实现人生价值。

（3）诚信待人。在工作中，要立足本职岗位，真诚地对待社会，真诚对待组织，真诚对待他人，真诚对待同事。牢固树立正确的从业观，守法经营，信守合约，坚决不做背信弃义的事、有违职业道德规范的事。表里如一，言行一致。人与人之间注重信誉，坦诚相待。在责任面前敢于承担，在成绩面前实事求是，在失误面前勇于担责。

（二）加强以“爱”为核心的社会公德修养

大学生要加强以“爱”为核心的社会公德修养，特别是要突出“关爱他人、爱护环境、奉献社会”等方面的修养。

（1）关爱他人。就是仁爱人人，对自己以外的人怀有一种善意和善良的爱心，在别人遇到困难或需要帮助的时候，力所能及地给予帮助和关爱。不断加强个人修养，不做损人利己的事情；积极参加学院或者班级组织的各种献爱心活动，关心关注身边的弱势群体。

（2）爱护环境。牢固树立科学发展观、生态文明观，自觉搞好节能减排，维护公共绿地、公共环境不受破坏，积极参加植树造林等绿化、美化活动。在日常生活学习和将来的工作中，注意节约能源，争做爱护环境、美化环境的模范。

（3）奉献社会。牢记奉献社会是公民的重要责任，要自觉履行公民服务社会的义务。要服从大局，在追求企业利益的同时，把社会效益、环境效益作为基础，努力实现企业效益、社会效益和环境效益的和谐统一。企业因员工的奉献而发展壮大，社会因企业的奉献更加和谐稳定。

（三）加强以“孝”为核心的家庭美德修养

大学生的家庭美德修养要突出“孝敬老人、同学和睦相处”等方面的修养。

（1）孝敬老人。孝敬老人首先要从孝敬自己的父母开始，大力倡导中华民族的传统美德，着力营造孝敬父母、关爱老人的浓厚氛围。坚持从自身做起，从现在做起，关心照顾父母生活。做到假期在家时做家务，在学校定期给父母报平安、报告在校园学习的真实情况等。

（2）和睦相处。和睦相处就是以宿舍为单位，通过建设良好的同学关系，促进和谐校园建设。同学之间正常来往，同学之间有困难要互帮互助。不单纯以自己为中心，不做有损同学之间关系的事。同学之间出现问题要及时沟通、正确处理。经常参加校园公益活动，多做有益于同学团结的事。

（四）加强以"贤"为核心的个人品德修养

大学生个人品德修养要突出"贤达高尚、豁达宽容、修身感恩"等方面的修养。

（1）贤达高尚。贤达高尚就是从每个人的思想修养、言谈举止、生活习惯等着手，追求高尚的道德品质和人生境界，为社会公德、职业道德、家庭美德建设奠定基础。每一个学生都要树立正确的世界观、人生观、价值观和法律观，淡泊名利，不以物喜，不以己悲，不庸俗攀比，不追风，不盲从，不求一己之利，但求共同进步，不求物质永远，但求精神常驻。

（2）豁达宽容。豁达宽容就是对人、对事不以自我为中心，善于换位思考。胸怀大志，坦荡无私。对人对事要大度得体，不斤斤计较，不患得患失。做人要光明磊落，乐观向上，永远保持积极健康的心态。对社会多一些认同，对上级多一些理解，对同学（将来对同事）多一些包容和尊重，对家人多一些谅解和体贴，对工作多一些耐心和细致，对事业多一些执着和坚持。

（3）修身感恩。修身感恩就是不懈追求自身的修养，常怀感念、感恩之心，树立对社会、工作、他人、家庭的责任感。谦虚做人，谦逊做事，自强不息，厚德载物，厚积薄发。感恩父母养育，感恩师长培养，感恩同学支持，感恩组织信任，感恩他人帮助。

总之，思想道德是大学生健康成长的主导，关系到大学生将来成为什么人，走什么路，能否成为对社会有用的人才。要让大学生健康成长、全面发展，就要教育和引导他们树立正确的理想信念和世界观、人生观、价值观，培养高尚的思想品质和良好的道德情操，成长为有理想、有道德、有文化、有纪律的德智体美全面发展的新一代。

第五节　职业行为规范

一、定义及适用范围

职业行为是指个人在经过系统的职业化训练后，在组织或团队工作中所表现出来的具备一定职业素养的组织行为。具体包括：职业操守、职业道德、职业观念和职业素养。

职业行为规范分为基本道德规范、文明用语规范、仪容仪表规范、职业行为准则及企业制定的相关管理制度、岗位规范、安全规程、运行规程、检修规程等。

二、基本道德规范

公民基本道德规范是一个国家所有公民必须遵守和履行的道德规范的总和。包括道德核心、道德原则的基本要求和一系列的道德规范。

社会主义道德建设是以马列主义、毛泽东思想、邓小平理论、“三个代表”重要思想科学发展观为指导，以为人民服务为核心，以集体主义为原则，以爱祖国、爱人民、爱劳动、爱科学、爱社会主义为基本要求，把社会公德、职业道德、家庭美德的建设作为整个社会主义道德建设的着力点。

公民道德规范主要由基本道德规范、社会公德规范、职业道德规范、家庭美德规范和个人品德构成。涵盖了社会生活的各个领域，适用于不同社会群体，是每一个公民都应该遵守的行为准则。

(1) 公民道德基本规范：

爱国守法、明礼诚信、团结友善、勤俭自强、敬业奉献。

(2) 社会公德主要内容：

文明礼貌、助人为乐、爱护公物、保护环境、遵纪守法。

(3) 职业道德主要内容：

爱岗敬业、诚实守信、办事公道、服务群体、奉献社会。

(4) 家庭美德主要内容：

尊老爱幼、男女平等、夫妻和睦、勤俭持家、邻里团结。

八荣八耻的具体内容为：

以热爱祖国为荣、以危害祖国为耻；
以服务人民为荣、以背离人民为耻；
以崇尚科学为荣、以愚昧无知为耻；
以辛勤劳动为荣、以好逸恶劳为耻；
以团结互助为荣、以损人利己为耻；
以诚实守信为荣、以见利忘义为耻；
以遵纪守法为荣、以违法乱纪为耻；
以艰苦奋斗为荣、以骄奢淫逸为耻。

三、文明用语规范

（一）原则和目的

文明用语的原则是：和气、文雅、谦逊。

目的是：规范员工文明用语，增强有效的沟通能力，创造和谐、融洽的工作人际生态系统，维护企业（单位）良好形象。

（二）规范要求

1. 接打电话用语

(1) 您好！×××单位。

(2) 我是×××，请讲。

(3) 请问您是哪里？有什么事可以帮您吗？

(4) 请放心，我会尽力办好这件事。

(5) 这是我们应该做的。

(6) 我可以替您转告吗？

（7）您是否拨错了号码？

（8）请问您是×××单位吗？

（9）您怎样称呼？

（10）请帮我找×××先生/女士/职务。

2. 日常沟通用语

（1）问候语：您好！早上/下午/晚上好！

（2）迎送语：欢迎光临！请！再见！您慢走！欢迎再来！

（3）祈使语：劳驾您，帮个忙好吗？我能帮您吗？请指教！麻烦您啦！

（4）答歉语：是。你做得对。谢谢。不用谢。对不起。没关系。对不起，我不知道。请原谅。对不起，打扰一下。请稍等。

（5）赞美语：好！非常好！太美啦！简直太棒了！干得不错！

（6）祝福语：祝您成功！祝贺您！合作愉快！祝你开心！

3. 服务忌语

（1）不知道！

（2）问别人去！

（3）喊什么，等会儿！

（4）没看我忙着吗？

（5）着什么急？

（6）我就这态度！

（7）你问我，我问谁？

（8）快下班了，你快点儿！

（9）有能耐你告去，告到哪儿我都不怕！

（10）刚才和你说过了，怎么还问？

（11）我解决不了，愿意找谁找谁去！

（12）没上班呢，等会儿再说。

（13）干什么呢，快点儿！

（14）我不管，少问我！

（15）不是告诉你了吗，怎么还是不明白？

（16）别啰唆，快点讲，现在才说，早干嘛来着。

（17）越忙越添乱，真是烦人！

（18）不关我的事，这是领导要求的。

（三）文明用语要领

（1）“和气”：待人和气，态度和蔼，语气温和，不强词夺理，不恶语伤人；

（2）“文雅”：谈吐雅致，文明大方，力戒粗野，不说粗话，不污言秽语；

（3）“谦逊”：待人谦虚，尊重别人，不傲慢冷淡，不盛气凌人，不说大话。

（4）打电话之前，按以下六点理出重点，以免浪费时间，分别为：何人、何地、何时、何事、原因、如何。

（5）接电话响应时间，电话铃响三声之内接听。声音亲切自然，推广并使用普通话。沟通交流时，应始终保持微笑。

（6）沟通交流过程中，用友好的目光关注对方，认真听取对方的陈述，对异议或误解，耐心听取并做好解释工作。如果上下级沟通，下级要在听取过程中做好记录。不要随意打断别人的谈话。

（7）开会、谈判、接待客人时，手机关闭或打到振动位置，须接电话时，先对客人说一声："对不起，我接个电话。"

四、仪容仪表规范

（一）原则和目的

仪容仪表规范的原则是：端庄、整洁、大方。

目的是：营造文化氛围，体现精神风貌，展示企业（单位）形象。

（二）规范要求

1. 员工生产现场着装

身着公司统一发放的工作制服、衬衫，扣好衣扣、裤扣。佩戴端正的工作牌，符合安全规程着装要求。戴正安全帽/工作帽，系好安全帽带，佩戴必备的劳动防护用品（运行监盘/值班人员除外）。

（1）办公场所着装。

1）男员工。春秋装：身着企业统一发放的工装、衬衫，扣好衣扣、裤扣，衬衣下摆放进裤内。夏装：着短袖衬衫/长袖衬衫、长裤，衬衫只允许衣领处的第一个扣子不系，其余必须系紧。

2）女员工。春秋装：身着公司统一工服、衬衫，衣扣扣好，拉链拉好。夏装：身装公司统一裙、衬衫，衣扣扣好，拉链拉好，袜子不能有破损和补过的痕迹。

（2）会议/活动着装。在按季节着办公场所工装的基础上，男员工打领带，领带紧束（大箭头垂到皮带扣处为准）。

（3）特殊工种员工着装：保卫/保安人员、医护人员、炊事人员、服务人员等，必须符合各自工种着装规范要求。

（4）着装要领：

1）工装须熨烫挺直、勤洗勤换，保持衣领、袖口整洁，无黑（汗）斑、油渍。

2）皮鞋要保持干净、光亮，不准钉响底，不得穿拖鞋。

3）佩戴端正工作牌，工装除工作牌外不许有其他饰品。

2. 仪容规范

（1）男员工。

1）头发。发型应以简洁为宜，不可太夸张、另类，头发须保持清洁，梳理整齐。

2）五官。保持干净、清洁、卫生。

3）手部。保持清洁，不留长指甲，除婚戒、手表外，不得佩戴其他饰物。

4）体态行为。

①站姿：自然挺立，眼睛平视前方，下颌内收，颈部挺直，面带微笑，双脚与两肩同宽自然垂直分开，双臂自然下垂，肩平、头正、挺胸、收腹。

②坐姿：落座时动作要轻柔，不要影响到他人。就座时要上身挺直，下颌内收，双肩

放松，眼睛平视，挺胸收腹，不得坐在椅子上前缩后仰；双腿自然分开，不得摇腿、跷腿。离座时，若邻座有人，须先示意，方可离座，动作要轻柔。

③走姿：方向明确，眼睛前视，肩平身直，双臂自然下垂摆动，走平行步，步伐从容，步态平衡。

（2）女员工。

1）头发。保持清洁，梳理整齐。

2）五官。保持干净、清洁、卫生。应工作要求可适度化淡妆，以自然为宜，不可浓妆艳抹。

3）手部。保持清洁，不留长指甲。

4）体态行为。

①站姿：自然挺立，眼睛平视前方，下颌内收，颈部挺直，面带微笑，双肩自然下垂，左手盖住右后叠放于小腹前，肩平、头正、挺胸、收腹，双腿并拢，两脚呈“丁”字形站立。

②坐姿：落座时应按住衣服前角，抚平裙摆，缓缓落座，动作要轻柔，不要影响到他人。就座时要上身挺直，下颌内收，双肩放松，眼睛平视，挺胸收腹，不得坐在椅子上前缩后仰，不得摇腿、跷腿。离座时，若邻座有人，须先示意，方可离座，动作要轻柔。

③走姿：方向明确，眼睛前视，肩平身直，双臂自然下垂摆动，走平行步，步伐从容，步态平衡。

五、职业行为准则

（一）内容

（1）学习：学习理论，钻研业务，勤于总结，掌握知识，增强能力，追求上进，提高素质。

加强日常学习，每个岗位都要有学习计划、学习笔记。

班前例会学习，传达贯彻有关文件和会议精神，总结前一天的工作，总结经验，发现问题，安排当班工作。

加强业务学习，根据企业发展和岗位需求，及时主动更新业务知识，提高自己的能力。

开展团队学习，相互沟通，取长补短，共同提高。主动参加拓展训练、技术比武、各种学习小组、政治学习和集体活动。珍惜公司提供的每一次学习、实践机会。

（2）遵章：服从命令，遵守纪律，熟悉规范，按章操作，科学管理，规范作业，抵制违章。

建立本单位/岗位必需的文件清单、记录清单和法律法规及其他要求清单，确保依法照章办事。

具备及时检索相关文件的条件，清单简洁，保持受控。

严守企业秘密，落实责任，严格执行，持续改进。

（3）清理：清查整理，整洁有序，轻重缓急，用留废去，明确标识，类别分明，定置管理，取放便利。

每日上、下班前五分钟内，整理区分岗位上必需物品和非必需物品。

办公/生产场所的现场物品定置管理，达到最优的空间利用，最美的协调布局，最大的操作便利。

归类清理工作用品和文件资料，纸质文件资料用档案盒/文件夹管理，废品及时清理干净。电子档实行电子公文包管理。

(4) 准时：到岗准时，到会准点，工作不拖，任务不延，节省时间，分秒必争，说到做到，提高效率。

不迟到，不早退，不脱岗。按时完成当天工作任务，做到日清日毕，日清日高。

对待工作任务要主次分明，按时完成任务，因客观原因不能按时完成工作时，必须写清原因，经主管领导签字认可。

参加会议或集体活动，不迟到，不浪费他人的时间。

节约时间，能够早完成的事情早完成，减少不必要的会议，缩短会议时间，提高工作效率。

(5) 有序：执行制度，遵守规程，坚持标准，规范运作，文明上岗，礼貌待人，团结和谐，秩序井然。

严格按管理程序、操作规程作业。上道工序是下道工序的基础，下道工序是上道工序的延续，事事有标准，件件有规范。

各项工作遵循 PDCA（计划、实施、检查、改进）四个阶段，善始善终，循序渐进。

创造和谐向上的良好氛围，互帮互助，团结友爱。

(6) 素养：荣辱分明，对错分明，熟悉业务，掌握技能，身心健康，习惯良好，自警自省，自励自强。

有修养，讲道德，文明礼貌，弘扬社会主义荣辱观。

熟练掌握本岗位要求的知识技能，胜任本职工作。

养成良好的行为习惯，保持健康向上的精神风貌。

善于学习别人的长处，发现自己的不足，不断改进提高。

（二）行为禁区

(1) 严禁酒后上岗、酒后驾车；

(2) 严禁班中做与工作无关的事情；

(3) 严禁在禁烟区内抽烟、乱扔烟头；

(4) 严禁大声喧哗、打架斗殴，衣冠不整；

(5) 严禁乱扔杂物、随地吐痰、损坏公物；

(6) 严禁将本职工作责任推卸给别人或下属；

(7) 严禁擅自复印、抄录、转借企业资料、文件；

(8) 严禁泄露企业的商业秘密；

(9) 严禁将公物占为己有；

(10) 严禁公共场所拥挤；

(11) 严禁利用办公信息网络，制作传播计算机病毒等非法信息。

拓展阅读

新“24 孝”行动标准：

(1) 经常带着爱人、子女回家；

(2) 节假日尽量与父母共度；
(3) 为父母举办生日宴会；
(4) 亲自给父母做饭；
(5) 每周给父母打个电话；
(6) 父母的零花钱不能少；
(7) 为父母建立“关爱卡”；
(8) 仔细聆听父母的往事；
(9) 教父母学会上网；
(10) 经常为父母拍照；
(11) 对父母的爱要说出口；
(12) 打开父母的心结；
(13) 支持父母的业余爱好；
(14) 支持单身父母再婚；
(15) 定期带父母做体检；
(16) 为父母购买合适的保险；
(17) 常跟父母做交心的沟通；
(18) 带父母一起出席重要的活动；
(19) 带父母参观你工作的地方；
(20) 带父母去旅行或故地重游；
(21) 和父母一起锻炼身体；
(22) 适当参与父母的活动；
(23) 陪父母拜访他们的老朋友；
(24) 陪父母看一场老电影。

（资料来源：全国妇联老龄工作协调办、全国老龄办、
全国心系系列活动组委会于2012年8月13日共同发布。）

思考题

1. 简述几个主要道德范畴的基本含义。
2. 简述道德社会作用的基本特点。
3. 什么是道德理想？
4. 简述社会主义职业道德的基本内容。
5. 中国传统道德的主要思想表现在哪些方面？
6. 简述大学生道德修养的重要性。
7. 简述在大学生中开展“四德”建设活动的内容。

第六章 职业技能

科技是第一生产力，人才资源是最宝贵的第一资源，技能人才是企业第一基础资源，特别随着社会生产力和科学技术的不断发展，生产过程对劳动者的要求不断提高，技能人才在企业中发挥着举足轻重的作用，为此，企业兴旺靠科技，科技发展靠人才，人才根基在技能人才开发，技能人才是企业获得持续发展的决定力量，为此，劳动者的职业技能决定着求职的成败和职业生涯发展是否强劲。但是，现在大多数应届大学毕业生不具备企业所需要的基本职业能力，优秀毕业生凤毛麟角，因此，大学生应不断提高自己各方面的技能，对于自己的职业发展非常有好处，因为提高技能，一方面是社会发展、组织进步的需要；另一方面，为自己今后取得更好的职位做准备。

第一节 职业技能的含义和特点

一、职业技能的含义

职业技能指在职业环境中合理、有效地运用专业知识、职业价值观、道德与态度的各种能力，包括智力技能、技术和功能技能、个人技能、人际和沟通技能、组织和企业管理技能等。一般可以把职业人应具备的技能划分为三种：技术技能、人际关系技能和解决问题的技能。

（1）技术技能。随着科技的进步、企业的发展，绝大多数职位的要求与以前相比都变得更加复杂。自动化办公、电子商务、企业的 ERP 管理系统、数控机床，这些都要求员工有数学、阅读、计算机方面的知识。很难想象，办公室职员如果不会文字软件的处理、不会使用电子邮件系统将如何工作。随着科技的进步、大量的高新技术被使用在生产领域，很多从事技术含量低的蓝领职位的人员将会失业。这也是当前企业投入很多资金培训员工的原因。

（2）人际关系技能。每个员工都从属于一个组织，从某种程度上讲，员工的工作绩效取决于与同事和领导的有效相处能力。有些员工需要改进人际关系技能，包括如何做一个好的听众，如何同他人沟通自己的思想，如何避免冲突等。

（3）人际交往能力。人际交往能力是指妥善处理组织内外关系的能力，包括与周围环境建立广泛联系和对外界信息的吸收、转化能力，以及正确处理上下左右关系的能力，包括人际感受能力；人事记忆力；人际理解力；人际想象力；风度和表达力；合作能力与协调能力。

（4）解决问题的技能。许多员工发现，他们工作中需要解决一系列的问题，特别是那些非常规的、富于变化的工作更是如此。如果员工解决问题的技能不尽如人意，那么可以通过强化逻辑、推理和确定问题的能力，指定解决、分析问题的可行方案来达到目的。

二、职业技能的特点

(1) 以职业活动为导向。是指个人按照社会分工从事相对稳定、合法、有报酬的工作，来获取生活来源、承担社会责任及实现人生价值。

(2) 以实际操作技术和技巧为依据。在职业活动中，像钳工、车工主要依靠动作技能来完成；比如营销员、会计员主要依靠知识的运用、信息的掌握和人际关系协调的心智技能来完成。随着高科技的运用，形成了数控加工这种“动作加心智”的复合职业技能。

(3) 职业技能认证。通过国家职业技能等级鉴定制度和国家职业资格证书制度来认证。

第二节　职业技能的构成要素

一、职业技能的层次

技能属于人的行为范畴，是应用自己已掌握的知识和能力去完成某一活动的行为方式，常常体现为实际操作技术和技巧，是丰富知识和发展能力的重要基础，可不断促进人的知识丰富和能力提升。按照职业技能的层次划分，职业技能通常分为三个层次：特定技能、通用技能和核心技能。

(1) 特定技能。表现在每一个具体的职业、工种和岗位上的能力。它们的数量很大，但适用范围很窄。在职业教育中，我们所学习的专业课程主要集中在培养这种职业特定的技能上；在企业活动中，也多运用这种特定技能来完成工作任务。

(2) 通用技能。表现在每一个行业或者相近工作领域中，存在一定共性的能力。它们的数量尽管少于特定技能，但适用范围却广泛得多。比如机械加工类都需要一定的识图与制图能力，营销范围类职业都需要一定的人际沟通能力等，职业通用技能可以使我们具有更广泛的职业适应性和职业竞争力。

(3) 核心技能。存在于一切职业中的、从事任何工作都需要的、具有普遍适应性的能力。相对于特定技能和通用技能，核心技能往往是人们职业生涯中最重要、最基本的技能，具有最普遍的适应性和更广泛的迁移性，对一个人职业生涯的影响和意义更为深远。

二、职业能力

职业能力是一个人就业、从业的核心支点。能力可由基本能力和核心能力构成。

(一) 基本能力

基本能力包括语言表达能力、数字运算能力、资料分析能力、逻辑判断能力、机械推理能力等。

(二) 核心能力

核心能力包括学习能力、沟通能力、合作能力、创新能力、管理能力、解决问题能力和信息处理能力等。市场经济是竞争经济，人文技能是人才必备的核心竞争力。

市场经济是规模经济，市场竞争是规模竞争。英国经济学家马歇尔在其名著《经济学原理》一书中提出了“马歇尔冲突”理论，即所谓规模经济和市场竞争活力之间的冲突。一方面，市场中竞争企业的数量在增加、竞争活力在增强，由此导致单个竞争企业的生产规模下降，难以发挥规模经济优势；另一方面，企业大规模生产形成的规模经济，使这些企业的产品单位成本下降、市场占有率提高，其结果必然导致市场结构中垄断因素的增强、丧失市场竞争活力。从竞争参与者来说，有效竞争首先要满足规模经济的要求，竞争企业规模较大，才会有市场竞争活力。这就要求企业的管理者和参与者既要有规模意识，又要有共创意识，既要有规模资本，又要有组合、扩充规模所必备的经济管理手段和人文管理技能。

市场经济是合作经济，市场竞争是合作竞争。当代科学发展的趋势是高度分化又高度综合的，科学的分化要求科研领域狭小专精和职业技能专深，但科学分化的目的是为了更高层次的综合，要达到这种高度综合，一个关键的制约因素便是知识技能的结构整合与科研力量的优化组合，而这种综合能力和素质恰恰是当代市场竞争必备的“核心竞争力”。随着科学技术日新月异的变化、职业活动社会化程度的不断提高，独立的、不与外界和他人交往协作的工作已几乎不再存在。因此，职场人应努力培养社会交往能力和与他人建立友谊、平等相处、互相尊重、相互学习、协作公关、合作共事的人文技能。

市场经济是团队经济，市场竞争是团队竞争。在企业整体的经营活动中，个人能力是团队的一个重要因素，但不是决定因素，决定因素是团队的整合、连续、控制、遵从、协作的一种精神。在企业国际化发展的今天，人力资源的因素特别是团队精神的作用就显得更为重要。

所谓团队精神，是指团队成员认同和满意自己的团队，自觉地以团队的利益和目标为重，充分发挥个人的创造性与创新性，尽职尽责为实现团队目的和利益而努力奋斗的意愿和作风。团队精神要求人们把个人目标和团队目标结合在一起，要求团队成员间团结协作，忠诚于团队，通过实现团队利益来实现个人利益，并在此基础上将个人利益与团队利益、个人价值的实现与团队价值的实现紧紧地联系在一起。

团队精神所具有的团结合作与忠诚的理念正是人文技能修炼的宗旨和灵魂，人文技能修炼使团队成员具有整体利益观念和随时随地维护团体利益的自觉性，具有较高的职业道德修养和团队协作精神。通过人文技能修炼，可以激发关心集体利益、忠诚团队、团结协作的精神，达到集体主义教育和职业道德教育的效果。

（三）能力培养

随着社会的文明进步，人们越来越注重全面发展。全球化的浪潮席卷了世界的每个角落，多元文化的激流碰撞，不同思想观念的摩擦，使得每一个人都在不同程度地接触、交流与沟通。特别是处于后现代，人们更强调相互交流共享对话，期望在多元文化中达成理解。良好的沟通能力、人际关系协调能力、与人合作的能力以及面对挫折的心理承受能力等，都是现代社会人才素质的基本方面。

全面发展要求每一个人在政治、经济、科技、文化、艺术、历史等领域都要具备丰富的知识和一定的修养。当今职场中的许多人，特别是理工科类毕业生，对于专业以外的人文知识相对贫乏，对中国传统文化知之甚少。加强自我人文技能修炼，可以加深了解我国传统文化、了解现代文明与传统文明的内在联系，特别是通过开展古诗词鉴赏、书画、美术、音乐、文学写作讲座、影展影评、辩论赛等活动，弥补人文知识的不足，同时也使组织管理能力、社交能力、口头表达能力、写作能力、审美能力等方面得到全面锻炼和提高。

在全球化潮流迅猛发展的今天，人才的激烈争夺使得人才观呈现出新的特征，全球化潮流下的人才既是专才，更是通才。人才的标准正趋向多样性：高素质人才 = 专才 + 通才。科技和社会的发展使学科高度分化又高度综合，不仅使社会科学和自然科学、工程技术的各个领域出现了大量的交叉学科、边缘学科，而且出现了跨越社会科学和自然科学、工程技术的学科。当代社会面临的任何重大实际问题（人口、资源、环境、安全等等）都不是依靠单一学科就能解决的。因此，人们的工作将不仅仅涉及有关专业的业务问题，还会涉及组织管理、人际交往、社会服务等问题。现代意义上的高素质人才应当是基础知识扎实、专业精通、通识多能、具有特色突出的知识结构和快速学习新知识能力特点的人。同时，高素质人才也必须具有和谐的知识结构。决定择业成功的因素很多，但其中最重要的因素是求职者的知识和能力。

人文技能的一个突出特征是“具有鲜明的交往性质和表演性质”，激发人们自觉地发挥其智力、情感、意志等因素，积极地展现自身的才华。通过人际间的平等交往，可以提高人际交往能力；通过文体娱乐活动，可以增强身心健康；通过学术性的社团活动，可以锻炼理论联系实际的能力；通过组织各类活动，既锻炼了组织能力，又丰富了社会参与的经历。同时，在各种人文活动中，可学到组织和合作的基本精神，造就了适合未来工作要求的文化素质和思想素质，促进了知情意行的全面发展，推动了个人社会化的顺利完成。

总之，一个人没有专长很难成功，但除了专业技能之外，成功还需要很多其他条件，这些条件就是你的“竞争力”。大学生应该重点培养满足社会需要的决策能力、创造能力、社交能力、实际操作能力、组织管理能力以及自我发展的终身学习能力、心理调节能力、随机应变能力。从某种意义上来说，能力比知识更重要，大学生只有将合理的知识结构和满足社会需要的各种能力统一起来，才能使自己成为一个全面发展的人，从而在激烈的竞争中立于不败之地。

第三节　职业技能的获取与发挥

一、职业技能的获取

在人生的竞争中，比较重要的应该是从学校踏向社会的求职挑战，因为对于平凡的一个人来说，这既是他从消耗财富向创造财富的飞跃，又是他存在价值和通达幸福的关键阶梯。

（一）职业能力的内涵

职业能力就是为企业创造财富的能力，它是从事具体某种职业的多种能力的综合。把职业能力分为一般职业能力、专业能力和综合能力。

（1）职业能力。是指一般的学习能力、文字和语言运用能力、数学运用能力、空间判断能力、形体知觉能力、颜色分辨能力、手的灵巧度、手眼协调能力等。

（2）专业能力。是指从事某一职业的专业能力。例如软件工程师就需要很强的软件编程和管理技能，医生需要很强的医学专业知识，建筑师需要很强的建筑专业知识。如果从事专业性很强的工作，就需要学生在大学期间刻苦学习相关的专业，考研或者读博的人，很多是为了提升自己的专业水平，从而增强自己的专业职业能力。

（3）综合能力。是指个人工作认真负责，踏实肯干，吃苦耐劳，知识范围广，学习能力强，写作能力强，交际能力强，动手能力强，思维敏捷，坦率踏实，善于与人交流，擅长处理棘手问题和能很好地处理同事之间的关系，坚守自己的原则，为人热情，思维活跃，对工作充满激情。

（二）职业能力

企业需要的是职业综合能力，企业需求人才的“关键能力”，主要包括7个方面：

（1）首要元素能力 。它包括语言表达能力和人格魅力。例如：管理人员竞选都是通过演讲来获取职工的支持与信任的。

（2）一级管理能力。就是纯粹的计划能力、组织能力、领导能力、控制能力。例如：无论是个人还是企业，所有任务和职业活动从本质上来讲都是计划、组织、领导与控制的四种基本活动的简单循环，一个人计划、组织与领导能力的提升至关重要。

（3）二级职业能力。任何类型的企业都是由六大功能系统构成的：产品研发职能、市场营销职能、生产服务职能、人力资源职能、综合行政职能、基本财务职能。每个功能系统的运作都是由承载这一功能目的计划、组织、领导活动场所循环构成的。各部门目的和属性均有不同，因此，具体到各部门的计划、组织与领导能力也不尽相同，这就是二级职业能力。例如：做市场营销工作前需要事先对每个工作流程进行了解。

（4）三级职业能力。各行业之间有40%相同和60%不同，这和行业属性有关。三级职业能力就是把一二级职业能力再和你感兴趣的行业相结合的进一步提升。

（5）四级职业能力。当个人的三级行业职业能力形成之后，可形成深入认知剖析适配行业企业功能的运作模型能力、团队能力，可以考虑创业。

（6）职业能力与综合发展相结合。职业能力是就业发展和创造的基础，而职业能力的综合发展也是非常重要的，因为这是基础平台，就是说不管你专业多好，职业能力也是很重要的。所以在校不光要学专业知识，还要培养职业能力。

（7）职业能力需不断提升。就在职人员来说，目前很多企业都要有经验的员工，这是因为专业只是一方面，如果职业能力发展不均衡，光有专业也是不够的。不断提升职业能力，不断锻炼后才能成为一个真正合格的人才。

二、职业资格证书制度

国家确定职业分类，对规定的职业制定技能标准，实行职业资格证书制度。

（一）职业资格证书

职业资格证书是国际上通行的一种对技能人才的资格认证制度。它主要是按照国家制定的职业技能标准或任职资格条件，通过政府认定的考核鉴定机构，对劳动者的技能水平或职业资格进行客观公正、科学规范的评价与鉴定，对合格者授予相应的国家职业资格证书的一种制度。

（二）职业资格证书的作用

我国的国家职业资格证书由中华人民共和国人力资源与社会保障部统一印制，劳动保障部门或国务院有关部门按规定办理和核发。职业资格证书是劳动者求职、任职、创业的资格凭证，是用人单位招聘、录用劳动者的主要依据，也是境外就业、对外劳务合作人员办理技能水平公证的有效证件。

我国职业资格证书共分为五个等级，即：

（1）国家职业资格五级（初级证书）。能够应用基本技能独立完成本职业的常规工作。

（2）国家职业资格四级（中级证书）。能够熟练应用基本技能独立完成本职业的常规工作，并在特定情况下，能够应用专门技能完成较为复杂的工作。

（3）国家职业资格三级（高级证书）。能够熟练应用基本技能和专门技能完成较为复杂的工作，包括完成部分非常规性的工作；能够独立处理工作中出现的问题；能够指导他人进行工作或协助培训一般操作人员。

（4）国家职业资格二级（技师证书）。能够熟练应用基本技能和特殊技能完成较为复杂、非常规性的工作；掌握本职业的关键操作技能技术；能够独立处理和解决技术或工艺问题；在操作技能技术方面有创新；能够组织指导他人进行工作；能够培训一般操作人员；具有一定的管理能力。

（5）国家职业资格一级（高级技师证书）。能够熟练应用专门技能和特殊技能在本职业各个领域中完成复杂、非常规性的工作；熟练掌握本职业的关键操作技能技术；能够独立处理和解决高难度技术或工艺问题；在技术攻关、工艺革新和技术改革方面有创新；能够组织开展技术改造、技术革新和进行专业技术培训；具备管理能力。

其中前三级为技能层面的职业资格，后两级为技术层面的职业资格。企业内的技能人才就是按照这个阶梯式通道获得职级晋升的。

（三）等级鉴定制度

（1）职业技能等级鉴定制度。是国家职业资格证书制度的重要组成部分。它是由考试考核机构对劳动者从事某种职业所应该掌握的技术理论知识和实际操作能力作出客观的测量和评价。个人可以自主申请参加职业技能鉴定。申报职业技能鉴定，首先要根据所申报职业的资格条件，确定自己申报鉴定的等级。其次，如果需要培训，要到经政府有关行业主管部门批准的培训机构参加培训。

（2）职业技能鉴定。是一项对职业技能水平的考核活动，属于标准参照型考试。它分为知识要求考试和操作技能要求考核两部分。知识要求考试一般采用笔试，技能要求考核采用现场操作加工典型工件、生产作业项目、模拟操作等方式进行。经鉴定合格者，由劳动保障部门核发相应的职业资格证书。

第四节　专业技能的重要意义

一、技能人才是企业的重要人才

在 2003 年召开的全国人才工作会议上，党中央第一次提出“高技能人才”的概念，这是一个巨大的观念突破。2008 年国家将高技能人才列入政府特殊津贴评审发放范围，使高技能人才和成绩卓著的科技人员、教授学者等站在了同一个平台上，享受相同的政治、精神和物质的待遇，从制度层面确立了高技能人才在企业生产经营中的重要地位。

技能人才分类。科学技术是第一生产力，管理水平决定着生产效率的高低，科技水平意味着产品功能的优劣，而技能水平则意味着产品质量、企业信誉的好坏。可见，管理人才、科技人才和技能人才是企业中并驾齐驱的“三驾马车”，缺一不可。技能人才在企业中有广阔的发展空间。

二、企业需要的技能人才

(1) 综合型人才。21 世纪需要的人才，不仅是个体上优秀或者某方面特殊的狭义人才，而是需要在个人素质、学识和经验、合作与交流、创新与决策等不同方面都拥有潜力与修养的广义人才。包括：融会贯通、做事与做人相结合；创新与实践相结合跨领域的综合型人才；智商、情商、灵商等三商兼高、均衡发展；沟通与合作；热爱工作；积极乐观。如随着云锡控股公司全面推进六大产业，打造国际一流的矿业企业，就特别需要各个专业综合型的高端人才。

(2) 素质全面型人才。走新型工业化道路关键在人才，如果能够培养出品学兼优、素质全面的创新型人才，就为国家、社会和企业作出了重要的贡献。大学培养创新型人才的力度，将直接关系到国家创新型体系建设的进程。如企业要持续发展，在市场竞争中永远立于不败之地，就必须持续推进管理创新、技术创新、产品创新，不断研制开发新产业，这就要靠创新型人才来实现，这是很多企业不惜重金挖掘人才的原因，只有人才才能使企业不断增强核心竞争力，永葆生机与活力。

(3) 技能突出型人才。俗话说：“没有金刚钻，别揽瓷器活儿。”人要靠本领生存，专业能力和专业精神是一个人的生存之本，没有专业就失去了职业的基础，职业是以专业为基础的，没有专业化的技能和专业化的精神，就没有职业化。职业有两个含义：职业和专业，但从某种意义上讲，专业就是职业。如有色金属企业需要地质、测量、采矿、选矿等方面的专业人才。

(4) 对事业潜心钻研型人才。该能力指个人的专业能力，专业精神，包括认真的精神、专注的态度、进取的意识、为客户服务和对业绩追求的热情。人人都喜欢与这样的专业人士交往与合作，企业愿意雇用这样的专业人才。个人的专业程度越高，职业化程度越高，其身价就越高，商业价值就越高。如有一个读法律专业的大学生，毕业后分到云锡物资储运公司工作后，因业绩突出，被调到云锡法律事务室工作，其后又考取政府法院公务员，在事业上大展宏图。

三、技能人才的标准

(一) 专业内涵

(1) 专业是知识，外行看热闹，内行看门道；

(2) 专业是技能，公司业务是技能，公司管理是更高的技能；

(3) 专业是态度，精益求精的精神是专业精神的核心。

（二）专业标准

1. 办事标准

（1）精。专业就是精致，精益求精，规范有序，凡事要做到极致，让客户惊叹；

（2）高。专业就是高手，高见解、高水准、高目标、高价值，让客户感到惊喜；

（3）快。专业就是速度，速度快、效率高，干净利落，让客户感到惊奇。

2. 合作标准

（1）一个人：锁定目标，专注重复；千百次地把事情做精做透，就是专业；

（2）两个人：教会徒弟，成就师傅；教会别人，等于成就自己；

（3）一群人：专业合作，成长最快；团队优势互补的合作中，专业水平得到最快提高。

四、专业技能素质

（一）专博结合

（1）厚实基础，夯实专业理论根基。大学生一定要重视基础理论知识的学习，根基夯实，这样在学习和掌握专业技能时才能得心应手。基础理论知识包括两大类，即文化科学知识和专业基础知识。基础理论知识的学习应该成为高等院校学生学习的基础。

（2）拓宽知识。随着生产力与经济发展水平的提高，人才市场已不再满足劳动者只具有一技之长；随着新兴高科技的发展、科技进步周期的不断缩短和传统产业结构的调整，劳动者工作流动与职业更换日趋频繁；随着科学知识的综合化，传统学科体系及行业的界限被打破，劳动者需要具备宽厚的智能基础。因此，为适应劳动就业竞争的需要，每一个学生都必须以一个专业的基础知识为主，兼学相近或近似的专业基础知识，扩大就业口径和渠道，成为复合型人才。

（二）提升职业技能

学生是专业技能训练的主体，必须主动发挥主体作用，提高自身的专业技能水平。

（1）全面掌握专业知识。专业知识是形成专业技能的前提条件。掌握专业知识，就具有了专业技能的基础，从而就能正确进行操作训练。

（2）熟练掌握操作要领。专业技能是由各个操作环节组成的，要掌握专业技能，就要掌握各环节的操作要领。学习操作要领，要充分发挥视觉和动觉的作用，在听懂讲解、看清示范的基础上，认真模仿练习。在模仿中不断纠正错误操作，逐步掌握操作要领。

（3）全面练习形成专业技能。先进行单项技能训练，再把各单项技能综合起来练习，做到各单项操作连贯、协调，从而全面掌握整个操作技能。

（4）注意手脑并用。专业技能训练中除加强动手练习外，还必须勤用脑，这不仅有利于加深记忆，更重要的是可以创造性地掌握专业技能。

（5）科学安排练习时间。技能训练做到集中练习与分散练习相结合。在开始学习阶段，训练频率要高，但时间不宜过长，以后就可以逐渐减少训练次数，但需要延长训练时间。

（6）多渠道全方位练习。技能训练不能只局限在学校、实验室和车间，也不能局限在学期中，社会、家里、假期等都有练习的时机和场所，要结合实际，随时把握，把技能训练与生产实践紧密结合，有利于全面提升专业技能素质。

思考题

1. 大学生应该具备哪些职业技能，这些职业技能怎么获得?
2. 企业需要什么样的专业技能人才?
3. 国家职业资格证书分几个等级?
4. 提升职业技能的途径有哪些?
5. 结合实际，论述自己将来如何成为一名高技能型人才?

第七章　做一个融入社会的职业人

待学生完成学业，选择自己喜欢或者比较理想的职业，进入社会后，这毫无疑问是人生的一大转折。就业标志着职业生涯的开始，然而，如何从单纯走向成熟、从校园人顺利地转变为职业人并尽可能地缩短这个转变过程，是适应职业环境、实现职业生涯目标的关键。

第一节　从校园人向职业人的转变

一、校园人与职业人的区别

校园人与职业人的根本区别就在于权利、义务和规范不同。

(一) 校园人与职业人的权利区别

职业人的权利是运用自己的知识、技能、经验，向企业、其他人、组织或者社会提供劳动并依法取得报酬。而作为学生的校园人的权利主要是接受教育的权利，具体表现为：有要求父母或者法定监护人支持其到学校接受教育的权利、在家庭或者法定监护人经济状况不好的情况下，有请求资助的权利等。

(二) 校园人与职业人的义务区别

义务即责任。职业人的义务或者说责任是运用知识、技能、经验、为社会服务，完成所在企业、组织或者社会工作岗位规定的具体工作内容，履行具体的工作职责，为社会作出自己应有的贡献。而作为学生的校园人主要责任就是严格遵纪守法，担负实现中国梦——把中国建设成为富强、民主、文明、和谐的社会主义现代化国家的历史重任，勤奋学习、积极参与社会实践，力争全面发展，使自己成为合格的社会主义建设者和社会主义事业的接班人。

(三) 校园人与职业人的规范区别

社会规范就是社会为维护良好的公共生活秩序而制定的行为规范。社会规范因角色的不同而不同。这些规范具体严格，如果违背了就必须承担相应的责任，甚至要承担法律责任。例如国家公职人员收受贿赂就要接受法律的审判，受到法律的处罚。而作为大学生的校园人，其行为规范主要是从培养、教育的角度出发，反映在《大学生行为准则》和各个学校制定的《大学生手册》中，告诉大学生应该怎样做人、如何发展等。

二、校园人向职业人的转换

一般情况下，高等院校在大三时就开始实习，在大三的上学期的 11 月至下一年的 7 月毕业前是毕业生的角色转换时期。这是大学生转变为职业人的第一步。这个阶段，大学生仍未离开学校，可以利用学校的环境和各种资源，多方面了解就业信息，通过各种招聘会与用人单位进行双向沟通，全面了解用人单位的基本情况，根据自己的亲身感受调整就业期望值，合理确定自己的职业定位，进而通过签订就业协议来确定自己的职业角色。在签订就业协议后，到毕业离校前的这个阶段，大学生应该有计划、有针对性地学习即将从事工作岗位所需要的知识、提高相应的职业技能、做好职业心理准备，为顺利实现校园人向职业人的转换奠定基础。

（一）重视毕业实习

高等院校的毕业实习一般都是顶岗实习，并且是有针对性的实习，即现在实习的岗位很可能就是你将来的工作岗位。所以，学生在实习的过程中，要充分利用实习的机会把在学校课堂学习的理论、知识运用于实践，不断提升发现问题、分析问题和解决问题的能力，注意反思，发现自己的不足，不断调整自己的理论知识结构，提高理论水平，努力解决能力问题，加深对未来即将从事职业的认同，培养自己对这个职业的职业兴趣。可以说，大学生在这个阶段重视知识、能力的培养和提升，有利于完成从校园人向职业人的转变。

（二）注重非智力因素技能的学习

大学生在智力上的差距应该说并不大，但是非智力因素方面的技能却影响着部分同学们的就业。或者说非智力因素方面的技能是影响大学毕业生就业、创业的重要因素。大学毕业生要注重心理调适，克服在公众面前紧张、害羞、胆怯等心理，给人留下得体大方、稳重的良好印象；在与人交往的过程中诚恳、自尊，不急不躁；努力提升书面表达和口头表达能力，提升沟通的技巧和方法，展示自己良好的素养等。

（三）做好面对挫折的心理准备

在现实生活中，是没有一帆风顺的，如果心理准备不足，就会产生情绪波动，影响能力发挥或者会出现能力发挥失常的现象。所以，在校期间就要注意调整好自己的心态，充分做好心理上面对问题、困难、挫折的准备。在工作中取得小成绩时不沾沾自喜；要以平常心对待可能的工作平淡、不被重视、不被重用，在平淡普通的工作岗位上奋发向上，不因平淡、不被重视、不被重用而懈怠；失误、错误、挫折在所难免，我们面对失误、错误、挫折要注意总结和吸取教训，要有不懈追求的精神。

三、试用期的角色转变

大学生刚参加工作时，会有一段时间的试用期，之后才能转为正式人员。因此，大学生应该加强在试用期内的学习和认识，使校园人向职业人角色转变顺利完成。

（一）牢固树立责任意识

大学生对事业、生活、未来充满了美好的愿望，都想成就一番事业。但是，刚毕业的大学生一般都不会被委以重任，往往是从事最简单的工作或者是辅助性的工作，这本来就是人才成长的基本规律。可是，有不少的大学毕业生认为自己被大材小用了，对一些工作不愿意干，甚至闹情绪。而这恰恰是缺乏责任意识的表现。要知道做任何工作，仅仅有满腔热情是不够的，还必须有丰富的经验、应对各种因素变化的能力。而这种经验和能力的获得不是学校课堂上就能学习到的，也不是一朝一夕就可以积累起来的，需要在平时的工作中训练、总结和积累。

（二）珍惜新员工培训

1. 培训概念

新进人员培训是指给企业的新雇员提供有关企业的基本背景情况，使员工了解所从事的工作的基本内容与方法，使他们明确自己工作的职责、程序、标准，并向他们初步灌输企业及其部门所期望的态度、规范、价值观和行为模式等等，从而帮助他们顺利地适应企业环境和新的工作岗位，使他们尽快进入角色。

2. 培训内容

企业对新进人员培训的内容主要有：

（1）介绍企业的经营历史、宗旨、规模和发展前景，激励员工积极工作，为企业的发展作贡献。

（2）介绍公司的规章制度和岗位职责，使员工们在工作中自觉地遵守公司的规章制度，一切工作按公司制定出来的规则、标准、程序、制度办理。包括：工资、奖金、津贴、保险、休假、医疗、晋升与调动、交通、事故、申诉等人事规定；福利方案、工作描述、职务说明、劳动条件、作业规范、绩效标准、工作考评机制、劳动秩序等工作要求。

（3）介绍企业内部的组织结构、权力系统，各部门之间的服务协调网络及流程，有关部门的处理反馈机制。使新员工明确在企业中进行信息沟通、提交建议的渠道、使新员工们了解和熟悉各个部门的职能，以便在今后工作中能准确地与各个有关部门进行联系，并随时能够就工作中的问题提出建议或申诉。

（4）业务培训，使新员工熟悉并掌握完成各自本职工作所需的主要技能和相关信息，从而迅速胜任工作。

（5）介绍企业的经营范围、主要产品、市场定位、目标顾客、竞争环境等等，增强新员工的市场意识。

（6）介绍企业的安全措施，让员工了解安全工作包括哪些内容，如何做好安全工作，如何发现和处理安全工作中发生的一般问题，提高他们的安全意识。

（7）企业的文化、价值观和目标的传达。让新员工知道企业反对什么、鼓励什么、追求什么。

（8）介绍企业对员工行为和举止的规范。如关于职业道德、环境秩序、作息制度、开支规定、接洽和服务用语、仪表仪容、精神面貌、谈吐、着装等的要求。

3. 培训形式

新进人员培训的形式主要有课堂讲授、参观、发放手册、操作示范、现场实习等等。

4. 培训意义

（1）新员工培训对企业的意义。如果说招聘是对新员工管理的开始，那么新员工培训是企业对新员工管理的继续。这种管理的重要性在于通过将企业的发展历史、发展战略、经营特点及企业文化和管理制度介绍给新员工时，对员工进入工作岗位有很大的激励作用，待新员工明确了企业的各项规章制度后，可以实现员工自我管理、节约管理成本的目的。

通过岗位要求的培训，新员工能够很快胜任工作岗位，提高工作效率，取得较好的工作业绩，起到事半功倍的效果。

通过新员工培训，使新员工更加熟悉业务知识和操作技能，为今后的工作打下坚实的基础。

（2）新员工培训对个人的意义。新员工培训对于个人来说是进一步了解和熟悉企业的过程，通过对企业的进一步熟悉和了解，一方面可以缓解新员工对新环境的陌生感和由此产生的心理压力，另一方面可以降低新员工对企业不切合实际的想法，正确看待企业的工作标准、工作要求和待遇，顺利通过磨合期，在企业长期工作下去。

总之，新员工培训对于刚刚走上工作岗位的大学毕业生由校园人向职业人角色转变来说是非常重要的，它不仅可让新员工了解单位的基本情况，熟悉规章制度和工作内容、工作程序，更重要的是通过岗位培训来树立集体主义观念，培养人际协调能力和奉献精神。所以，刚刚参加工作的大学毕业生一定要以认真的态度把握好这样一次充实自己、展现自己和提升自己的良好机会。大量的事实证明，很多大学毕业生就是因为在新员工培训期间表现突出，显露才华而被委以重任的。

（三）展现自己的知识和能力

大学毕业生应该在尊重同事丰富经验、比较强的工作能力的同时，适时适度地展现自己的知识和能力，要注意谦虚随和。但是，大学毕业生切忌因为自己学历高而不尊重前辈，因为这样会让同事反感，使自己脱离同事，变得孤立无助。

（四）培养良好的工作作风

大学毕业生有知识、有技能、有工作热情，在工作上希望自己独当一面，取得成就。这是积极向上的态度。但是是否具有良好的工作作风，则是事业发展顺利与否的一个关键因素。因此，我们应该在试用期间，注意养成严谨、认真、踏实、负责、刻苦的良好作风。

第二节　适应新的工作环境

一、认识企业对所需人才的要求

合格员工最简单也是最重要的标志，就是各正其位，各尽其责，自觉、主动、创造性地完成好每一项工作。虽然不同的企业对员工的具体要求不同，但是无论在哪一个企业工作，要成为一名新时期的合格员工，都必须具备个人层面的身体、知识、技能、责任等基础条件，同时还必须具备作为企业人的忠诚、执着、坚韧、协作等品质。具体可以通过以下几方面实现。

（一）拥有健康的身心

要胜任工作，健康的身心是最根本的保证。拥有强健的体魄应该成为全体员工共同的目标。好身体是个人的最大财富，要做好工作必须以好身体作为前提，人生的幸福也都建立在这一基础之上。成功的事业寓于健康的身体，一个身体健康的员工，做起事来精力充沛，干劲十足，并能担负较繁重的工作，不致因体力不支而无法完成任务。因此，要成为一名合格的企业员工，必须增强健康意识，通过健康意识的增强、健康习惯的养成、体育锻炼的加强，使自己拥有一个健康的体魄，以适应企业发展的要求。

世界卫生组织对健康的定义：身体、心理及对社会适应的良好状态。

世界卫生组织确定心理健康的六大标志：

(1) 有良好的自我意识，做到自知自觉，既对自己的优点和长处感到欣慰，保持自尊、自信，又不因自身的缺点感到沮丧，甚至自暴自弃。

(2) 坦然面对现实，既有高于现实的理想，又能正确对待生活中的缺陷和挫折，做到"胜不骄，败不馁"。

(3) 保持正常的人际关系，能承认别人，限制自己；能接纳别人，包括别人的短处。在与人相处中，尊重多于嫉妒，信任多于怀疑，喜爱多于憎恶。

(4) 有较强的情绪控制力，能保持情绪稳定与心理平衡，对外界的刺激反应适度，行为协调。

(5) 处事乐观，满怀希望，始终保持一种积极向上的进取态度。

(6) 珍惜生命，热爱生活，有经久一致的人生哲学。健康的成长有一种一致的定向，为一定的目的而生活，有一种主要的愿望。

(二) 拥有专博结合的知识结构

大学生在校期间就建立起合理的知识结构，培养科学的思维方式，提高自己的实用技能，以适应将来所从事职业岗位的要求是非常重要的。

知识结构是指一个人经过专门学习培训后所拥有的知识体系的构成情况与结合方式。合理的知识结构是担任现代社会职业岗位的必要条件，是人才成长的基础。现代社会的职业岗位，所需要的员工是拥有合理的知识结构、能根据当今社会发展和职业的具体要求，将自己所学到的各类知识科学地组合起来的人才。

所谓合理的知识结构，就是既有精深的专门知识，又有广博的知识面，具有事业发展实际需要的最合理、最优化的知识体系。李政道博士说："我是学物理的，不过我不专看物理书，还喜欢看杂七杂八的书。我认为，在年轻的时候，杂七杂八的书多看一些，头脑就能比较灵活。"大学生在建立知识结构时，一定要防止知识面过窄。当然，建立合理的知识结构是一个复杂长期的过程，必须注意如下原则：

(1) 整体性原则，即专博相济，一专多通，广采百家为我所用。

(2) 层次性原则，即合理知识结构的建立，必须从低到高，在纵向联系中，划分基础层次、中间层次和最高层次，没有基础层次那高层次就会成为空中楼阁，没有高层次，则显示不出水平，因此任何层次都不能忽视。

(3) 比例性，即各种知识在顾全大局时，数量和质量之间要合理配比。比例的原则应根据培养目标来定，成才方向不同，知识结构的组成就不一样。

(4) 动态性原则，即所追求的知识结构决不应当处于僵化状态，而须是能够不断进行自我调节的动态结构。这是为适应科技发展知识更新、研究探索新的课题和领域、职业和工作变动等因素的需要，不然跟不上飞速发展的时代步伐。

大学生要培养的能力范围很广，主要包括自学能力，操作能力，表达能力，组织能力，社交能力，查阅资料、选择参考书的能力，创造能力等等。总之这些能力都是为将来在事业上奋飞作准备。正如爱因斯坦所说："高等教育必须重视培养学生具备会思考、探索问题的本领。"

（三）拥有专业的技能

技能创造价值，优秀的技能产生好的效益。对于一个企业来说，提高员工的岗位技能是最有价值的降本增效。岗位技能的高低不仅关系到生产效率，还会直接影响生产成本。被誉为“当代知识型工人”的中石化集团四川维尼纶厂工人米钰林，只有初中文化，但经过勤学苦练，个人提出技术改革 57 项。该厂从德国引进的乙炔炉原设计运行 45 天就要检修，米钰林和他的同伴们凭着高超的技能，驾驭这台乙炔炉稳定运行，使检修周期延长到了 230 多天，比原设计提高了 4 倍多，每年节省下的检修费用高达 300 多万元。如果每一名学生在学习期间就熟练掌握所学专业的技能，那么，将来工作后就可以在为社会、企业创造巨大价值的同时，提升自己的职业竞争力。

（四）强烈的责任意识

“责”，就是岗位应尽的职责；“任”，就是必须承担的任务和义务。从岗位角度讲，我们无论处在什么样的岗位上，都会有与这个岗位紧密相关的职责与任务，需要我们不折不扣地承担起来。对一个人来说，积极主动地负起责任来，既是一种可贵的品质，也是成就事业、赢得他人尊敬的关键所在。“责任”，通俗地讲就是“自己分内的事情”，也就是一个人必须要做和应该做好的事情。人活着第一要紧的是责任，一个人不管才学高低，也不管能力大小，生活都将给你一个位置。这个位置在哪儿，对成功来说并不重要，重要的是你要做到忠实地面对。不管是站在哪个位置上，你都没有理由草草的应付，你都必须尽心尽力。这既是你对工作负责，也是对自己负责的具体表现。

尽责是“梯子”，它引导人们敢于负责、勇攀高峰。古今中外，凡是成功者，都有强烈的责任感。美国著名心理学家艾尔森对世界 100 名各个领域中的杰出人士取得成功的原因做了调查分析，结果答案不约而同：“任何的抱怨、消极、懈怠，都是不足取的。唯有把那份工作当做一种不可推卸的责任担在肩头，全身心地投入其中，才是正确与明智的选择。”

每一份工作都有一份责任，无论干什么工作，都应该做到最好，只要保持一种负责任的心态，即使是辛苦枯燥的工作，也能从中感受到价值，在平凡的工作岗位上可以做出不平凡的事。责任不仅仅体现在工作中，每个人对家庭、对社会都有责任。不管从事什么工作，不管工作条件如何艰苦，把工作做到最好，这就是尽了本分，切实履行了岗位职责，体现了自身价值，必定会得到认同和赞赏。

（五）热爱企业，对企业忠诚

忠诚是最宝贵的品质。有坚定的信念，才会对企业忠诚。从某种意义上说，忠诚比能力更重要。忠诚深深植根于中华文化之中，历史上岳飞“精忠报国”，文天祥“人生自古谁无死，留取丹心照汗青”就是不朽的典范。在市场竞争日益激烈的今天，忠诚已经不仅仅是一种美德，对于企业来讲，它已经成为企业与员工生存、发展所必需的一种精神。踏踏实实做事，在心中有忠诚奉献的意识，并能付诸行动的人，即使他才智平庸，也会在磨炼中不断进步，当他能力达到一定程度的时候，也必将得到赏识；而对公司没有归属感的人，用心必定不专，浑浑噩噩，即使能力再强，也很难发挥，这样的人，不可能有好的发展空间。忠诚要体现在行动上，企业是员工共同的家园，所有员工都是企业大家庭中的一员，我们应该把忠诚作为信念，热爱企业，珍惜岗位，为企业贡献聪明才智，用实际行动为企业发展作贡献。敢于行动而且忠于职守的人，在企业一定能获得成功！

（六）追求目标

人要想实现自我的价值，就要有目标，并且要为之坚持不懈。每个人要在自己的心里撒下健康的种子，不能让消极的心态生根发芽，遇上挫折、阻力也要坚持不懈，让目标积极、健康地茁壮成长。努力找出什么是自己想要的，才能知道哪里是自己的天堂。时刻把人生的目标谨记于心，每天都要朝着目标前进。确定目标，马上行动。不要总是把今天的事情推到明天。“明日复明日，明日何其多。我生待明日，万事成蹉跎。世人若被明日累，春去秋来老将至”。时间是平等的，没有等级之分，但它在每个人手里的价值则是有所不同的，确定明确的目标，要有效的管理时间，让心态始终处于积极的状态。

中国有句老话：有志之人立长志，无志之人常立志。

哈佛大学曾对一群智力、学历、环境等客观条件都差不多的年轻人，做过一个长达25年的跟踪调查，调查内容为目标对人生的影响，结果发现：

27%的人，没有目标；

60%的人，目标模糊；

10%的人，有清晰但比较短期的目标；

3%的人，有清晰且长期的目标。

25年后，这些调查对象的生活状况如下：

3%的有清晰且长远目标的人，25年来几乎都不曾更改过自己的人生目标，并向实现目标做着不懈的努力。25年后，他们几乎都成了社会各界顶尖的成功人士，他们中不乏白手创业者、行业领袖、社会精英。

10%的有清晰短期目标者，大都生活在社会的中上层。他们的共同特征是：那些短期目标不断得以实现，生活水平稳步上升，成为各行各业不可或缺的专业人士，如医生、律师、工程师、高级主管等。

60%的目标模糊的人，几乎都生活在社会的中下层面，能安稳地工作与生活，但都没有什么特别的成绩。

余下27%的那些没有目标的人，几乎都生活在社会的最底层，生活状况很不如意，经常处于失业状态，靠社会救济，并且时常抱怨他人、社会、世界。

社会上想改变自己处境的人很多，但是很少有人将这种改变处境的欲望具体化为一个个清晰明确的目标，并为之奋斗。结果，这些人的欲望也仅仅是欲望而已。

调查者因此得出结论：目标对人生有巨大的导向性作用。成功，在一开始仅仅是一种选择，你选择什么样的目标，就会有什么样的人生。为什么大多数人没有成功？真正能完成自己计划的人只有5%，大多数人不是将自己的目标舍弃，就是沦为缺乏行动的空想。行百里者半九十，中途放弃、半途而废，是造成一项工作、事业失败的重要原因。所以，凡是我们认为应该做而且已经开展的工作，就不要轻言放弃，千万不要为自己找任何理由放弃应该做或正在做的事情。爱迪生曾经尝试用1200种不同的材料做白炽灯泡的灯丝，都没有成功。“你已经失败了1200次了”，有人这样对他说。可是爱迪生不这么认为，他充满自信地说：“我的成功就在于发现了1200种材料不适合做灯丝。”他并没有放弃实验，而是继续努力，最终找到最适宜做灯泡的灯丝，在人类历史上开创了一个光明的时代。所以，执着是一种最值得提倡和嘉奖的品质。如果你在一个行业里踏踏实实做上十年二十年，那么你一定能够在这一行业里成为佼佼者。企业在市场竞争的大潮中，打的就是一场没有硝烟的战争。具体到每一个员工，咬定岗位工作目标不放松，努力开展工作，就是在企业发展的道路上发挥了自身作用，体现了自身价值。作为员工要各正其位，各尽其责。用执着坚韧浇灌每一个员工灿烂的人生之花。执着坚韧也要讲方法，工作上要有计划、做事上不拖延、心态上要自信。

（七）坚韧的作风

伟大的事业根源于坚韧不断地工作，以全副精神去从事，不避艰苦。——罗素

人的思想是了不起的，只要专注于某一项事业，就一定会做出使自己感到吃惊的成绩来。——马克·吐温

我们可以说“坚韧”是一种意志、一种坚持、一种朝着目标奋勇前进的不竭动力。

在工作中，问题和困难是在所难免的。面对问题和困难不退缩，坚持到底才能成就伟大的事业。毛泽东在《论持久战》中说：“战争的最后胜利，往往存在于再坚持一下的努力之中”。坚韧的作风体现在具体工作中，就是面对艰苦的任务，面对工作过程中的困难和挑战，要敢于面对失败和挫折而不断进取，也就是要有积极、奋发、乐观、进取的心态。同样的一件事件，你对它的态度是积极的还是消极的，它所造成的后果是很不同的。对于工作中的问题，如果你用积极的心态不断地去发现问题、解决问题，就能够获得成功。如同足球赛场上，也许你会碰到来自于裁判的不公正，但比赛过程中的抱怨和申诉都没有用，最好的办法是组织好进攻，做好防守，把球踢到对方的大门里去，不让对方进球，用赢得进球来证明自己。

（八）协作精神

歌德说：“不管努力的目标是什么，不管他干什么，单枪匹马总是没有力量的。合群永远是一切善良思想的人的最高需要。”在当今这个时代，一个缺乏团结协作精神的人，是不可能取得大的成功的，是难以在社会上立足的。只有在沟通中传递信息，在交流中相互学习，才能在工作中不断完善，才会做得更好。可以说，团结协作的精神是每个社会成员应当具备的基本品质之一。因为：团结协作是一切事业成功的基础，是立于不败之地的重要保证。团结协作不只是一种解决问题的方法，也是一种道德品质。它体现了人们的集体智慧，是现代社会生活中不可缺少的一环。我们提倡团队的团结协作精神和互补精神，就是要在目标一致的前提下团结起来，同心协力，取长补短，群策群力，创一流的企业团队。

团结协作精神是企业宝贵的精神财富。人心齐泰山移。干事创业，都离不开攻坚克难的精神，需要团结协作的合力。良好的合作意识是在共同的奋斗目标和共同的价值取向基础上形成的，因为某一个项目或某一个共同的任务、目标把大家聚集起来，因此在这样的团队里，每一个成员都会有强烈的归属感和集体感。只有懂得团结协作的人，才能明白团结协作对自己、对别人、对整个企业团队的意义，才会把团结协作当成自己的一份责任。

当代管理学大师德鲁克说过“优秀的组织就是让一些平凡的人聚合在一起做出不平凡的事”，这句话被无数成功企业所验证。要在平凡当中看到卓越，我们一群平凡的人通过组织走到一起可以创造不平凡的业绩，我们有了一个组织、有了一个平台，要创造卓越的企业、创造新的事业辉煌就需要能够协作好。索尼公司之所以能有今天的巨大成就，与其独特的“家庭式”管理文化是分不开的。在索尼公司，每一个员工都被视为大家庭的一分子，每个员工都能够发表自己独特的观点，但是又强调员工之间要像在一个家庭中生活一

样互相配合、协调。公司的每一位员工由于受到了充分的尊重，才干得到充分的发挥，索尼公司获得了巨大的、可持续的事业成功。例如：在云锡，把协作文化、团队文化作为企业文化建设的一个重要方面。协作精神可以说是企业科学发展的巨大动力。每个人都只有将自己融入集体，才能充分发挥个人的作用，否则就如同一盘散沙；一根筷子容易弯，十根筷子折不断……这就是协作精神的直观表现。

曾经有首童谣：一个和尚挑水喝，两个和尚抬水喝，三个和尚没水喝。这首童谣，讲了两种截然不同的结果。“三个和尚”之所以“没水喝”，是因为互相推诿、不讲协作。从中，我们得到什么启示呢？团结协作是一切事业成功的基础，个人和集体只有依靠团结的力量，才能把个人的愿望和团队的目标结合起来，超越个体的局限，发挥集体的协作作用，产生 1 +1 >2 的效果。我们在同一个企业工作，每个人的工作，既相对独立，又与全局相关联，如果一个人只顾自己，不顾他人，不肯与他人协作，势必会影响团队的战斗力和整体形象。人们常说：立足本行如下棋，输赢系于每个棋子，“一招不慎，满盘皆输”，如果整个棋局都输了，再有力量的棋子也没有什么用了。那么，怎样做到团结协作呢？

（1）建立和谐关系，创设良好的人际氛围。如果我们能与同事、领导之间形成和谐的信赖关系，那么我们和同事、领导相处的气氛就会更融洽，更有助于形成相互尊重、理解的工作氛围和友好宽松的工作环境，可以最大限度地发挥我们的聪明才智和工作热情。员工要领悟好领导的工作思路和工作要求，主动请示和汇报工作；虚心向其他员工学习，搞好与其他员工的协作配合，多交流、多协调、互相帮助、共同提高；不盛气凌人，不欺上瞒下，外求支持协作，内求团结向上；协调好内外关系，把工作的主动性与针对性、实效性统一起来，秉承“团结、奋进、务实、创新”的宗旨，做到团结一致，同舟共济，努力完成领导交办的各项任务。

（2）积极参与集体活动，增强团结协作精神。参加集体活动可以增强我们的团结协作意识，进而产生协同效应。在遇到困难的时候就能一起想办法、出主意，做到“三个臭皮匠，顶个诸葛亮”，积聚集体的智慧和力量。我们想一下，当我们在工作遇到困难，内心感到忧惧和无助、犹豫不决的时候，我们最需要的是什么呢？是团队内部成员之间发自内心的鼓励，它可以使我们战胜自我，可以使我们跨出决定人生的重要一步，这时我们会强烈地感受到来自团队的巨大力量。

（3）营造你追我赶、力争上游的工作氛围。竞争是保持团队锐气的必要条件，它能促使我们在学习上更努力、工作上更用心、作风上更顽强，从而加快前进的步伐。我们提倡团队的协作精神和互补精神，就是要在目标一致的前提下团结起来，携手协作，力争出一流的成绩。同时，我们要避免恶性竞争，力戒同贵相害，同美相妒，同行成冤家。

（4）充分信任同事和周围的人。信任别人是一种良好的美德。在与同事相处时，一定要给予充分的信任，同时自己要谦虚一点、微笑一点、宽容一点、主动一点。要圆满完成既定的各项任务，就是要搞好团结协作，才能把工作做得更好。

（5）充分发挥企业的主导作用。开展强化集中学习。共同学习能够在员工之间实现信息和资源共享；在学习中直接交流，可以加大信息交流量，拓展每个员工思维的深度与广度，同时也有利于培养团结互助的协作精神。这样，团结协作的凝聚力才会得到巩固，潜在的创造力就能发挥出来。

成功，需要对目标执着、坚持的作风，克难攻坚的精神，更需要团结协作的合力。只有懂得团结协作的人，才能明白团结协作对自己、对别人、对整个企业的意义，才会把团结协作当成自己的一份责任。

二、经营自己，融入团队

每年都能看到从校园毕业的莘莘学子跨入企业门槛的那份认真、好奇和努力的神态，其实在工作岗位上的每一个人都是从略带混沌的幼稚中度过来的，都经历了这样一个过程。希望我们的学生尽快成长为合格的企业人，顺利完成从校园人到企业人的演化。

（一）关注他人的需求

涉世不深时，我们常常渴望以真诚换取真诚。书本上告诉我们太多太多的理想模型，我们脑海里常常会有诸多的假设，有太多太多应该的东西，结果常常事与愿违，自己碰壁受到伤害，还会怪罪他人不理解、不支持、不合作。实际上是学生的心智模型和企业人的心智模型差别太大所致，你认为应该的东西，在别人眼里可能是不应该的，于是就会产生误解和抱怨。所以我们不能做一厢情愿的事情，要关注他人的需求，包括客户、上司、同事甚至自己，得用经营的心态来处理事物。没有一成不变的东西，学校书本上讲的所谓“真理”只不过是现实世界的理想描述，你得学会灵活处理它，深刻理解它，巧妙运用它。

（二）不能追求完美

社会人常常面临追求短期效应和长期效应的两难选择，这里面有个度的问题。上司交代给你一个具体任务，任务本身常常带有短平快的性质，这时候，切忌犯“简单任务复杂化”的毛病。青年常常想一鸣惊人，上司初次交给的任务常常想高标准完成，以显示实力和才干，追求完美到每一个细节，殊不知细节是魔鬼。企业强调的是合适的时间，合适的成本，合适的人物，合适的价钱来办到合适质量的事情。是“合适”不是“完美”，适可而止。凡事有取舍，事事时时追求完美不是优点反而会变成缺点，其实优点和缺点之间就是一个度的问题。初入企业，要学会了解任务的基线，即及格水平，既不能把上司的胃口调得太高，给自己增加不必要的负担，也不可为自己设定太过雄心不切实际的目标。了解事情或任务的基线，就能留出一定余地，同时不能放弃自己的目标，这样就能游刃有余。实际上作为企业它希望看到的是一件事情已经落实，并为周围大多数人接受。追求完美，常常使人迈不开步子，白白贻误战机，机会不等人，事情不是非你莫属，所以到企业里一旦开始接受任务做事情，就要想办法尽快迈开步子。

（三）团队、角色和责任

现代企业不可能单打独斗，IBM大中国区总裁讲，现在是“打群架”的时代。加入企业，如果想把事情做好，做成功，就要学会尽快融入一个团队，在这个团队找到自己的角色和职责。找来公司的制度、流程和职位说明书，明了这些看得见的规矩，并虚心向老员工请教那些看不见的规矩。想要被一个团队接纳，就得想办法接受和认同他们的价值观念。有团队必然有文化和他自身的一套规矩，个人英雄主义行不通。要顾全大局，识轻重。

责任是使命、是追求、是恪尽职守、是“做正确的事”的前提；责任是心智、担当，是爱岗敬事业，是“做正确的事”的保障。一个优秀的职业人肩负着三个责任：对国家的责任、对自己和家人的责任、对企业的责任。因此我们大学生要增强责任意识——想干事；提升责任能力——能干事；将来工作以后要落实责任行为——真干事。

（四）技能、性格和人品

不断学习和掌握新的技能，能够促进个人不断增值。但是一味地猛掌握技术也是不足取的，企业不是学校，从某种意义上来说，它强调的是等价交换。增强技能的同时，要加强自己性格和人品方面的修养。良好的人品是大家认可、协作的长期依托，性格是我们扮演角色、完成任务、树立自我品牌的重要筹码。企业的问题到处都是，烦恼到处都有，性格和人品决定了我们的取舍价值观，性格和人品的修炼是一生的课题，而技能是伴随职业生涯不断发展的。愿大学生们早日成为一名合格的企业人。

（五）调整心态，适应社会和企业

1. 调整心态

毕业生在求职过程中存在以下三种情况是正常的：

（1）有压力是正常的。在目前的市场经济条件下，社会、经济、文化各个方面都发生着深刻的变化，用人单位的要求也相应提高。这既是企业提升自我的需要，也是与国际接轨的必然。因此，同学们承受适度的压力是好的，能使整个人的身心处于激发状态，调动全身的能量来“应战”。反之，如果对此抱着无所谓的态度，那反而是不正常的。

（2）遭遇挫折是正常的。谁能指望自己的一生能够永远一帆风顺，对青年人的成长来说，挫折是一种磨炼，更是一种财富，关键是怎么看待和接受挫折，怎样做到越挫越勇。虽然自古有“伯乐找千里马”一说，但在现今这个充满机遇与挑战的大环境中，我们一定要转变观念，主动出击，不断求索，试写“千里马找伯乐”的新篇章。即使一时遭受挫折，也不应该妄自菲薄，动摇信心。没有“天生我才必有用”的自信，何言到社会上去打拼呢？

（3）在就业生涯的最初几年，变换工作是正常的。职业生涯的设计是一个长期磨合、探索的过程，不可能一蹴而就。因此，在求职时不必抱着对这个职业“从一而终”的想法而犹豫不决，要敢于作出选择。

都说现在的就业是双向选择，但很多同学还是无法从传统观念里跳出来，把自己仅仅置于被选择的位置，结果反而带来了许多不必要的焦虑和迷惘。如果能坦然看待这三种正常现象，也许就业效果会更好。

2. “三个坚持”

（1）坚持自尊、自信、自爱、自强，赋予自己知识，相信自己的能力和价值。

（2）坚持中庸的选择。这里的“中庸”不是传统意义上的中庸，而是说对自己客观、正确定位后的适当选择。亚里士多德说：“中庸是一种美德。”在求职中，我们也应该对自己有公正的判断和恰当的定位。期望太高，容易导致挫折感；期望太低，容易丧失机会，结果往往“高不成，低不就”，耽误了自己。这种眼高手低或得过且过的错误心态必须克服。

（3）坚持承诺。诚信是现在的一个热门话题，这也说明了诚信对一个人在社会上立身处世的重要性。如果这是一份你愿意接受的工作，就应该认真做好。毕业后的第一份工作是进入社会的首次尝试，如果搞砸了，那么对以后的个人发展或是工作变动都会带来不利的影响。因此，一定要言出必行，恪守诺言，建立自己的良好信誉。

总之，在校园人转变为职业人的过程中，如果能正确看待以上的三个“正常”，做到以上的三个“坚持”，那么求职中的各种惶恐、焦虑的心理问题都会迎刃而解。拥有一份自信、坦然和诚恳的心情，转变的过程也会变得顺利很多。

相对于学校而言，社会还是有很多的不同。在学校里，学习、工作、生活都是围绕自己转，但社会却不同。社会本来就是人与人的集合，没有人能在社会上孤立的生存和发展。所以，对刚从学校毕业的社会新手来说，要重新学习，重新定位，放下大学生的架子，放下自己的个性，努力让周围的人接纳你、欣赏你；要培养自己的向心力和凝聚力，在企业中保持主人翁的责任感，学会顾全大局，强调团队精神；在实际工作中少一点浪漫和任性，多一点实际和干练，少说多干，切忌夸夸其谈；要经得起挫折和困难的考验。另外，还要坚持理想，不要变成庸俗的人。我们虽不能清高自负，但也不能在社会大潮中随波逐流。要在成熟中保持激情，在现实中保持理想，做一个永远不愧于母校，不愧于自己的年轻人，在社会的广阔天地间打造自己的美丽人生！

3. 融入企业文化

其实每个企业都有自己的企业文化约束自己的职工。各企业经营性质不同，规模不同，历史和背景不同，导致有不同的企业文化。

刚到一个企业的新人，必须了解企业文化，企业也会对新员工进行培训，对他们进行企业文化的灌输。每个刚涉入职场的新人，都迫切希望融入到企业中，学有所用，干一番事业。但现实总是和理想有很大的距离，企业在给新人平台的同时，也给了一些束缚，这是无法改变的。当你迈入企业的大门，就决定了你必须融入这个企业，接受这个企业的企业文化。因为选择这个企业时，你是经过慎重考虑，几经筛选，得到亲人同意、朋友认可才做决定的。如果离开，你必须重新选择，那个企业同样有自己的企业文化，有它约束职工的办法。你会发现自己匆忙的选择、草率的决定付出的代价是要花更多的精力去适应新的环境、艰难地融入新的企业文化，过程中的辛酸只有自己默默吞咽。要生存，就无法逃避职场，无法逃避企业文化。如何尽快融入单位的企业文化，是新人必需的选择。

（1）不管你自己是否喜欢这个单位的企业文化，都无法否认单位是你生存的空间，是你成长的基石。它会给你无穷的力量，看你如何选择。一个团队，都有一个共同目标，需要大家通力合作，不能背道而驰。你是团队中的一员，要忘记自己的个性，按已形成的工作流程操作。也许规范显得呆板，但不能改变，否则下一步的程序就无法进行。你也只有融入团队，才能发挥自己的优势。在团队的合作中，你的才干才能得到认同、你的人品才能被他人赞美，这样你才会在这个单位有更好的选择。

（2）掌握好学习和提问的时机。现在职场新人都有高学历，有很广泛的知识面，但和以往一样几乎没任何工作经验、处世之道很肤浅。要想尽早有出色表现，你必须有虚心的态度，多向老员工请教，可视的制度要遵守，不可视的规矩要多问。工作中的难题，要及时向身边的同事请教，别太顾及面子。要明白，勤奋的人是不会被耻笑的；不懂装懂，等自己成熟时还没懂，才会让人轻视。但是同样一个问题千万不要询问多次，同时不要总是问问题但做不了事，如果做不好，就要勇于承担责任。

（3）掌握好表现度。也许你在学校里是出类拔萃的优秀学生，但在企业，谁知道对面的那个人是否是诸葛亮在世；也许你背后的那个表现平平的老员工大学时代曾是优秀学生。所以千万别炫耀自己学生时代的荣誉，踏踏实实做好工作，才能赢得同事认同。急于表现自己所知所能，不但不会让人刮目相看，还会遭人厌恶。你必须知晓如何表现自己，用什么方式表现自己，这就是企业文化。

(4) 收敛自己的个性。当你无法改变企业文化时，只能努力去适应。每个人都有自己的个性，它是自己独特的性格，有时候会发挥很重要的作用。但刚到新单位，太强的个性会让与你个性不同的人难以接受，也就影响了合作的默契度。所以我们只能收敛些自己的个性。在工作中以出色的老职工为榜样，有意识地改掉自己身上的小毛病，如：熬夜上网、马虎、上班聊天等。对领导布置的每项工作争取在最短的时间内完成，并且保证质量，这样就会赢得领导注意，同事认同，也就能够尽快融入企业文化。

年轻而充满梦想，有时候会感觉企业文化太苛刻。可没有约束力的企业，大家没有一个共同的努力方向，企业迟早会关门，职工的才华也就无法施展、人生价值无法实现。说到底，企业文化，是企业给每个职工施展抱负搭建的平台，是企业生存和发展的保证，作为职场新人的我们必须融入其中，才可以使自己成长，未来的选择才可能更多。

三、如何尽快成长为合格的员工

(1) 调整和改变思想、观念和态度是做好工作的前提。“不想干”、“干不好”是如今很多大学毕业生普遍存在的问题；眼高手低也是年轻人最容易犯的毛病；不能很好地把工作报酬和个人职业前景规划两者之间的关系加以认真对待是刚参加工作者普遍的心态。其实这些问题，都是刚入职者要做好工作、取得成绩所必须首先考虑的问题，这是思想、观念和态度的问题，因为“思想是行动的先导”。如果我们不能很好地把握好这个前提，找到适合自身的工作环境调整对于所从事工作的思想、观念和态度，我们就很难静下心来搞好工作。

(2) 融入集体，进入岗位角色，找准自己工作的方向、内容、重点和价值是做好工作的根本。新来的员工一定首先要注意积极主动地融入到集体中去，认识集体，了解他人，只有这样，才会更快更好地进入岗位角色，得到大家的支持和帮助，才能更快、更清楚、更细致地了解到公司更多的情况和自己应做事情的内容和重点，才能认清自己存在于集体和职位中的责任和价值在哪里。做好了这一步，那么，接下来开展工作就容易得多了。的确，我们做工作也要讲究“天时地利人和”，否则，就很难做好工作，至少不会那么容易、那么高效地做好工作，因此“找准方向和目标才是提高效率、做出成效的根本和前提”。

(3) 积极做、立马思、再做、再思再实践，在工作中螺旋式稳扎前进，是做好工作的通用的绝好途径。没有不犯错误的天才，是人都会有不知道的东西，做不好的事情，都会有犯错误的时候，关键是我们要不断地学和积极地改进，在实践中追寻探讨，在探讨中再实践和检验以前总结的经验，然后，拿出被证明了的正确的东西指导我们的工作，这样在工作中螺旋稳定地前进和上升，没有人不认为是正确的可取的方法和途径，因为“实践才是检验真理的唯一标准”。

(4) 始终保持积极向上的热情，不断自我发现、自我创造工作的新台阶、新目标，善于学习、借鉴、运用和把握好为人处事及工作的技巧，是不断取得进步和新成绩的保障。

“真诚和热情是最好的化妆品”，“激情和执着是成就事业的前提”。难以想象一个朝三暮四、懒惰庸俗、没有追求、只会空想的人会成就一番事业。所以，平凡的工作虽然不一定时常翻起很多的激情浪花，但它却有价值，所以我们不可以丢掉对平凡工作的热情和责任。同时，我们也不可以因循守旧，应该在原有的基础上，不断地去发现和提高办事的质量和效率，改掉不良的工作方式和方法，寻求和创造一个个新台阶和新目标，勇于挑战，善于学习和借鉴更好的办事处事技巧和工作方法，力求让自己更加成熟，减少犯错误和出问题的概率，从而保证在工作上多出业绩，多作贡献，顺利完成从校园人到企业人的转变。

思考题

1. 校园人与职业人有什么区别？
2. 新员工培训的内容有哪些？
3. 企业对所需人才的需求有哪些？
4. 结合实际，论述如何成长为合格的员工？
5. 如何养成协作的精神？
6. 为什么要对企业忠诚？
7. 对目标执着有什么意义？

第四篇

立业之本

就业是民生之本。成功就业才能满足个人生存的需要，保证家庭的和谐，进而开创属于自己的一番事业，实现个人的人生价值。有了科学的职业规划，加上职业素养的积累，面对毕业实习、求职应聘的你是否准备好了？

创业是一项综合而复杂的创新过程，能否成功创业，与创业环境和创业者的素质，特别是人文素质有着密不可分的关系，良好的人文素质是创业的强动力，崇高的创业理想和强烈的人文关怀是成功创业的动力，大学生只有坚定信心，时刻保持良好的心态，再以百倍的干劲努力，一步一个脚印干好每一件事，那么，创业就一定会成功。

第八章　就业指导

就业是民生问题，实现充分就业既是经济社会发展的重要目标，也是社会和谐的重要指标。党和国家把促进就业放在经济社会发展的优先位置，采取了许多实现充分就业的措施。但是，由于我国人口众多，特别是农村富余劳动力多，他们整体文化素质较低，掌握知识技能相对较弱，就业形势十分严峻，就业不充分仍然是我国经济社会发展不协调的一个紧迫问题。

第一节　就业概念

一、就业条件

（一）就业

就业是指具有劳动能力且有劳动愿望的人参加社会劳动，并获得相应的劳动报酬或经营收入。

（二）就业的含义及条件

就业的含义就是一定年龄阶段内的人们所从事的为获取劳动报酬或经营收入所进行的活动。如果再进一步分析，则需要把就业从四个方面进行界定，即就业条件：

（1）就业者必须符合合法的劳动年龄（年满 16 周岁），并且具有与所从事劳动相适应的劳动能力，如体力、智力和技能等。

（2）就业者所从事的是某种合法的经济活动，这种经济活动是社会分工的自然结果，提供的是满足社会需要的、合乎社会道德的商品或服务。

（3）就业者从事社会劳动的目的是获得相应的劳动报酬或经营收入。

（4）就业者从事社会劳动的时间即每周工作时间的长度。例如每周工作5天，每天工作8小时。

（三）就业的形式

（1）正式就业。在国家机关、事业单位、国有企业、私营企业、外资企业等社会组织中工作；自己在家中加工产品出售；进行证券投资获取投资收益；出资开公司并参与管理；劳动者在一定的社会组织中有职业，但由于疾病、事故、劳动争议、度假、旷工或气候不良、设备损坏而临时停工等原因可以暂时不工作。

（2）灵活就业。是指非正规就业形式以外的就业。这是国际上普遍采用的形式，也是我国正在倡导的就业形式。如非全日制就业、短期就业、派遣就业、季节就业、待命就业、兼职就业、远程就业、承包就业、独立就业、自营就业、家庭就业等。

1）短期就业。用人单位根据生产经营情况与劳动者签订有一定雇用期限的短期就业合同。合同期间劳动报酬参照同类工作的正式员工水平而定，并在生产、业务方面与同类工作的正式员工一起接受用人单位的生产指令与监督管理。

2）派遣就业。劳务派遣公司（实际上就是短期就业的中介机构）与众多的用人单位建立劳务代办合同，为其输送急需或所需的人才。

3）独立就业。劳动者不受雇于任何单位，而是与相关单位建立技术、技能服务关系，接到工作后独立完成，以工作量计算报酬。独立就业人员也被称作自由职业者。

4）待命就业。指劳动者与用人单位就工作内容、劳动条件、劳动报酬等签订一份协议，但协议对工作时间不作规定，劳动者不是每天去工作单位上班，而是随叫随到，完成单位临时交付的任务。

5）承包就业。劳动者承包一项工作，与承包单位签订承包合同，以工作量付报酬，生产工具和原材料多由承包方负责，这种就业行为所发生的劳动关系，劳动者不接受承包单位的劳动人事管理和生产指令。

6）自营就业。劳动者自选项目、自筹资金、自主经营、独立核算、自负盈亏，由此获得经济来源维持生计。这里所说的自营就业者既包括个体经营者，也包括自身工作的非公司性企业所有者。

7）家庭就业。劳动者依照他人指令在家中进行生产、赚取收入的就业方式。这种就业多是来料加工，如服装、皮革乃至电子产品等。

二、我国的就业形势

当前，我国面临的就业形势十分复杂和严峻。一方面，在改革开放程度上中国的就业取得了前所未有的进步，基本上摆脱了过去的城乡就业完全分割、城市就业统包统配、乡村就业自然经济状态的局面，出现了农村劳动力向城市流动、不发达地区劳动力向发达地区流动，特别是目前加大城乡统筹力度，促进农业转移人口转变为城镇居民工作的快速推进，劳动力要素的使用效率日益提高，各个类型的劳动力收入水平在各个层次上逐步趋于全国统一的新局面。另一方面，中国的就业受制于各种因素而尚未能够顺利转轨，出现了一般发展中国家在工业化时期不常见的高失业率和就业不足并存的现象。就业形势的严峻主要表现为以下三个方面：

（1）劳动力供给增多，总量压力不断加大。体现在失业人数不断增加，农村富余劳动力压力仍然很大。目前，随着工业化城镇化建设步伐的加快，大量农民从农村户口转为城镇户口，造成大量青壮年急需就业，而且仍有大量富余劳动力有待从农村转移到城镇。

（2）新增就业岗位相对减少。由于中国经济发展增速，经济增长创造的就业机会有所上升，但近年来企业推进转方式调结构，开展技术进步，在拉近经济增长的同时就业岗位相对减少。

（3）就业的结构性矛盾突出。

1）求职者年龄结构发生了变化，青年失业人员增加。据调查，青年求职者已经占到主体，35 岁以下求职者占七成以上，虽然求职者文化程度较高，但工作经验少，劳动技能差，求职者期望值与用工单位的要求不相适应。

2）企业分流职工再就业困难。近年来，随着中国经济结构调整的力度加大，一些受冲击的行业和企业必然要加大结构调整的力度，进行资产重组，减员增效，甚至破产，从而导致结构性失业人员增加。由于分流职工年龄偏大，职业技能不高或比较单一，分流职工的再就业非常困难。

三、大学毕业生的就业形势

（一）毕业大学生数量逐年增加

由于高校扩招，导致这几年以来，每年大学毕业生人数不断攀升。2014 年，全国普通高校毕业生人数达 727 万人，比 2013 年增加了 28 万，就业形势更加严峻。当市场劳动力需求趋于饱和时，造成了劳动力供大于求的矛盾，无疑给大学毕业生就业造成很大难度。

（二）招录与实用不相适应

长期以来，虽然国家投入的高等教育经费逐年增加，但经费增长始终跟不上大学生入学人数增长幅度。财力的投入不足，造成了师资力量的不配套，直接导致学生质量的下降，与市场人才需求脱节。人才市场信息显示，有的公务员岗位是 1000 多个大学毕业生应聘，但只录取一个，而有的用人单位却抱怨说，招聘到满意的员工不容易。市场的需求是实用第一，而现在的大学教育则是“择高分录取”，分数之外的成绩往往不被重视，造成大学毕业生不受市场欢迎，折射出学校教育评价标准的错位。

“就业形势越严峻，报考空姐的女孩子越漂亮，这可以称之为经济发展过程中的‘空姐指数’：空姐越漂亮，经济越萧条；经济繁荣时，航空公司反而招不到漂亮空姐。”如果经济强劲增长，就业机会多，在其他行业同样可以找到高薪岗位。

成都商报讯（记者 汪玲）2012 年，我省高校毕业生人数持续增长，据省教育厅统计，今年全省 93 所高校预计有毕业生 31. 8 万人，其中研究生 2. 5 万人，本科生 14. 5 万人，高职高专生 14. 8 万人。这将是继恢复高考以来，全省高校毕业生最多的一年，毕业生就业面临持续压力。

截至 2011 年 12 月底，全省高校毕业生共签约 11 万人，签约率 34. 56%。签约人数比去年同期平稳增长，签约率基本持平。其中，研究生签约 7670 人，签约率 38. 63%；本科生签约 49426 人，签约率 33. 98%；高职高专生签约 52863 人，签约率 35. 80%。

（三）就业观念没有根本转变

现代大学生理想要求很高，但是就业准备不充分，没有社会经验，就业观念停留在传统模式，造成即使是拿着优异的成绩单者也很难找到对口的工作；有的毕业生只认定了大城市，过着蜗居的日子，还在坚守着，例如“北漂”；有的选择“啃老”，仅 2011 年就有 10 多万大学生“啃老”；有的大学毕业生就业条件高，只愿在政府机关当公务员、在事业单位和国有大型企业工作，不愿在私营企业和环境艰苦的基层单位工作；有的大学毕业生对招聘单位的待遇要求很高；有的大学生为了就业，宁愿“回炉”技校读书。这些现象反映出大学生找不到工作，原因大多数在于自己，大学并不是人生的终点，大学生毕业要转变就业观念，不要非在大城市或机关、事业单位工作不可，在乡镇、基层单位、企业生产一线或到边疆地区，当大学生村官、到边远贫困山区小学任教也会大有作为。2010 届毕业生签约人数最多的是民营企业，本科为 39%，高职高专为 45%。但是，未签约毕业生中，愿意去民营企业的本科生为 11%、高职高专为 12%，我们认为毕业生就业期待不合理，需进行辅导。只靠公务员、国企不能解决全部就业问题，所以我们建议学生在就业的时候有一个正确的态度。面对目前严峻的就业形势，应届毕业生应保持理性、积极的态度，给自己找到比较切合实际的定位，应聘时切忌“患得患失”、环顾左右，从而错失不错的就业机会。

（四）有很多大学毕业生“学非所用”

据中国社科文献出版社出版的就业蓝皮书《2012 年中国大学生就业报告》显示，从蓝皮书总体就业分布去向看，2011 年大学毕业生中，有 82.1% 的人毕业后受雇于全职和半职工作，仍有 57 万人（占 9.3%）处于失业状态；2011 届本科毕业生半年后就业率最高的专业门类是工学（占 92.5%），而从事最多的职业是销售（占 10.9%），收入最高的是工学（3297 元），最低的是教育学（2621 元）；全国就业的 499 万学生中有 70 万（占 14%）从事与专业不相干的工作，处于“低就业”状态。蓝皮书显示，更换雇主数越多，月收入反而越低，报告参与调查的人数 6 万，覆盖全国 31 个省区市 2093 所高校，1247 个专业。

2012 年 7 月 20 日发表人力资源和社会保障部中国人事科学研究院组织编写的我国首部人力资源蓝皮书《中国人力资源发展报告（2011～2012）》指出：当前中国劳动力市场主要面临两个方面的问题：一方面，就业结构性矛盾突出，大学生就业更加困难；另一方面，劳动力市场保护不平等，非正规就业现象仍然严重。

2014 年将迎来“史上更难就业季”。2014 年全国高校毕业生将达到 727 万，比 2013 年增加了 28 万，就业形势更加严峻。而云南的高校毕业生在 2014 年将达到 15.5 万人，比 2013 年增长了 1.7 万多人。但是，大学毕业生想找个工作还是不成问题的，只是想找个满意的工作并不太容易。

第二节 市场就业

一、劳动力市场

（一）劳动力市场概念

劳动力市场是指劳动力供求双方进行劳动交易活动的总称。随着经济体制改革的不断深入，我国的大学生就业体制已由原来国家统包统分的计划就业转向市场就业。

（二）三大支柱市场体系

商品市场、资本市场和劳动力市场是我国目前正在大力推进建立和完善的社会主义市场体系中的三大支柱市场。

（三）劳动力市场要素

（1）劳动力市场主体。由劳动者和用人单位构成。劳动者以自己的劳动能力在市场上与用人单位进行交易，从而实现自己的价值，满足自己生存和发展的需要；用人单位在市场上选聘中意的劳动者，实现劳动者劳动能力和生产资料的结合，从而满足自己通过生产经营来获取利润的愿望。

（2）劳动力市场客体。指用来交换的劳动力资源，包括劳动者体力、智力、技能、素质、能力等。其特点是：与劳动者本人的切身利益不可分离，能够为用人单位带来预期的利益。

（3）劳动力市场中介。就是在劳动力市场上进行劳动力交换的媒介，如各地的职业介绍所、人才交流中心等。

（4）劳动力市场过程。劳动力市场过程就是劳动者与用人单位供需双方就劳动内容、劳动条件、劳动力价格（工资）等问题进行谈判，达成协议，完成交易的过程。

（5）劳动力市场规则。劳动力市场规则是公平、等价与合法。公平是指劳动力市场遵循自愿、公正、公平的原则，反对垄断和欺诈，劳动者对用人单位有充分而广泛的选择权。等价是要求劳动力供求双方按等价交换的原则进行交易，劳动者获得公平的工资，用人单位获得符合生产需要的劳动力资源。合法，就是劳动力资源的交换要符合《中华人民共和国劳动法》、国家职业标准和政府的有关规章制度。

二、市场就业方针

目前，我国实行“政府促进就业，市场调节就业，个人自主就业”三结合的就业方针。

（一）政府促进就业

促进就业是政府的一项基本职能，主要政策是：

（1）国家通过促进经济和社会发展来创造就业机会，促进就业。

（2）国家采取措施，为国民进行就业服务，比如对失业者提供职业指导、职业介绍和就业培训等。

（3）国家确保劳动者公平就业，使劳动者在就业时不因民族、种族、性别、宗教信仰等方面的差异而受到歧视。

（二）市场调节就业

市场调节就业指在劳动力市场充分发育的前提下，以市场机制来配置劳动力资源，实现劳动者和用人单位双向选择，满足双方需要。市场经济中的社会分工决定了不同生产领域、部门和岗位在经济利益上的客观差别，这就决定了只有市场调节就业才可以保证劳动者就业公平，并在客观上迫使劳动者不断提高自身职业素质。

三、就业准入

（一）就业准入制度

就业准入制度。根据《中华人民共和国劳动法》（以下简称《劳动法》）和《中华人民共和国职业教育法》的有关规定，对从事技术复杂、通用性广，涉及国家财产、人民生命安全和消费者利益的职业（工种）的劳动者，必须经过培训，并取得相应的职业资格证书后方可就业上岗。

（二）职业资格证书

（1）职业资格。对从事某一种职业所属工种必须具备的知识、技术和技能的基本要求，是从事某一职业在知识、技术和技能方面的起码标准。

（2）职业资格证书和学历文凭的联系和区别。职业资格证书反映了劳动者为适应职业劳动需要而要运用的特定知识、技术和技能水平；学历文凭主要反映了劳动者学习的经历，是文化理论知识水平的证明。一个劳动者如果没有一定的学历文凭，就很难达到一定的职业资格水平；而一个劳动者如果只有学历文凭，就必须接受相应的职业培训才能掌握特定职业的专业知识和操作规范，才能具备从事特定职业所要求达到的技术技能水平。

（3）职业资格证书等级。国家职业资格分为5个等级：初级、中级、高级、技师、高级技师，其中前三级为技能层面的职业资格，后两级为技术层面的职业资格。

（三）职业技能鉴定

（1）获取职业资格证书的途径。要获取国家职业资格，就必须通过国家职业资格考试，这种根据国家法律法规，按照国家职业标准，由政府直接组织政府授权的考核鉴定机构按劳动技能水平要求而进行的考核活动就是职业技能鉴定。

（2）职业技能鉴定。职业技能鉴定分为专业知识考试（包括职业道德）和操作技能考试两部分。前者一般采用笔试的方式，后者一般采用在生产现场加工典型工件、生产作业项目、模拟操作等方式进行。

四、就业招录方式

（一）双向选择

双向选择是劳动者和用人单位相互选择的就业方式，是以劳动者个人和用人单位为主体的市场就业方式。双向选择引入了竞争机制：一方面可以调动劳动者提高职业素质的积极性、主动性和对未来工作的适应性；另一方面还可以促使用人单位尊重知识、珍惜人才、留住人才、用好人才。

（二）竞争就业

由于我国劳动力市场中劳动力数量相对过剩，因而更适合用人单位选择他们所需要的人才，这就使劳动者就业面临着激烈的市场竞争。在这种竞争中，劳动者要占据优势，必须具有较强的竞争力。一方面是面向其他劳动者的求职竞争；另一方面是适应就业岗位任职要求的自我竞争。要争取竞争成功，劳动者唯有储备知识、增强技能、调整心态，才能争取主动，赢得竞争。

第三节 做好就业准备

经过在高校几年的学习生活，我们相信同学们在知识、技能与人格等方面都有了显著提高，也产生了强烈的就业愿望和积极的就业动机，为了能尽快实现自己的职业梦想进而实现自己的人生价值而感到欢欣。多样化的就业方式给同学们提供了广阔的发展空间，可是在进入职场之前，你准备好了吗?

一、心理准备

大学生的就业不良心理问题主要表现是恐惧和矛盾心理两个方面。

(一) 恐惧心理

恐惧心理出现时，明明知道没必要那样恐惧，就是不能自我控制，严重时还伴有烦躁不安、焦虑、呼吸急促、头昏、恶心、呕吐，甚至休克等生理症状。产生这些问题的原因主要是：

(1) 受自卑情绪的影响。面对激烈的就业竞争压力，大学毕业生的自身价值要受到比较和衡量。而当自己的实力和优势受到质疑，或者自己的职业期望与现实差距过大等都可能造成自卑情绪的产生。自卑情绪会使大学毕业生缺乏竞争的勇气和信心，甚至无法面对现实。但是，如果越是有这样的心理，就越容易在求职时畏首畏尾，给用人单位以无能的印象，从而增加求职的难度。所以，在激烈的就业市场上，自卑情绪是大学毕业生顺利就业的大敌，必须认真克服。

(2) 受自信心不足的影响。由于对自己能力的怀疑，有部分高等院校的大学毕业生在双向就业市场上流露出自信心不足的心理，而形成这样的心理的原因有两个方面：其一是受到社会或者用人单位对于名校毕业生的青睐，会给高等院校的大学毕业生造成就业心理压力，感觉自己没有竞争力；其二是有的高等院校的大学毕业生因为心理负担过重而造成缺乏应变能力，有的怀疑就业制度的健全性，有的怀疑就业市场的公平性而产生恐惧心理，从而失去了竞争的勇气和信心。

(二) 矛盾心理

大学毕业生是既希望谋求到理想的职业，又担心用人单位拒之门外，还担心因为自己在选择上失误而造成终身遗憾，对未来充满了迷茫。所以才出现了不必要的担心，进而造成精神紧张、意志消沉。

过于急躁，就会在寻找就业机会期间始终处于亢奋状态，心急如焚地希望尽快寻找到合适的职业，缺乏对就业形势的冷静观察判断及自我求职的理性思考。因此，可能会出现部分毕业生在不了解用人单位的情况下而匆忙签订就业协议，将来一旦发现实际情况与自己想象的不一样或者又有更好的工作岗位时追悔莫及。还有的毕业生对岗位期望值过高，一直想后面可能会有更理想的岗位，错过了适合自己的机会。

二、信息准备

就业前的信息收集对于求职者来说至关重要，但是收集就业信息不能单靠自己到处跑投简历或者找单位，一般情况下，这种求职的方法成功率并不高。要学会通过不同的途径和方法收集信息。

（一）信息搜集的内容

1. 就业政策和相关规定

第一要了解国家就业方针、原则和政策及相关的就业法律法规。

第二要了解地方的用人政策。如某市及其各区招聘的政策、人事代理政策、落户政策等。

2. 就业市场供求信息

第一要了解当年毕业生总的供求形势，即本地区与自己同时毕业的学生有多少，用人单位的需求有多少，是供大于求，还是求大于供，或者两者基本平衡，哪些专业紧俏，哪些专业供大于求。

第二要了解用人单位的信息，包括用人单位的基本情况，经营范围，企业历史文化等。

（二）信息搜集的途径

（1）学校就业办。学校收集的信息都会及时传至各系，或发布在学校就业网的招聘信息栏中。

（2）通过各级毕业生就业主管部门、人才服务机构及其组织的有关活动获取信息。

（3）通过各级政府主管部门和就业指导机构搜集，这些主管部门主要是国家教育部和省教育厅、人事厅及各市的教育局、人事局。

（4）通过网络、报刊、广播、电视等媒体搜集。

（5）通过实习、社会实践、社交等活动搜集。

（6）通过家长、亲戚、朋友、老师、同学等渠道来获取就业信息。

（7）通过黄页掌握各单位地址、电话，通过打电话、写求职信或登门拜访获取用人信息。

（三）信息搜集的方法

（1）全方位搜集法。把与你的专业有关联的就业信息统统搜集起来，再按一定的标准进行整理和筛选，以备使用。

（2）定方向搜集法。根据自己选定的职业方向和求职的行业范围来搜集相关的信息。

（3）定区域搜集法。根据个人对某个或某几个地区的偏好来搜集信息。

（四）筛选信息

在筛选信息时应把握以下原则：

（1）掌握重点。将收集到的所有就业信息进行比较，初步筛选之后，把重点信息选出，标明并注意留存，一般信息则仅做参考。

（2）适合自己。每个人的情况不一样，毕业生应选择适合自己的信息。

（3）注意信息的时效性。搜集到就业信息后，应适时使用，以免过期。

（4）确定信息搜集范围时不能局限于“热门”单位和周边较近的地区，这样一来，会大大降低就业的成功率。

（五）辨别信息的真伪

1. 虚假就业信息的基本特征

（1）公交车站、大马路、广场等一些公共场合粘贴的招聘小广告；

（2）门槛低、薪酬高、设置责任底薪，必须完成规定业务额；

（3）莫名而来的就业机会；

（4）要求毕业生交纳数额不菲的工作保证金；

（5）不透露公司的名字或者名字像化名，公司的基本资料不完整，找不到地址等。

2. 就业“陷阱”的形式

（1）以招聘为名骗取求职者个人信息：如身份证号码或复印件、信用卡号、银行账号、照片等，倒卖个人隐私。

（2）以招聘为名骗取钱财：如报名费、抵押金、服装费等，钱骗到手就人去楼空。

（3）以招聘为名获得劳动力及成果：通过高职、高薪等条件来诱骗劳动力，其实等于打杂工。

（4）以试用期为名榨取劳动力：利用试用期与签约时间的时间差，来榨取劳动力。

（5）以“霸王条款”克扣毕业生：用人单位通过苛刻的条件来剥夺毕业生的既得利益。

（6）以“培训”为名骗取培训费：以高薪就业、保证就业之类的机遇进行岗前培训，但培训结束仍然不能工作，或者安排的工作根本不适合大学生，逼迫自己违约。

3. 如何应对招聘骗术

（1）应该进入信誉度高的专业人才网站应聘，如各教育部门的官方网站；

（2）拒交各种名义费用。凡是附加了报名费、考试费等条件的招聘信息，一定要高度警惕。

（3）不要随意公开重要信息，求职者在填写网络求职登记表时，不要到处填写自己的求职信息，更不要轻易公开个人的重要信息，尽可能作一些必要的保留，特别是自己的家庭住址和家庭电话最好不要填写，只留电子信箱联系即可。

（4）不轻易许诺马上去外地工作，不论其待遇多么好。只有掌握了这家单位的真实情况，证明其言可信之后，才可以去工作。了解单位情况的方法有：通过自己应聘单位所在城市的熟人，去打听这家单位的情况，或者通过工商部门、学校就业指导中心核实这家单位的真实性。

（5）不要将重要证件作抵押，尤其是身份证、毕业证等。

（6）通过多种途径了解这家公司的背景，注意招聘单位的营业执照等相关证件。

（7）签订“普通高校毕业生就业协议书”或者“劳动合同”时，一定要注明双方谈妥的福利、保险、食宿等条件，毕业生与用人企业签订合同时要“三看”：一看企业是否经过工商部门登记以及企业注册的有效期限，否则所签合同无效；二看合同名字是否准确、清楚、完整，不能用缩写、替代或含糊的方式表达；三看劳动合同是否有一些必要内容。

（8）接到陌生单位打来的电话时，要详细了解对方的情况，如对方名称、经营范围等，进行核实后再作决断。

（9）发觉被骗要及时报案。

三、材料准备

广义上的求职材料是包括就业推荐表、求职信、求职简历和其他求职材料组合起来的完整资料。毕业生的求职材料应该是多方面、全方位的反映自身的专业水平、组织能力、管理能力以及综合素质。这是求职成功最关键的第一步，也是叩开企业大门的“敲门砖”。

（一）制作求职信的注意事项

1. 写求职信要简洁大方，言简意赅

求职信不能太长，但一定要引人入胜，最好控制在总共四段、每段五行以内。记住你只有几秒钟的时间吸引你的读者继续看下去。在求职信中要重点突出你的背景材料中与未来雇主最有关系的内容。通常招聘人员对其与企业相关的信息是最敏感的，所以你要把你与企业和职位之间最重要的信息表达清楚，切忌面面俱到。求职信的功用只是为你争取一个参加面试的机会，不要以为凭一封求职信就可以找到一份满意的工作，而且这种错误的心态会使你写的求职信啰啰唆唆。要知道招聘人员的工作量很大，时间宝贵，错误的求职心态常会使你的求职效能大大降低。

2. 文字上的错讹

一份好的求职信不仅能体现你清晰的思路和良好的表达能力，而且还能考察出你的性格特征和职业化程度。所以，一定要注意措辞和语言，写完之后要通读几遍，精雕细琢，切忌有错字、别字、病句及文理欠通顺的现象。否则，就可能使你的求职信变得“黯然无光”或是带来更负面的影响。

3. 强调自己就是最佳人选

这是最精华的段落。要依据人才招聘的要求，将自己的能力及特色恰如其分地包装起来，表现自己的个性及品格。在工作经验不足的情况下，要避免将自己吹嘘得过分离谱。从求职信中看到的不只是一个人的经历，还有品格。当然，也不要太谦虚。有的同学总是在简历上写上“因为一直在读书，没有工作经验，愿意从公司的最底层做起”云云，这就是过分谦虚。没有经验其实是毕业生的优势，用人单位看中的正是毕业生的潜力，当然要从最基本的职位做起。太过谦虚，会让人事经理觉得你的自信心有问题。

4. 求职信不应太“煽情”

就业指导专家认为，求职信如果太过“煽情”，反而会降低求职的“成功率”。求职信有一套操作规范，大学生完全可以不用“别出心裁”。自荐信，忌给自己戴高帽子，忌炫耀以往的经历，这样易给别人一种华而不实之感。用人单位看了反而会觉得其很虚伪，有失诚信。大学生求职时应该反映自己的真实状况，尽量给企业一种诚实的感觉。

5. 用心创造个性化的求职信

针对性和个性化可以让你的求职信从数百份信件中“脱颖而出”。不少人事经理反映，现在求职信中最经常见的问题是“千人一面”。的确，网络给求职者提供了更多的方便，但面对互联网上成千上万的职位，有的求职者就采用了“天女散花”式发求职信的方式，事实上它的命中率很低，“广种”的结果连“薄收”都达不到，而是多以“广种无收”告终。原因很简单，这种千篇一律、没有任何针对性的求职信，招聘人员看得太多了。此时，针对性已成为求职信奏效与否的“生命线”。另外，个性化也很重要。有的求职信没有任何豪言壮语，也没有使用华丽的词汇，却使人读来觉得亲切、自然、实实在在。

6. 结尾部分要注意应有礼貌

结尾部分建议以“感谢对方在百忙之中阅读这份履历”，并且“诚挚地期望得到面试的机会”、“希望有幸能为公司效力”这样的句子作为结尾，给主管留下美好的印象。

7. 不要过度地包装自己

在毕业生求职信中，常见的错误就是把自己过度的包装，主要有以下几个方面：

（1）所谓“熟练使用”英语和计算机。英语和计算机已成为毕业生必备的两项基本能力，毕业生在简历中关于这两项能力的表述几乎是清一色的“精通”或“熟悉”。尽管简历中都说自己英语口语流利，但是在招聘现场常常发现有的学生并不能听懂用英语提问的问题。这时，企业肯定会对学生的诚信产生质疑。有一家网站的招聘人员表示，简历里大家都写着熟练使用计算机，但真正上机操作时，有的学生就显得“迟钝”了。很明显，对于计算机他只是掌握了简单的操作，与熟悉操作相差甚远。

（2）所谓“很强”的团队合作能力。经常被过度包装的还有自己的能力，学生对于自己的评价过高，实际却相差甚远。北京的一家外企人力资源部的负责人说，对于简历中学生介绍的信息，企业开始用心考察。大多数企业很看重团队合作精神，所以很多学生介绍自己有很强的团队合作能力，曾带领小组成功完成某个项目等。这位负责人说，企业招聘面试时有个环节叫无领导小组讨论，让五六个学生针对某个问题进行讨论，例如推广公司产品如何在本地上市。这个环节是让几个学生共同讨论出一个结果，观察求职者在团队的合作中担当什么角色，能否与别人配合。但经常有学生会表现得很抢眼，抢别人的话，不给其他人发言的机会。这与简历表述的很强的团队合作能力显然不符。

（3）“突击提拔”自己的职务。大多数企业倾向于招聘在学校里担任过一定职务的大学生，这促使很多学生在做求职简历时，“突击提拔”自己。学生会的干事可以改为主席，社会活动参与者可以改为组织者。一家 IT 企业的人力资源部惊奇地发现，在收到的简历中，一所学校同时有 4 个校学生会主席，文娱部部长不少于 8 个。如今企业也学聪明了，你说你是学生会主席，企业会打电话给学校老师、同学证实，真假“李逵”会立刻见分晓。

（4）把芝麻说成西瓜。大学里很多学生会参与各种各样的社会实践，这些社会实践规模有大有小，但在简历中经常被描绘得很大，而学生自己在里面所起到的作用也都是举足轻重的。比如，有的学生只是做过某个产品的促销和直销，但会说自己曾经策划组织过某地区的产品的推广活动。真正让他介绍对任务的执行过程时，学生却说得很笼统，毕竟没做过的事情，挖空心思也不会介绍得那么翔实，而且言多必失。还有的学生为了证明自己曾经参与过某项活动，把当时拍的现场照片也放到简历中来，但照片证明不了你的领导能力或真正做过的一些事情。

（二）简历制作的基本要求

1. 简历制作必须具有针对性

在简历制作时，求职者必须对简历进行“客户化”，也就是说，简历必须有针对性，针对不同的公司和不同的职位制作不同的简历。在简历中要重点列举和所申请公司及职位相关的信息，弱化甚至删除对方可能并不重视的内容。尤其是把符合招聘启事中明确列出的职位具体要求的信息点放在一个黄金位置（一般在 A4 纸的上 1/3 处）。

2. 给简历定位

据相关的调查发现，招聘者平均只会在每份求职简历上花费 1.4 分钟，过长的简历会毫无作用。那么，在招聘者的 1.4 分钟、1 页半的简历中，什么才是最重要的？他会将注意力集中在什么材料当中呢？专家认为，成功的简历要主次分明，一定要突出你的能力、成就以及过去的经验，最重要的就是要明确自己的职业定位。雇主们都想知道你能为他们做什么，含糊的、笼统的、毫无针对性的简历会使你失去机会。

在求职简历中一定要明确自己的应聘职位。在第一轮筛选简历时，往往是进行简历的分类，如果招聘者不知道你应聘什么职位，你的简历就会立刻被丢弃。如果你同时有多个目标，请写出不同的简历，每一份突出不同的重点。这将使你的简历更有机会脱颖而出。

3. 要真实可靠

简历要务实。其实，用人单位想获知你是否作假并不难，须知诚信无价，许多单位都将诚实作为第一重要的品质，一旦发现你做假，即使你再优秀也不会录用你。

很多求职者在表现个人能力时，爱用团结同事、能给公司带来如何如何的效益等空话。你在用这些词语的时候，丝毫显示不出这是你的能力。

4. 使你的简历简洁

简历的语言表达必须做到简练，最多不超过三页，以两页为最佳。每到应聘时，用人单位（尤其是一些大公司、大企业）往往收到很多自荐材料，工作人员不可能每个都仔细研读，所以简历尽量要短，一般不超过三页。雇主可能会扫视你的简历，用很短的时间决定是否给你面试机会，所以内容简洁有力的简历效果最好，应删除那些无用的东西。

5. 让你的简历醒目

简历的格式和外表不一定华丽，但应该醒目。注意一些简历的空白处，用这些空白处和边框来强调你的正文，或使用各种字体、格式来突出你的内容。一份好的简历不仅有主题突出的经历，而且有特别的包装和格式，这是吸引人事经理的关键。如何使用各种字体格式，如斜体、大写、下划线、首字突出或箭头等方式，有重点、有节奏地表达思想，往往能使重点内容吸引住招聘者的视线。在编排信息点时，要进行逻辑分类，从而体现出求职者的逻辑思维能力。

6. 写上简短小结

这其实是很重要的一部分，“小结”可以写上你突出的几个优点。很少有应聘者会写上这几句话，但雇主们的确认为这是引起他们注意的好办法。

7. 能力介绍要力求精确

阐述你的能力时要尽可能准确，不夸大也不误导，确信你写的与你的实际能力及工作水平相当。要注意数据的准确性，如果一份简历数据失误，可以想象会带来什么样的后果。另外，建议简历中不要过多的罗列数据，连片的数据往往会让人事经理觉得心烦而放弃继续阅读。

8. 避免错别字

在实际情况中，许多人事经理都说到了这个问题：他们最讨厌错别字。许多人事经理说：“当我发现错别字时我就会停止阅读。”所以，一定要认真写。雇主们总认为错别字说明申请者的素质不高，态度不够认真。

（三）制作简历的注意事项

大学生在制作简历时，不必面面俱到，更不能华而不实，而应该抓住重点，对自己的能力，尤其是用人单位看重的能力进行表述。优秀的简历通常借鉴有度，适度包装，有一定的特点，但绝不盲目夸大。对简历设计的各方面内容的重视程度要和用人单位的具体情况结合起来，切忌避重就轻。

1. 关注要点

调查发现，中国公司和外资企业的关注点有一定区别。总的来讲，外企更重视英语和学校名声，国内公司则看重专业和户口。越是热门的公司，往往对在校成绩越关注。建议学生制作不同的简历来突出不同的要点。

2. 注重实践，积累工作经验

过去企业招聘时会比较注重对方的学历，求职者怀揣着一张大学文凭就能高枕无忧。但随着社会竞争的不断加剧，那种高学历、低能力的人已渐渐遭到用人单位的冷遇。用人单位对于求职者的经验要求已是不争的事实。对于大学生来说，这是他们所欠缺的。如何调整自己，更好地去适应社会，从而改变不利的被动局面，的确是他们特别需要解决的问题。除了积极参加学校安排的社会实践外，不妨利用课余时间参与一些社会活动，以兼职来锻炼自己，勤工俭学的同时又能积累工作经验，一举两得。

3. 投递方式

当简历完成后，下一步就是投简历。那么，如何才能把简历顺利交到人事经理的面前呢？这个小小的细节在求职过程中也充满了学问。据调查，通过 E－mail 和网站递交的电子版简历，得到的关注比通过普通邮件要少，平均会少 23 秒左右。此外调查发现，约有 5% 的电子简历由于网络或其他问题没有被招聘者看到。因此，建议仍然通过传统的邮件方式，除非招聘单位明确标示出其偏向性。

4. 不要以附件的形式发电子邮件

写电子邮件简历时，一般情况建议使用中文，即使很多外企使用英文作为招聘语言，但是阅读求职电子邮件的都是中国人，使用汉语更加方便。但是，如果你申请的是一些高级的职位，对方的招聘启事完全是英文的，则尽量使用英文写电子邮件。发送简历时，最好直接将简历粘贴在正文中（粘贴后要重新排版）不要以附件的形式发送（除非公司要求）。

电子邮件中的“subject”一栏千万不能空白，必须写上自己的姓名以及应聘的职位。同时还要写下有针对性的附言，说明你符合工作中基本的几点。在结尾处可以适当写上祝“工作愉快”、“心想事成”等祝福话语。另外，还要注意的是，招聘启事上通常都要求“学历证、学位证、身份证复印件，一寸相片”，原则上只需发电子邮件简历和照片即可，并在简历上注明“为防止您下载过慢，本人将在面试时携带‘三证’以供查验，谢谢!”，人事主管会更喜欢这种做法。除了电子邮件发送简历外，假如求职者对某职位非常感兴趣，还可以选择邮寄甚至亲递简历，成功率可能会更高。在经济发展全球化和互联网日益普及的形势下，求职者还要考虑英文简历和电子简历的撰写，这时上述写作技巧仍然适用，注意好语言和载体的不同特点即可。

另外，伴随着网络和电子技术的广泛应用，视频简历近年来也开始出现在招聘市场。视频简历顾名思义就是把个人情况和才艺通过电视图像的方式录制下来，作为影视资料提供给招聘者。视频简历因其制作过程较为复杂，目前还没有得到进一步的推广使用。

四、提升就业竞争力

就业现在成了大学生们最关心的事情，今年毕业生就业的艰辛给明年毕业的同学带来一些心理压力。用人单位的看法和意见也许可以给同学们带来一些启迪，希望对同学们有所帮助。

求职与招聘，毕业生与用人单位之间就开始了一场“对决”，看起来仿佛毕业生与用人单位是博弈的双方。毕业生求职的最终目的是为了能够通过学识、能力、素质的综合体现来获得发展的平台，而用人单位则是想通过对毕业生学识、能力、素质的全面评估，发现最适合招聘要求的员工，双方的内容与形式是相契合的。为了能够把这种契合转化为真正意义上的配合，最终实现毕业生求职与用人单位招聘的“双赢”。

说到底，就业能力是一种综合能力，它既包括就业理念、职业选择等理念技能，也包括学习能力（适应能力）、实践能力等专业技能，还包括人文素养、沟通交流等人文技能。

表面看来，大多数单位的用人标准是专业技能，而绝大多数面试题则集中在职位认知、行为方式、团队合作等人文方面。大型企业、技术密集型企业招聘录用时，尤其关注求职者的人文素养。因此，如何很好地处理人际关系、如何学会与他人合作、如何有效地表达自己的意见、如何面对挑战所经受的挫折、如何调控自己的情绪等，都是求职者有待解决的重要课题。在西方企业界流行着“智商使你被录用，情商使你被提升”的口头禅，它提示人们，智商与情商的互补是毕生的事，对人生的成功帮助很大。

联合国教科文组织的一项调查显示：美国人一生平均更换 13 次工作，欧洲人 11 次，中国人 9 次。从大学毕业到法定退休，平均 3 ~ 4 年就要更换一次工作，职业生涯前期则更加频繁，大多 1 ~ 2 年换一次。另一方面，目前我国高校半数以上毕业生难以找到专业对口的工作，整体就业质量偏低、职业稳定性普遍较差。许多求职者往往把技能培训关注重点放在“获得工作”即“初就业”的层面，即专业技能上。从就业现实出发，不单要培养狭义的实现就业及充分就业的专业能力，还应该培养保持工作、更换工作以及实现职业生涯发展的能力。

从业者资源分为两种，一是以从业者所占有的生产资料、知识技能等构成的内部资源，人文技能修炼有利于整合、构建以人际网络或社会网络的能力为基础的外部资源，亦称“人脉”资源。从业者不仅要丰富自己的知识结构、提高自身素质，而且还要善于与他人、与外界沟通，善于捕捉各种信息，努力扩大资源占有的数量和质量。

德国管理学家舒曼提出，岗位胜任的关键技能分为专业技能、人文技能和理念技能。舒曼对各个层级人员的岗位胜任技能要素进行了量化分配：初级职员专业技能 50%，人文技能 38%，理念技能 12%；中级职员人文技能 43%，专业技能仅占 23%；高级职员人文技能和理念技能占 83%，专业技能仅占 17%。

人文技能是指与人共事的一种能力，主要包括人际沟通、激励、整合等方面的技能，就是在综合掌握历史知识、文学知识、政治知识、法律知识、艺术知识、哲学知识、宗教知识的基础上，学会用人文的方法思考和解决问题。与专业技能强调精确性和普遍适用性不同，人文技能重在定性，强调体验，且与特定的文化相联系。人文技能的修炼对于职场竞争、个人发展、团队建设乃至社会和谐都具有十分重要的意义。其实，求职的准备并不是做一份漂亮的自荐书，或者搞一大堆也许与应聘职务毫无关系的证书，求职是从上大学就应该开始了的一项事业规划和人生策划。大学生必须在学习期间就应该注重“修炼”，以提高自身在人才市场的职业竞争力，特别是职业核心竞争力。

五、就业核心竞争力

就业核心竞争力是自己优于别人且别人无法取代的能力，它是自己的重要无形资产，也是创造高绩效和高薪酬的能力。一个职业人士，必须通过建立自己的核心竞争力来获得职场上的一席之地，并最终获得成功。

一般而言，就业核心竞争力包括以下几个方面：

（1）责任意识。就是处在某一职位、某一岗位，能自觉地意识到自己所担负的责任。有了自觉的责任意识之后，才会产生积极、圆满的工作效果。那些消极、被动地对待工作，在工作中寻找种种借口的员工，是不会受到任何人欢迎的。

（2）旺盛的工作热情。热情是成就一切的前提，事情的成败与否，往往是由做这件事情的决心和热情的强弱而决定的。碰到问题，如果拥有非成功不可的决心和热情，困难就会迎刃而解。

（3）创新能力。

（4）自主工作能力。如果一个员工只是按照上面交代的去做事以换取薪水，只会原地踏步。每一个人都应该有自我提高的意识。如果这样做了，在工作上一定会有种种新发现，其个人也会逐渐成长起来。

（5）善于沟通。善于沟通才能有好人缘。一个不能和别人顺畅地沟通的人只能让自己的才能和业绩被淹没，只能和别人产生误会，淡漠上司、同事之间的感情。最后就可能遭到淘汰。

核心竞争力你有吗？

即将毕业的你应该从三个方面着手打造自己的核心竞争力：

（1）挑战自己不断提升。激烈的竞争，也是一个促使职场中人检讨自身不足、提高自身工作能力的契机。要成为一个具有过硬实力的强者，就需要保持并且不断发展自己固有的强项，通过学习形成自己的独门“内功”。在这个基础上，还要时时吸收新知，不断培养自己第二专长、第三专长，甚至是第四专长。只要有足够的实力，什么时候都不用担心没有用武之地。

（2）敏锐捕捉信息。要在职场中站稳脚跟，应当培养自己全方位收集信息的习惯。因为，在同一个岗位待久了，往往对事情的处理程序产生模式化的固定流程，在日复一日的流水工作中，并没有开发自己其他的触角与解决问题的创意方法，应变能力跟着降低。工作是随时充满挑战的，不需要一个套公式作业的机器人，而是需要一个能够根据有关信息及时体察变化，并提出变革方案的人。

（3）延伸视野。对不同领域的人、事、物保持高度的好奇心与学习力，可以让自己的思想随时都能注入新的能量，启发新的触角，这种无心插柳的累积，往往会在不经意的情形下发挥作用，有助于提升职业的感觉，甚至会有意外的收获。

拓展阅读 8 -1：曾荫权　第一次求职的故事

因为家境贫寒，现任香港特别行政区长官的曾荫权在年仅20岁时就辍学踏入了社会。其时，正是经济萧条时期，要想找一份较为理想的工作极为艰难。一家知名医药企业刚刚贴出招聘科员的启事，就引来了数十名应聘者，曾荫权也在其中。

面试时，数十名应聘者被一一编了号，曾荫权因来得较晚而被编在了后面。

面试开始不久，几位先参加面试的应聘者阴沉着脸从招聘办公室走了出来，他们沮丧地说："招聘条件很苛刻，没有大学文凭和两年以上的从业经验者，一概不收！"

在门外等待面试的应聘者们听后，呼啦一下散去了很大一部分。曾荫权虽然也不符合条件，但他却没有跟着他人一起走掉。

不久，又有几名年龄与曾荫权相仿的应聘者阴沉着脸从招聘办公室里走了出来，他们更为沮丧地说："他们的条件很苛刻，不仅要求有大学文凭和两年以上的从业经验，而且还要求年龄在25周岁以上！"

剩下的应聘者听后，呼啦一下又散去了一部分。但曾荫权仍然没有走，继续耐心地排队等待。

这时，曾荫权身后的一名应聘者小声地问曾荫权："小伙子，你符合他们的应聘条件吗?"曾荫权回答说："一条也不符合。"那人说："既然如此，你肯定会被淘汰的。不如走掉算了！"曾荫权听后，笑了笑说："机会难得啊！即便是不符合条件，也应该有试一试的勇气啊，说不定就被录取了呢！"那些没走的应聘者听后，觉得他有些自不量力。

但随后的结果，却让那些认为曾荫权自不量力的应聘者们大吃一惊：不符合应聘条件的曾荫权，虽然未被招聘为科员，但却因超于常人的勇气和伶俐的口齿，而被破格录用为药品推销员。

一些求职者在应聘时，常常会因招聘单位苛刻条件的限制和自身的缺憾及不足，轻易放弃了。曾荫权本人却以自己的经历告诉了我们这样一个求职道理，那就是——求职要有勇气，成功始于尝试！

（资料来源：中国质量新闻网，http://www.cqn.com.cn/，2012-06-29）

拓展阅读8-2：第一次求职面试时应该注意哪些礼仪?

每一位求职者，都希望在面试的时候留给主考官一个好印象，从而增大录取的可能性。所以，事先了解一些求职特别是面试的礼仪，是求职者迈向成功的第一步。

中国有句古话："知己知彼，百战不殆。"面试就如同一场试探性的战斗，战斗的双方就是面试单位的主考官和参加面试的你自己。

（一）求职简历

一份吸引人的简历，是获取面试机会的敲门砖。所以，怎样写一份"动人"的简历，成了求职者首要的工作。

正文包括三部分：

(1) 基本情况介绍。

(2) 学历情况概述。学习历程、在校期间获奖情况、爱好和特长、参加过的社会实践活动、所任职务、承担的任务等。

(3) 工作经历。介绍曾经工作过的单位名称，职位、个人工作成绩、培训或深造就学情况、工作变动情况、职务升迁情况等。

不要写得过于复杂和啰唆。要知道，主考官第一次看一份简历的时间也不过是短短的几秒钟而已。

在美国，求职履历表上有三不：第一，绝对不超过一页；第二，绝对不要把私人与工作无关的事都一览无遗地写进去，例如婚姻状况、家庭状况、种族等，以免企业主因其他原因而发生歧视；第三，绝不填上薪水，求职的人应认清履历表的作用只是争取面试的机会。

在写作简历时，要时刻记住你是在一个商业环境中推销自己，尽量使用适合这种环境的语言，尤其是在对你的曾经的业绩和成就进行说明的时候。那么，什么样的语言是商业语言呢？简单地说，就是定量化的语言，你的简历中具体的数字越多、具体事实越多，越和你所求职位相关，商业价值就传达得越明确，就越有说服力，比大而空、口号式的语言强得多。

时代在改变，某些求职用词也在改变。像“我对这个工作很有信心”、“我是抱着学习的目的而来的”、“请给我一个学习的机会”等等，这些听起来美丽的辞藻却会把你的机会丢进垃圾桶里。

对于没有经验的人来说，除了学历之外一无所有，再加上那些错误的用语，这机缘一失，可能三五年都不见得能弥补得回来。现在外资企业渐多，传统公司要求的谦虚、保守等品质，已经无法适合需求了。

简单地说，说话要投其所好是履历每投必中的原则。投其所好必须明确的是：公司想知道的是你能为公司带来什么利益、贡献或成效，并不想花钱请你来学习。

表 8－1 所列为某高校一名工程管理专业毕业生的中文简历，它以表格的形式制作，非常清晰，使用人单位一目了然。

表 8－1　求职简历示例

<table>
<tr><td>姓名</td><td>×××</td><td>性别</td><td>男</td><td>出生年月</td><td>1982.02</td><td rowspan="5">照　　片</td></tr>
<tr><td>籍贯</td><td>×××</td><td>民族</td><td>汉</td><td>政治面貌</td><td>中共党员</td></tr>
<tr><td>主修</td><td colspan="2">工程管理</td><td>辅修</td><td colspan="2">计算机及其应用</td></tr>
<tr><td>专长</td><td colspan="5">组织管理、文案策划、文学创作</td></tr>
<tr><td>求职意向</td><td colspan="5">行政管理人员</td></tr>
<tr><td>教育</td><td colspan="6">1997——2000　×××第一中学
2001——2005　×××大学工程管理专业（本科）</td></tr>
<tr><td>主要社会工作</td><td colspan="6">2001 年 9 月——2002 年 7 月　班长 管理学院社团部部长</td></tr>
<tr><td>社会实践经 历</td><td colspan="6">2002 年 7 月 14 日——7 月 22 日 青岛“七元钱生存”异地生存体验，中央 2 台予以报道；
2003 年 7 月 7 日——7 月 17 日 曾参与组织并带队赴新疆喀什作“党员大学生三个代表社会实践服务团”实践服务活动；
2004 年 7 月 5 日——7 月 13 日 大学生“沂蒙情协会”暑期社会实践；
2004 年 7 月 15 日——9 月 5 日 ××集团化工工地实践（从事施工日常管理）；
在校期间，先后策划组织了我校首届、第二届、第三届学生社团文化节</td></tr>
<tr><td>获奖情况</td><td colspan="6">2012 年 11 月××大学××集团奖学金、省级社会实践优秀学生奖；
2013 年 10 月××大学一等奖学金、三好学生、优秀团员、省级优秀社团干部；
2014 年 11 月××大学二等奖学金、三好学生、优秀团员、优秀编辑等荣誉称号</td></tr>
<tr><td>外语、计算机能力</td><td colspan="6">大学英语国家四级：能熟练地进行英语听、说、读、写，初步掌握一定的翻译能力；
计算机国家二级：能熟练地应用 Office 办公软件等进行办公应用，具备初步的编程能力</td></tr>
</table>

（二）面试服饰礼仪

应聘者的外在形象，是给主考官的第一印象。外在形象的好坏在一定程度上会影响到能否被录用。良好的形象设计，要符合个人气质特点和招聘单位的特点。面试时，一定要注意，恰当的着装能够弥补自身条件的某些不足，树立起自己的独特气质，使你脱颖而出。

1. 男士

注意脸部的清洁，胡子一定要刮干净，头发梳理整齐。查看领口、袖口是否有脱线和污浊的痕迹。

春、秋、冬季，男士面试最好穿正式的西装。夏天要穿长袖衬衫，系领带，不要穿短袖衬衫或休闲衬衫。

西装的色调要用给人以稳重感觉的深素色为主，如藏青色、蓝色、黑色、深灰色等。配套的衬衫最容易的选择是白色。领带应选用丝质的，领带上图案可以根据自己的爱好选择，最好是单色的，它能够和各种西装、衬衫相配。单色为底，印有规则重复出现的小圆点的领带，格调高雅，也可以用。斜条纹的领带能表现出你的精明。领带在胸前的长度以达到皮带扣为好。如果一定要用领带夹，应夹在衬衫第三和第四个扣子中间的位置。

深色的袜子、黑色的皮鞋。皮带要和西装相配，一般选用黑色。男士着装要采用三个一律原则：皮鞋、皮带、皮包颜色一致，一般为黑色。

眼镜要和自己的脸型相配。镜片擦拭干净。

钢笔一定不要插在西装上衣的口袋里，西装上衣的口袋是起装饰作用的。

2. 女士

(1) 服装。面试时的着装，要简洁、大方、合体。职业套装是最简单，也是最合适的选择。裙子不宜太长，这样显得不利落，但是也不宜穿得太短。低胸、紧身的服装，过分时髦和暴露的服装都不适合面试时穿。春秋的套装可用花呢等较厚实的面料，夏季用真丝等轻薄的面料。衣服的质地不要太薄、太透，薄和透有不踏实不庄重的感觉。色彩要表现出青春、典雅的格调。所用颜色，要表现你的品位和气质。不宜穿抢眼的颜色。

(2) 丝袜被称为女性的第二层皮肤，一定要穿，以透明近似肤色的颜色最好。要随时检查是否有脱线和破损的情况。最好带一双备用的。

(3) 穿式样简单、没有过多装饰的皮鞋，后跟不宜太高，颜色和套装的颜色一致，如果你不知道如何配色，最简单的办法就是穿黑色的皮鞋。凉鞋在面试时就不要穿了。

(4) 如果习惯随身携带包，那么包不要太大，款式可以多样，颜色要和服装的颜色相搭配。

(5) 化淡妆。如果抹香水，应该用香型清新、淡雅的，头发要梳理整齐，前额刘海不要超过眉毛。

(6) 佩戴饰物应注意和服装整体的搭配，最好以简单朴素为主。

出发前，最好从头到脚再检查一遍，看看扣子、拉链是否扣好、拉好，领子袖口是否有破损，衣服是否有褶皱，鞋子是否干净光亮。

(三) 谈话礼仪

1. 注视对方

和对方谈话的时候，要正视对方的眼睛和眉毛之间的部位，要和对方进行目光接触，即使边上有其他人。如果不敢正视对方，会被人认为你害羞、害怕，甚至觉得你“有隐情”。

2. 学会倾听

好的交谈是建立在“倾听”基础上的。倾听是一种很重要的礼节。不会听，也就无法回答好主考官的问题。

倾听就是要对对方说的话表示出兴趣。在面试过程中，主考官的每一句话都可以说是非常重要的。你要集中精力，认真地去听，记住说话人讲话的内容重点。

倾听对方谈话时，要自然流露出敬意，这才是一个有教养、懂礼仪的人的表现。要做到：

记住说话者的名字。

身体微微倾向说话者，表示对说话者的重视。

用目光注视说话者，保持微笑。

适当地做出一些反应，如点头、会意地微笑、提出相关的问题。

3. 注意身体语言

身体语言是指人的动作和举止，包括姿态、体态、手势和面目表情。它是一个人的修养、教育以及与人处事的基本态度的自然流露。

面试的时候，有些做法一定要避免：

拖拉椅子，而发出很大噪声。

一屁股坐在椅子上。

坐在椅子上，耷拉着肩膀，含胸驼背。

半躺半坐，男的跷着二郎腿；女的双膝分开、叉开腿等，会给人放肆和缺乏教养的感觉。

坐在椅子上，脚或者腿自觉不自觉地颤动或晃动。面试时重要的是自信。这种自信可以通过你的步态表现出来。自信的步态应该是，身体重心稍微前倾，挺胸收腹，上身保持正直，双手自然前后摆动，脚步要轻而稳，两眼平视前方。步伐要稳健，步履自然，有节奏感。需要注意的是，如果同行的有公司的职员或接待小姐，你不要走在他们前面，应该走在他们的斜后方，距离一米左右。

俗话说“此时无声胜有声”。用你无声的、职业化的举止，向招聘者表明“我是最适合的人选”。

（资料来源：应届毕业生求职网，http：//www.yingjiesheng.com/）

拓展阅读8-3：就业决策的三个原则和五个要素

毕业生在与用人单位的双向选择过程中，常常因缺乏明确的择业原则而陷入困惑，导致就业决策过程中或者迟疑不决错失良机，或者草率决定事后违约，给自己和学校的就业工作带来不少麻烦。有研究者提出就业决策的三个原则和五个要素，供毕业生在择业时参考。

（一）三个原则

（1）以理想为导向的原则。理想是人生前进的动力，人生就是不断追求理想、实现理想的过程。选择职业是实现人生理想、实现理想的过程。选择职业是实现人生理想的一种阶段性手段。将职业的选择和理想的选择统一起来，我们才能在工作中找到实现人生价值的动力、途径和乐趣。

（2）个人期望和社会需要相协调的原则。毕业生就业和国家改革与发展的进程及国民经济发展态势密切相关，和社会用人单位对特定专业人才的需求情况直接相关。社会需求量大，市场紧缺专业的学生，可以有较高的就业期望值；而社会需求量小、市场饱和专业的学生，则应适当调整就业期望值。毕业生应及时关注学校和新闻媒介提供的就业信息，并依此确定和调整个人的就业期望值。

（3）以我为主决策的原则。选择和确定工作单位，对即将步入社会的毕业生而言，是人生中的一次重大决策。毫无疑问，在决策过程中应该征求父母、朋友、老师的意见，但最终的决定要由毕业生本人做出。毕业生应根据自己所学专业、人生理想、所具备的素质和能力与社会需求状况，确定明确的就业方向和具体工作单位。

（二）五个要素

（1）发展机会。是指毕业生到用人单位工作后，发展机会如何在预期时间内（比如三年、五年或十年）可以取得什么样的业绩或晋升到什么职位。毕业生可以根据该单位的发展前景、人事管理制度和培训机制等对自己在其中的发展机会做出判断。

（2）经济收入。随着社会的发展和人们观念的转变，经济收入水平已日益成为人们价值和地位高低的一个重要标志。人才的价值应该在经济收入上表现出来。住房商品化、倾向化的政策走向在客观上引导毕业生在选择用人单位时应把经济收入水平放在一个非常重要的位置。

（3）对生活方式的影响。不同的职业对从业人员的工作要求和其生活习惯的影响是不同的。毕业生在做出决策前应对用人单位员工的一般生活方式有必要的了解，看看自己是否愿意和能够适应这种生活方式——对个人生活质量和家庭幸福有重要的影响。

（4）能否发挥特长。毕业生在用人单位若不能发挥自己的特长，那是人才的浪费，同时也将阻碍事业发展的进程。这里所指的特长包括个人的素质、能力和专业技术上的优势。

（5）户口与用人指标。由于我国目前的劳动用人制度、人事管理和户口管理制度等的改革，相对于毕业生就业制度的改革显得滞后和不配套，毕业生一定要弄清楚用人单位能否解决户口和用人指标的问题，除非你愿意做个“打工仔”。

（资料来源：四川大学计算机学院学生科，2009-11-25）

拓展阅读8-4：在就业市场上不受欢迎的大学毕业生是哪些？

大学生求职难是一个不争的事实，这里面既有用人单位因素，也有大学生自身素质不高的原因。那么，用人单位最不欢迎什么样的大学生呢？

（1）自命不凡者。很多刚刚离校的大学生很难摆正自身位置，往往恃才傲物，从而失去了很多宝贵的机会。

（2）不思进取者。很多应届毕业生往往以学历为资本，不思进取，得过且过，从而在激烈的市场竞争中被淘汰。

（3）金钱至上者。大学生和用人单位谈工资待遇本无可厚非，但如果一味地讨价还价，而置个人的发展和单位的承受能力于不顾，则会为多数单位所不齿。

（4）见异思迁者。这山望着那山高是失去机遇的致命弱点。任何一项工作既有其利，也有其弊，若不发挥其长，专拿放大镜瞄准其不足，那就会越干越没劲。天外有天，好工作当然还有，但期望越大，失望也越大。

(5) 纸上谈兵者。重理论、轻实践，实际工作能力欠缺是大学生的通病。很多人在学校不注重实践能力的培养，离校后对自己又缺乏清醒的认识，所以往往被视为空头理论家，而被用人单位拒绝。

(6) 留恋家乡者。许多大学生对家乡很留恋，离不开家乡，离不开父母，总想在父母的“大树下”成长，从而失去了很多发展的机会。

(7) 眼高手低者。目前社会上许多大学生就业过程中很容易出现高不成、低不就的现象，一味的要求待遇、工作环境、工作福利以及职业的社会地位，导致出现大学生就业率低下，企业很难招到合适的人才。

综合以上种种原因，大学生要提高就业率，寻找发展机遇，应该培养务实的心态、踏实肯干的工作作风以及良好的道德素质，目前企业正在呼唤综合性人才要端正工作态度，做诚信和善良的人，以善、德为本。

思考题

1. 就业必须具备哪些要素？
2. 就业有哪几种形式？
3. 如何提升自已的就业竞争力？
4. 我国实行的就业方针是什么？
5. 我国就业招录方式有哪些？

第九章 创业成就人生梦想

当今社会正处于经济高速发展与不断变革的时代，这样一个时代环境，为创业者提供了新的机遇和挑战。时代呼唤着创业，创业是开拓、贡献，同时也是收获。但是创业不仅需要胆量和勇气，还需要具备基本的创业知识。

具备高等教育学历背景的大学生，对信息的反映最迅速，对科技发展的嗅觉最敏锐，对生活充满激情，有着比较强的学习能力。大学生是一个具有十足闯劲的人群，部分大学生在大学校园里面就已经着手创业设计，尝试创业……那么，大学生创业如何选择创业项目？创业需要具备哪些基本的条件？创业者需要具备哪些基本的素质和能力？怎样认识创业的风险和进行科学有效的风险规避？带着这些疑问，让我们一起走近创业，认识创业。

第一节 积累创业知识

一、创业的内涵

创业是一个发现并捕捉机会并由此创造出新颖的产品、服务或实现其潜在价值的过程。清华大学创业研究中心认为，创业是企业管理过程中具有高风险的创新活动。

创业的概念主要强调了四个方面：

（1）创业是创造出某种有价值的新事物的过程；

（2）承担必然存在的风险；

（3）创业必须贡献出必要的时间，付出极大的努力；

（4）创业给创业者带来报酬。

因此我们认为：发现、创造和利用商业机会，组合生产要素，创立自己的事业，以获得商业成功的过程或活动称为创业。

二、创业者的素质

（一）创业要素

创业是人们运用知识与技能，以自己开创性的劳动为个人开创职业、为社会创造财富的经济活动的过程。创业包括以下三个方面的内容：

（1）自主择业。灵活就业并在劳动者所从事的职业活动中，以不同于传统的、有别于常规的方式进行工作。

（2）创办实体。创办企业并亲自经营，不但解决了劳动者的职业岗位，而且还能够为他人提供就业岗位。

（3）创业与就业既有区别又有联系。劳动者可以在就业中创业，也可以由劳动者自己开发出一个适合自己的职业岗位来就业。

（二）创业心态

创业必须要有积极的心态。积极的心态是相对于消极心态而言的，尤其是在逆境中，积极的心态能使人保持乐观的情绪、顽强的意志和冷静的思考；而消极的心态则是不思进取，得过且过，一旦遭遇挫折，就会丧失信心，甚至颓废消沉。

有一个例子：两个商人到非洲考察皮鞋市场，一个商人看到人人都打着赤脚，大失所望：这些人都打赤脚，怎么会买皮鞋呢？于是他打道回府。另一个商人看到人人都打着赤脚，惊喜万分：这些人都没有皮鞋，这市场太大了。于是设法引导当地人购买，终于打开了销路，大获成功。

还有一个例子：在云锡矿山承包开矿过程中，有很多私营业主承包矿硐掘进挖矿，资金投进去不少，但却始终打不出高品位矿石，在失去信心后把矿硐卖给其他人，新的矿业主刚打进去就见到了高品位矿石，赚了很多钱。

面对同样的景象，两个商人和两个矿业主为什么得出相反的结果呢？奥秘就在于他们的心态。积极的心态是创业者能否获得成功的决定性因素之一。

（三）创新意识

（1）创业与创新必须融为一体。创业就是要为社会提供产品和服务，创业就是要进入市场立足和生存，因此创业者必须具有创新意识，才能找到市场的切入点和积极进取的动力源，也才能在激烈甚至残酷的竞争中杀出一条通向成功的道路。

（2）创新是创业的不懈动力。创新并不像人们想象的那么高深莫测，但要有创新意识，就需要不断地自我培养。对于创业者来说，创业本身就是创新意识的体现，当创业者在创业的道路上，从一个成功走向更大的成功时，创新意识就会升华，从而形成创新意识的最高境界——创新世界观，创业者就会据此而不断追求创业的新境界。

（四）坚韧毅力

创业的过程绝不可能是一帆风顺的，有成功、也有失败。对于初次创业的人来说，失败的概率要更高一些。这就需要创业者必须具有坚忍不拔、百折不挠的心理品质。

著名发明家爱迪生说："我的成功是从一路的失败中取得的。"他发明电灯灯丝的时候，尝试了无数次，每次都以失败告终。许多人都劝他放弃，但他却认为，他已经发现了无数种不可以用来做灯丝的材料，成功已经离他不远了，爱迪生不但表现出非凡的意志品质，更深刻地诠释了"失败是成功之母"的真谛。

综观每一位成功创业的创业者，没有一位不是在一路的艰辛、挫折，甚至是失败中披荆斩棘走过来的。

（五）创业能力

（1）要有勇气和魄力。因为自主创业不但要比传统的就业付出更多的时间、精力和体力，而且要承担各种风险带来的巨大的心理压力以及要具有化解各种风险的知识、技巧和能力。

（2）具备一定的市场认知能力。因为只有具备了这种能力，才能在纷繁复杂的市场中出现商机，找准自己的创业定位。

哈伦德·山德士是肯德基的创始人，年轻时，他做过保险，卖过轮胎，还经营过一条渡船，开过一家加油站，但是都失败了。65 岁那年，邮递员送来了他的第一张社会养老保险支票，他用这 105 美元的养老保险金创办了一家新的企业——肯德基，这次他获得了成功。

在这个例子中，我们一方面惊叹哈伦德·山德士创业的信心和毅力；另一方面也由此认识到创业的才能只有在市场的艰苦磨炼中才能不断地得到提升。

（3）具备一定的经营管理能力。这是创业者必须具备的较高层次的能力，它直接决定着创业的成败和创业的规模与效益，但这种经营管理能力并不是与生俱来的，必须在经营实践中不断学习、积累，最后才能百炼成钢。

三、大学生创业现状

大学生就业之难，失业人数之多，已经成为无法改变的现实，但是，进入社会的大学生，大多要靠自己来养活自己，因此，需要找到一份适合自己的工作，而且往往又是如此的迫在眉睫。这种现实中找不到工作，又必须有一份工作的近乎悖论的情况到底应该怎样才能解决呢?

近年来，“大学生自主创业”一词已经屡见不鲜，在就业如此困难的情况下，有些人开始学着自己创业。我国大学生创业最早起源于 1997 年清华大学研究生发起的首届“清华大学创业计划大赛”。1999 年，第二届清华大学创业计划大赛更加火爆。之后，全国陆续有一些高校也组织了自己的创业大赛。目前国内知名的创业计划大赛有以清华大学为代表的校园创业大赛，团中央举办的“挑战杯”大学生创业计划大赛，“中关村”等省市级创业计划大赛以及网易等网络公司主办的创业计划大赛。作为高校学生社团的创业协会也应运而生。特别是全国范围的“挑战杯”创业大赛，目前已成功地举办了九届，参加院校达 100 多所。在不断进行的创业实践中，我国大学生创业形成了如下的特点。

（1）积极性高，但实际创业比例低。自从大学生接触并了解大学生创业以来，我国大学生的创业激情逐渐增长，创业的速度、人数增加迅速。我国大学生创业欲望强烈，但实际参与创业的比例还是很低的。

（2）科技转化率低。在国内创业学生中，有很大一部分学生是从事家教、零售、服务业等技术含量不高的行业，即使涉及网络的创业者也都集中于一些不必进行产品设计、开发、生产的网站维护。

（3）创业的社会文化基础薄弱。大学生创业没有赢得社会、家庭、学校的完全认可和支持，明确鼓励大学生创业的高校、家长并不多。无论是向社会宣传创业的大学生还是向高校宣传创业的企业家都比较少，使得创业的舆论氛围不浓厚。

客观上讲，大学生创业的道路有开创性、现实性、多样性、艰巨性和风险性等特点。在我国，大学生创业的时间比欧美国家晚了数十年，属于开创性工作的创业是人生学问中最无法传授，也根本无须别人指教的一件事。别人的路对你来说，只是起一个借鉴、参考的作用，因此具有开创性；创业者只拥有创业的热情是远远不够的，要想开辟新的天地，必须冷静、理性、客观地分析一切可能的现实因素，脚踏实地，一步一个脚印地去开拓，因此具有现实性；创业道路是属于自己的，最适合自己的创业道路只有一条。只要我们不拘泥于传统观念、不守旧，而又恪守自己稳定发展的认识系统，并善于根据事物变化的规律采用正确思想、假设、办法和方案，那么我们就会找到一条适合自己的道路，因此具有多样性；创业不同于就业，选择了创业，就等于选择了挑战。创业这条道路，绝不是摆在我们面前的一条笔直的、宽阔的、畅通无阻的大道，因此具有艰巨性；创业没有有效的方法可套用。因此，创业道路不可能每次都成功，也不可能每个人都成功，有时可能会毫无成效，有时会造成重大损失，因此具有很大的风险性。

四、大学生创业存在的问题

创业，说起来容易，但做起来，的确不简单。比起就业来，创业反而需要更多的条件，因此存在的问题也就比较突出。

（一）主观方面存在的问题

（1）创业行动少。虽然在各项调查中显示，大学生有创业愿望的比例较高，但在实际参与创业的活动中，比例却非常低。大学生在考虑“出路”时，首要的是选择就业，其次是考研和出国，选择独立创业的人寥寥无几。

（2）创新意识薄弱。大学生创业不同于社会人员创业的其中一个特点就是创新性，大学生创业无论在资金、场地、经验等各方面都无法和社会人员相比，所以大学生创业要能走向社会、立足社会，就要在“新”字上下工夫，要走技术创新的道路。但是实践表明，我国大学生的创新意识还是比较薄弱的。

（3）创业能力低。创业能力包括专业技术能力、经营管理能力、社交沟通能力、风险承受能力、创新求变能力等，具有很强的综合性。虽然学校有很多的实践机会，但真正主动参与的很少。如大学生假期的社会实践，大多数学生是以走过场的形式来应付，只要在鉴定书上盖了章就万事大吉。

（二）客观方面存在的问题

（1）创业的基础设施不完善。目前，我国与创业相关的政策、法律、金融等设施不完善，特别是缺乏风险资金投入。由于大学生创业在我国的历史还比较短，各方面的认识还不够，鉴于特定的国情，不能像美英等发达国家那样能够吸引一些风险投资家的青睐。

（2）系统化创业教育缺失。虽然社会对大学生创业的意义有所认识，学校对创业教育的重要性也有所了解，但学校的教育还是没有相应跟上，多数高校没有开设创业教育的课程，绝大部分缺少系统化的创业教育体系。

五、加强高校创业教育

创业教育是指培养学生创业意识、创业素质、创业技能的教育活动，即培养学生如何适应社会生存、提高能力，以及进行自我创业的方法和途径。作为高等教育发展史上一种新的教育理念，它是知识经济时代大学生创新精神和创造能力的培养，是社会和经济结构调整时期人才需求变化的要求，是素质教育新的突破口，是解决当前及今后大学生就业、提高大学生创业的有效方法。

自清华大学举办了我国最早的学生创业计划竞赛以来，近年来各高校采取了一系列措施促进大学生的创业教育，但其发展现状并不乐观。在理论研究上，对创业教育的理论研究还是零散的，不系统的，只是散见于诸如全面发展教育、主体教育、素质教育、创新教育、就业与创业等理论层面上的探讨，缺乏对创业教育集中的、系统的和全面的研究。另外，高校的理论研究不系统，再加上高校自身创业较少，和社会上企业联系不多，缺少创业的经验，从而直接导致了教育教学上的缺陷。最后，学生创业教育的缺失、创业意识不强、创业能力不足也导致了学生自主创业较少、成功率比较低。

大学生创业教育既是教育领域的问题，同时也是社会面临的课题，既需要教育教学的改革，也需要社会管理体制方面的变革。通过加大对学生的创业教育，提高学生的创业能力，能够有效地解决大学生的就业问题。同时还需要社会管理体制方面的配合，创造有利于和能够促进创业的条件，吸引学生创业。这无论是对国家、对社会还是对个人都有着重要的意义。

由于中国的传统习惯，学生大都是享受父母的宠爱，习惯于接受到手的工作。大学生由于历史的惯性，也由于社会的复杂，也由于自己条件所限，他们完全靠自己的力量走出一条创业的路，面临着困难，面临着风险。但是时代已经赋予了他们期待和责任，成就未来就得闯出自己的一片天。

新生事物，总得有阳光的照耀才能茁壮成长。大学生创业，社会的扶持必不可少。国家相关政策、学校的积极鼓励等都在不断地完善着新的创业环境，滋养着大学生创业这棵还不太成熟的“苗”。相信国家对大学生创业的投入，加上高校对大学生创业教育的深入实践，在这一系列坚固基础的支持下，大学生创业这棵稚嫩的小树，一定会枝繁叶茂，顺利成长。

六、良好的创业环境

国家制定的各项路线、方针、政策以及各种法律、法规、制度，是创业的重要前提和保障，创业者必须进行深入细致的了解，从而使创业活动与社会的大环境相适应。

（1）党的政策为创业者提供了创业舞台。党的十七大以来，党中央明确提出，要坚持实施积极的就业政策，加强政府引导，完善市场就业机制，扩大就业规模，改善就业结构、完善支持自主创业、自谋职业政策，加强就业观念教育，使更多劳动者成为创业者。国家还对大学生创业给予支持，2012年，国家对大学生创业贷款从5万元提高到10万元；国家还对大学生创业培训给予补贴，提升创业能力。这为广大创业者提供了广阔的创业舞台，我国非公有制经济由此得到了空前的发展。

（2）立法保护。1999年8月《中华人民共和国个人独资企业法律》是继《公司法》、《合伙企业法》之后，国家制定的规范私营企业市场主体的法律。

（3）税费减免。对新办企业国家给予减免税费。对新办独立核算的从事交通运输业、邮电通信的企业或者经营单位，自开业之日起，第一年免征所得税，第二年减半征收所得税。对新办独立核算的从事咨询业（包括科技、法律、会计、审计、税务）、信息业的企业或者经营单位，自开业之日起，第一年至第二年免征所得税。对新办独立核算的从事公用事业、卫生事业的企业或者经营单位，自开业之日起，报经主管税务批准，可以减征或者免征所得税1年。对新办的三产企业经营多业的，按其经营主业（以其实际经营额计算）来确定减免税收政策。新办的生产型私营企业缓征所得税1年。

总之，现在大学毕业生创业有了较为宽松的外部政策环境。因此出现了私营企业和个体工商户的注册资金规模呈快速增长态势，户均注册资金逐年较大幅度增长，显示了民营经济综合实力的不断增强。与此同时，许多地方还出台了鼓励支持个体、私营企业的地方性政策。这些政策法规使创业者的创业活动有着较为宽松的外部政策环境。

七、就业环境

（一）社会环境

在我国社会主义市场经济条件下，教育环境日趋改善，接受高等教育的机会越来越多，但是带来的高校毕业生就业也就成为了社会关注的焦点，但是，在国家出台弹性学制，分阶段完成学业等政策以来，大学生创业逐渐成为高校和社会的热点问题。在经济繁荣发展的同时，大学生自主创业成为就业之外新兴的渠道之一。但在今天市场经济条件下大学生创业面临许多问题。

1. 缺乏创业信念

大学生心中的创业，更多的是成功的事例，心态自然都是理想主义的，其实，成功的背后还有更多的失败。对此他们由于社会经验不足，没有充足的心理准备，创业中如遇到挫折和失败，就感到痛苦茫然，甚至沮丧消沉。另外，他们对公司的运作认识过于简单，没有考虑以后会遇到什么样的风险。

2. 设想幼稚，脱离实际

大学生对创业的理解还停留在仅有的一个美妙想法与概念上。在大学生提交的相当一部分创业计划书中，许多人还试图用一个自认为很新奇的创意来吸引投资。但投资人看重的是创业计划中真正的技术含量有多高，市场空间有多大，市场盈利的潜力有多丰厚。对于这些，创业者必须有一整套细致周密的可行性论证与实施计划，绝不是仅凭三言两语的一个主意就能让人家掏钱的。

3. 对企业问题的认识还处于糊涂状态

大学生普遍认为创业当老板就是指挥员工干活，他们对创业问题的认识还处于糊涂状态，还很简单幼稚。因此他们的行为具有较大的盲目性；他们的世界观和思想方法方面还存在着许多谬误，导致难以正确处理一些具体事情。说得简单一点，就是太年轻，太不成熟。其实创业首先是为自己创造了一个工作岗位。要想帮助更多人就业，就必须有把企业做大做强的能力。而打工是取得创业经验，提高创业能力的好办法。

4. 资金缺乏，社会环境不完善

资金是制约大学生创业的瓶颈，没有资金，再好的新技术也难以化为现实生产力。昂贵的学费已使家庭举步维艰，吸引社会投资更是谈何容易。大学生创业失败的先例令人对创业望而生畏，也在社会上形成对大学生创业的质疑。处于转型期的我国社会，创业所需的各种服务体系还不完善，如银行贷款、申请工商注册等环境因素也使他们雪上加霜。

（二）文化环境

随着社会的发展与需求的提高，大学生就业压力逐渐增大，大学生创业成了大学生缓解就业压力、实现个人追求的新途径。但创业环境对大学生的自主创业又有很大影响，文化环境作为创业环境的一种，亦对大学生的创业具有不小影响。大学生良好的社会文化心理条件、社会文化心理状况同样会影响创业行为。在美国，超过90%的人认为创业是一项令人尊重的工作，成功的创业者会得到相当高的评价，这有利于营造创业的社会文化心理氛围，给予创业者莫大的精神支持。然而，中国对大学生就业的传统认识、大学生对自我的个人规划及学校对大学生的教育与培养等在很大程度上制约了大学生创业。因此，为了适应社会发展的步伐，拓宽大学生的就业及发展渠道，有必要进行大学生创业文化环境的营造。

（1）社会大众要认同大学生的自主创业，形成尊重并支持大学生创业的氛围。比如可以通过宣传媒介加大对自主创业成功典型事例的报道，加强社会对大学生创业的认可。

（2）营造良好的创业氛围：一是要提高自主创业的大学生的素质；二是开展创业实践活动；三是校方提供较好的创业条件；四是提高创业教育的投入和水平。

（三）家庭环境

1. 家庭是创业者早期接受启蒙教育和健康成长的摇篮

每个创业者的家庭状况都因人而异，无论家庭条件好一些还是差一些，对创业者来说都有可以利用的价值。比如有的创业者父母原先就是私营企业的经营者，显然其创业的起点就比较高，所走的弯路相对也会比较少；有的创业者家庭比较富有，那么其就容易得到创业资金的支持并能承受相对较大的经济压力；有的创业者有家传的手艺，如剪纸、编织、装潢、手工艺品制作等，这就为其提供了极为有利的经营项目，加之技术的垄断性，使创业者在创业活动中更容易成功。

2. 家庭创业的两种新模式

一种是创业者带领全家进行创业，比如建立一个以家庭成员为主的家族式企业等；另一种是“一家两制”，就是一个人创业，而其他家庭成员稳定就业，这样就可以有效地防范一旦创业失败而可能带来的生活风险。

（四）社会人脉环境

俗话说，多个朋友多条路，这句话不仅仅适用于人们的日常生活，更适用于创业。纵观历史，所有的创业成功者都或多或少的受到了有识之士的点拨或提携，由此可见创业与人脉有着密不可分的关系。可以说，要想取得创业成功，就离不开发达的人脉。

为什么说创业与人脉密不可分呢？其实只要你用心观察就会发现，靠人脉创业的成功率是非常高的，但是这个圈子走向小本创业的却不是很多，因为很多人在创业的计划上把这个圈子作为附属条件总是捆绑在其他的圈子上，重点依附于其他的圈子创业，结果导致失败的比比皆是。教师、记者、演员、作家，他们绝大部分是从自己的知识圈子走向创业成功的，而一般新型的技术人员创业成功率比较高，技术越是发展到普及程度则创业的成功率就越低，人脉圈子里创业的人成功率一般比较高，而且比较轻松。综合起来，创业与人脉的关系就显而易见了。现在有很多的朋友利用这几种人脉的优势，通过各种渠道，或是通过社会金融投资渠道，如股票、资金、国债、高利贷、黄金、房产等，再加上抓住了正确社会投资信息而发家。

虽说创业与人脉是分不开的，但是创业者一定要认识到，人脉只是诸多的创业资源之一，光有人脉也是不够的。而了解市场，寻找资金，增长行业经验等都是创业者需要做的准备。只有天时地利人和，你才会走向成功之路。

（五）自然环境

1. 自然环境概念

主要是指创业者生存的环境。生存环境对创业者从事的行业往往影响较大。俗话说，“靠山吃山，靠海吃海”，这表明我们的祖先对自己赖以生存的自然环境的认识是比较全面的，利用也较为合理。

2. 因地制宜

人们常说：“一方水土养一方人。”人的生存总是离不开一定的自然地域和社会空间，就生存地域而言，有的是平原，有的是山区，有的是城镇，有的是乡村，所以，创业初期特别要强调因地制宜。

拓展阅读 9-1：新闻

财政部、国税总局2014年4月8日发布通知称，为进一步支持小型微利企业发展，对应纳税额不高于10万元的小型微利企业采取税收优惠政策。自2014年1月1日至2016年12月31日，对年应纳税所得额低于10万元（含）的小型微利企业，其所得税按50%计入应纳税所得额，按20%的税率缴纳企业所得税。

财政部、国税总局相关负责人表示，现行年应纳税所得额低于6万元（含）的小型微利企业减半征收企业所得税的优惠政策，对推动小型微利企业发展起到了积极作用。考虑到目前国内外经济环境比较复杂，小微企业面临的困难也比较大，需要国家进一步给予政策支持。因此，将优惠范围扩大到年应纳税所得额低于10万元（含）的小型微利企业，体现了国家继续加大对中小企业扶持力度的精神，也进一步降低了小微企业的税负。

两部门相关负责人表示，2014年政府工作报告提出，进一步扩展小微企业税收优惠范围，减轻企业负担。当前国内外经济环境仍十分复杂，为了保持我国经济平稳较快发展，在继续贯彻落实好现行中小企业税收优惠政策的同时，有必要进一步加大对小型微利企业的税收扶持力度，以充分发挥小型微利企业在推动经济发展、促进社会就业等方面的积极作用。

拓展阅读 9-2：新华网

海南博鳌2014年4月8日电（记者华晔迪、赵叶苹）中国银监会副主席阎庆民8日在海南博鳌说，近两年来，国家陆续出台多项金融支持小微企业发展政策，从目前情况看，这些政策已“初见成效”。

阎庆民是在8日博鳌亚洲论坛2014年年会一场名为“小微金融：亚洲的创新与实践”的分论坛上作上述表示的。2012年以来，国家陆续出台了包括“贷款增速不低于各项贷款平均水平”“贷款增量不低于上年同期水平”等的多项金融扶持小微企业发展政策。

阎庆民引述数据说，去年全国5400万户小微企业中，与银行发生业务关系的超过1200万户，金融机构对小微企业贷款余额达到17.4万亿元，增幅19%，占到全部贷款余额总量的23.2%。阎庆民透露说，去年小微企业贷款不良率为2.02%，尽管高于一般贷款不良率，但相比前一年的坏账率下降了0.23个百分点。

当日发布的《小微企业金融发展报告2014》显示，有36.8%的受访企业表示不存在资金短缺问题，43.8%的企业表示存在资金融入需求且得到满足，19.4%的企业表示资金需求未获得满足。

阎庆民表示，下一步，银监会以及有关方面在继续做好已出台政策的落实工作的同时，将继续以改革的精神扩大或提高小微企业非信贷以及直接融资比例，“如果能够把股权融资比例适当提高，将债务融资适当降低，小微企业融资难的问题可能会解决得更好一点”。

（资料来源：新华网，http：//news. xinhuanet. com/misc/）

第二节 国家财税政策对大学生创业的支持

小微企业对国民经济和社会发展具有重要的战略意义，在增加就业、促进经济增长、科技创新与社会和谐稳定等方面发挥了积极作用。正因如此，我国政府高度重视小微企业发展，并借鉴国际经验，发布实施了《中小企业促进法》、《国务院关于进一步促进中小企业发展的若干意见》（国发［2009］36 号）、《国务院关于进一步支持小型微型企业健康发展的意见》（国发［2012］14 号）等文件，党的十八大报告明确提出“毫不动摇鼓励、支持、引导非公有制经济发展，保证各种所有制经济依法平等使用生产要素、公平参与市场竞争、同等受到法律保护”、“支持小微企业特别是科技型小微企业发展”。

中央财政积极贯彻落实《中小企业促进法》和党中央国务院决策，针对小微企业发展中面临的生产经营压力加大、成本上升、融资困难和税费偏重等突出问题，及时研究出台并实施了税收优惠、财政资金支持、鼓励吸纳就业、清理涉企收费、政府采购、会计制度等财税政策，不断加大支持力度，充分发挥财政宏观调控职能，初步构建形成了支持小微企业发展的财政政策体系。

一、完善税收政策，减轻小微企业税收负担

（一）出台支持小微企业的税收优惠政策

1. 专门扶持小微企业发展的税收优惠政策

（1）自 2010 年 1 月 1 日至 2011 年 12 月 31 日，对年应纳税所得额低于 3 万元（含 3 万元）的小型微利企业，其所得税按 50% 计入应纳税所得额，按 20% 的税率缴纳企业所得税。

（2）自 2009 年 1 月 1 日起施行的新修订的《增值税暂行条例》将小规模纳税人的征收率自 6% 和 4% 统一降至 3%。

（3）对符合条件的科技企业孵化器和国家大学科技园，自 2008 年 1 月 1 日至 2012 年 12 月 31 日免征营业税、房产税和城镇土地使用税等。

（4）对非营利性中小企业信用担保、再担保机构从事担保业务取得的收入，凡符合规定免税条件的，3 年内免征营业税。自 2008 年 1 月 1 日至 2010 年 12 月 31 日，金融企业对中小企业贷款进行风险分类后，按照规定比例计提的贷款损失专项准备金准予在计算应纳税所得额时扣除。创业投资企业采取股权投资方式投资于未上市中小高新技术企业 2 年以上（含 2 年），凡符合规定条件的，可按照其对中小高新技术企业投资额的 70% 抵扣该创业投资企业的应纳税所得额。

（5）对个人独资企业和合伙企业自 2000 年起停止征收企业所得税，其某一纳税年度的收入总额减除成本、费用以及损失后的余额，作为投资者的生产经营所得，比照“个体工商户生产经营所得”征收个人所得税。2008 年起，合伙企业合伙人是法人和其他组织的，按照先分后税的原则计算缴纳企业所得税。

（6）对增值税小规模纳税人销售货物或者应税劳务，实行按照销售额和征收率计算应纳税额的简易办法。纳税人销售额或营业额未达到国务院财政、税务主管部门规定的增值税或营业税起征点的，免征增值税或营业税。对于应纳税额较小的增值税、消费税、营业

税纳税人，经核定可以以1个季度为纳税期限。

2. 受益主体主要是小微企业的税收优惠政策

（1）鼓励自主创业的税收政策。除了上述专门针对小微企业的税收政策有利于自主创业外，目前，针对持《就业失业登记证》符合条件的人员、随军家属、自主择业的军队转业干部、城镇退役士兵等特殊群体的自主创业，也给予了税收优惠政策。

（2）发挥产业导向功能的税收政策。企业从事农、林、牧、渔业项目的所得，从事符合条件的环境保护、节能节水项目的所得等，可以免征、减征企业所得税；国家需要重点扶持的高新技术企业，暂按15%的税率征收企业所得税；企业综合利用资源生产符合国家产业政策规定的产品所取得的收入，可以在计算应纳税所得额时减计收入；对为种植业、养殖业、牧业种植和饲养的动植物提供保险的业务免征营业税；对农林作物、牧业畜类保险合同，免征印花税；对直接用于农、林、牧、渔业的生产用地免征城镇土地使用税；新办软件生产企业经认定后，自获利年度起，可享受企业所得税“两免三减半”优惠政策；自主开发、生产动漫产品涉及营业税应税劳务的，暂按3%的税率征收营业税；技术先进型服务等其他国家鼓励发展的产业，也可按规定享受相应减免税待遇。

（3）鼓励技术创新和技术成果转让的税收政策。企业为开发新技术、新产品、新工艺所发生的研究开发费用，可享受加计扣除或摊销的优惠政策；企业的固定资产由于技术进步等原因确需加速折旧的，可以缩短折旧年限或采取加速折旧的方法；一个纳税年度内，居民企业技术转让所得不超过500万元的部分，免征企业所得税，超过500万元的部分，减半征收企业所得税；从事技术转让、技术开发业务和与之相关的技术咨询、技术服务业取得的收入免缴营业税。

（4）改善企业投融资条件的税收政策。企业购置并实际使用优惠目录规定的环境保护、节能节水、安全生产等专用设备的，该专用设备的投资额的10%可以从企业当年的应纳税额中抵免；当年不足抵免的，可以在以后5个纳税年度结转抵免。

（5）促进农村金融发展的税收政策。为解决农民贷款难问题，自2009年1月1日至2013年12月31日，对金融机构农户小额贷款的利息收入，免征营业税；对金融机构农户小额贷款的利息收入在计算应纳税所得额时，按90%计入收入总额；对保险公司为种植业、养殖业提供保险业务取得的保费收入，在计算应纳税所得额时，按90%比例减计收入；自2009年1月1日至2015年12月31日，对农村信用社、村镇银行、农村资金互助社、由银行业机构全资发起设立的贷款公司、法人机构所在地在县（含县级市、区、旗）及县以下地区的农村合作银行和农村商业银行的金融保险业收入暂按3%的税率征收营业税。

（6）此外，小微企业缴纳房产税、城镇土地使用税确有困难的，可按有关规定向省级财税部门或省级人民政府提出减免税申请。中小企业因有特殊困难不能按期纳税的，可依法申请在三个月内延期缴纳。

（二）完善支持小型微型企业的税收优惠政策

2011年下半年以来，根据中小企业发展过程中面临的新情况、新问题，按照国务院的统一部署，财政部会同有关部门及时完善相关税收政策，加大了小型微型企业发展的税收政策力度，对于进一步减轻小型微型企业和个体工商户的税费负担，缓解其融资难问题，增加劳动者收入，增强其应对市场风险的能力发挥了积极作用。具体包括：

（1）大幅提高增值税和营业税的起征点

1）增值税：将销售货物、应税劳务的起征点幅度分别由月销售额2000～5000元、1500～3000元提高到5000～20000元；将按次纳税的起征点幅度由现行每次（日）销售额150～200元提高到300～500元。

2）营业税：将按期纳税的起征点幅度由月销售额1000～5000元提高到5000～20000元；将按次纳税的起征点幅度由每次（日）营业额100元提高到300～500元。

（2）将小型微利企业减半征收企业所得税政策，延长执行期限并扩大范围。自2012年1月1日至2015年12月31日，对年应纳税所得额低于6万元（含6万元）的小型微利企业，其所得税按50%计入应纳税所得额，按20%的税率缴纳企业所得税。

（3）免征金融机构对小微企业贷款的印花税。2011年11月1日起至2014年10月31日，三年内免征金融机构与小型、微型企业签订的借款合同印花税。

（4）延长农村金融机构营业税优惠政策。将2011年底到期的农村信用社、村镇银行、农村资金互助社、由银行业机构全资发起设立的贷款公司以及法人机构所在地在县及县（市）以下地区的农村合作银行、农村商业银行的金融保险收入，暂按3%税率征收营业税的政策，执行期限延长至2015年底。

（5）延长金融企业中小企业贷款损失准备金税前扣除政策。对金融企业涉农贷款和中小企业贷款进行风险分类后，按照规定比例计提的贷款损失专项准备金准予在计算应纳税所得额时扣除的政策，再延长执行三年，即延长执行至2013年底。

（6）对符合条件的国家中小企业公共服务示范平台中的技术类服务平台纳入现行科技开发用品进口税收优惠政策范围。对其在2015年12月31日前，在合理数量范围内进口国内不能生产或者国内产品性能不能满足需要的科技开发用品，免征进口关税和进口环节增值税、消费税。

二、扩大专项资金规模，改革创新支持方式

根据中小企业发展的特点和薄弱环节，围绕国家宏观经济目标和产业发展规划，中央财政先后设立了科技型中小企业技术创新基金、中小企业发展专项资金、中小企业国际市场开拓资金等专项政策，采取无偿资助、贷款贴息等方式，促进中小企业技术创新和科技成果转化，加快转型升级，拓宽融资渠道，发展特色产业，开拓国际市场，以及改善公共服务环境等。近年来，中央财政支持中小企业资金规模实现了较快增长（图9－1），由

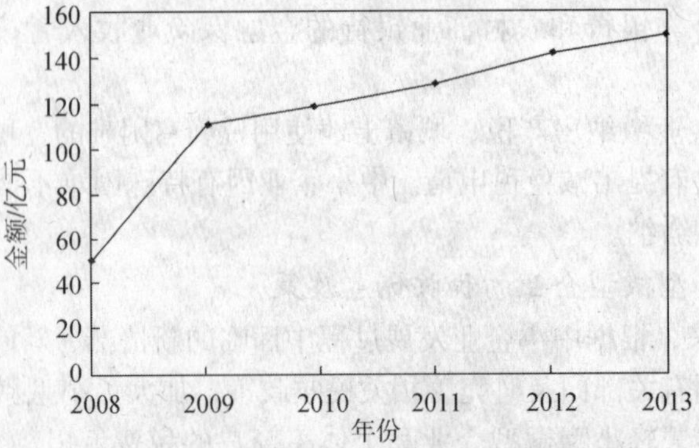

图9－1　中央财政支持中小企业资金规模

2008年的49.9亿元增至2013年的约150亿元。在加大专项资金规模的同时，中央财政加快完善资金政策，探索创新支持方式，调整支持重点，着力提高财政资金使用效率。

（一）不断完善中小企业专项资金政策，促进实现多重政策目标

多年来，财政部会同科技部、工信部等部门及时贯彻落实中央文件精神，不断修订完善科技型中小企业技术创新基金、中小企业发展专项资金、地方特色产业中小企业发展资金和中小企业国际市场开拓资金等资金管理办法，已初步形成定位科学、布局合理、重点支持小微企业的资金政策体系。如：科技型中小企业技术创新基金，重点支持科技型中小企业技术创新，鼓励公共技术服务机构为科技型中小企业服务，为我国加快实现创新型国家的战略目标提供有效的技术支撑。中小企业发展专项资金，重点支持产业升级、结构调整、专业化发展和改善服务环境，以引导解决当前我国中小企业发展中存在的发展方式粗放、专业化分工水平低、产业结构不合理、服务环境较差等问题。地方特色产业中小企业发展资金，主要引导地方积极发展具有比较优势的特色产业，促进形成特色鲜明、分布合理、各展所长、协调发展的区域经济发展格局，从而带动整体产业结构调整和优化。中小企业国际市场开拓资金主要支持参加境外展览会、企业管理体系认证、各类产品认证、境外专利申请、国际市场宣传推介、电子商务、境外广告和商标注册、国际市场考察、境外投（议）标、企业培训、境外收购技术和品牌等内容。

（二）加快实施中小企业信用担保资金政策，缓解小微企业融资困难

自2006年起，中央财政开展中小企业信用担保资金试点，采取业务奖励和保费补贴方式，鼓励担保机构扩大中小企业融资担保业务规模并降低收费标准。鉴于此项政策成效显著，国务院于2008年和2009年分别追加安排担保资金10亿元和30亿元，以帮助中小企业应对国际金融危机的冲击。据统计，2012年中央财政安排中小企业信用担保资金14亿元，对565家中小企业信用担保机构开展的4437亿元贷款担保给予资助，涉及中小企业17万户，其中小微型企业12万户。

在中央政策的引导和鼓励下，很多地方安排了专项资金，对融资性担保公司给予业务奖励和风险补偿，鼓励担保机构积极开展中小企业融资担保业务。据银监会统计，截至2012年末，全国融资性担保行业共有法人机构8590家，同比增长2.2%；年末在保余额总计21704亿元，较年初增长16.4%；中小企业融资性担保贷款余额11445亿元，同比增长15.3%。

（三）探索试点创投引导基金政策，撬动各类社会资本汇聚投入中小企业

1. 开展引导基金试点，引导创业投资机构投资于初创期科技型中小企业

2007年，财政部会同科技部设立了首支国家级创业投资引导基金——科技型中小企业创业投资引导基金，主要采取阶段参股、风险补助、投资保障等方式，专项用于引导创业投资机构向初创期科技型中小企业投资，发挥财政资金的放大功能，带动了更多的社会资金缓解初创期小企业的融资瓶颈。截至2012年底，引导基金共投入财政资金20.59亿元，其中通过风险补助和投资保障方式累计安排补助资金8.5亿元，带动了约90亿元创业投资资本投资初创期科技型中小企业；通过阶段参股方式，共出资12.09亿元参股设立了46家重点投资于科技型中小企业的创业投资企业，累计带动社会资本达到81.6亿元。目前，首批6家引导基金阶段参股项目的资金退出收缴工作已全部顺利完成，标志着国家科技型

中小企业创业投资引导基金阶段参股模式实现了成功运作。

2. 启动新兴产业创投计划参股创投基金工作，促进战略性新兴产业发展

财政部和国家发展改革委从2007年起开展产业研发资金试行创业风险投资试点，并于2009年启动新兴产业创投计划参股创投基金工作，投资战略性新兴产业初创期、早中期的创新型企业，促进企业创新成果产业化。截至2012年底，中央财政通过产业研发资金和战略性新兴产业发展资金累计安排近60亿元，参股了102支创投基金，直接投资36家创业企业，有力地支持了战略性新兴产业和科技型中小企业发展。

3. 推动设立国家中小企业发展基金，撬动各类社会资本共同支持小微企业发展

根据《国务院关于进一步支持小型微型企业健康发展的意见》（国发［2012］14号）精神，中央财政分5年安排150亿元设立国家中小企业发展基金，将采用市场化方式运作，引导地方政府、创业投资企业及其他社会资金支持处于初创期的小型微型企业的发展。目前中小企业企业发展基金管理办法已拟定完成，待报国务院批准后正式实施。

三、加大清理收费力度，减少中小企业收费支出

2012年以来，财政部按照国务院要求，会同有关部门进一步加大收费清理力度，累计取消和免征307项行政事业性收费，涉及金额290亿元。具体包括：

（1）从2012年1月1日至2014年12月31日，对小型微型企业免征管理类、登记类、证照类行政事业性收费，具体包括企业注册登记费、税务发票工本费、海关监管手续费、货物原产地证明书费、农机监理费等22项，每年可减轻小型微型企业负担约50亿元。

（2）自2012年2月1日起，取消253项各省、自治区、直辖市设立的涉及企业的行政事业性收费，每年可减轻企业负担约100亿元。

（3）自2012年10月1日起，取消海关监管手续费；自2012年10月1日起至2012年12月31日止，对所有出入境货物、运输工具、集装箱及其他法定检验检疫物免收出入境检验检疫费，以上两项措施可减轻外贸企业负担约35亿元。

（4）自2013年1月1日起，取消和免征税务发票工本费、户口簿工本费、户口迁移证和准迁证工本费、企业注册登记费、房屋租赁管理费等30项涉及企业和居民的行政事业性收费，每年可减轻企业和居民负担约105亿元。

2013年，为落实国务院转变政府职能的要求，财政部将会同有关部门再清理取消一批不合法、不合理的行政事业性收费和政府性基金项目，切实减轻企业负担，优化企业生产经营环境，促进经济平稳较快发展。

四、实施政府采购政策，拓展中小企业市场空间

财政部会同工业和信息化部出台了政府采购促进中小企业发展暂行办法，自2012年1月1日起，采取预留采购份额、评审优惠、鼓励联合体投标和分包等措施，大力支持中小企业特别是小型微型企业参与政府采购，并通过计划管理、合同管理、报告和公开制度、信息化建设等措施予以保障。按照暂行办法，负有预算编制职责的各部门应当预留本部门年度政府采购项目预算总额的30%以上专门面向中小企业采购，其中预留给小微企业的比例不低于60%；在政府采购评审活动中对小微企业投标产品的价格给予6%～10%扣除，用扣除后的价格参与评审；对大中型企业与小微企业组成联合体参与政府采购活动，小微

企业合同金额占30%以上的，可给予联合体2%～3%的价格扣除。据初步统计，2012年全国政府采购金额13900多亿，其中小型和微型企业获得的合同金额为5800多亿，占40%以上。

此外，财政部还组织在中央本级和北京、黑龙江、江苏等地开展政府采购信用担保试点，仅北京市担保融资就达21.2亿元，有效地增强了中小微型企业参与政府采购的能力和积极性。

五、完善金融政策，扩大小微企业资金供给

（一）引导金融机构加大对中小企业贷款投放

近年来，财政部研究出台了一系列金融财务政策，增强金融机构化解不良资产的能力，完善金融支持中小企业发展绩效考核体系，引导和鼓励金融机构增加对中小企业贷款投放，加大对中小企业的金融支持力度。

1. 授权金融机构对符合一定条件的中小企业贷款进行重组和减免

2009年，财政部出台《关于中小企业涉农不良贷款重组和减免有关问题的通知》（财金［2009］13号），对于中小企业贷款借款人发生财务困难、无力及时足额偿还贷款本息的，在确保重组和减免后能如期偿还剩余债务的条件下，允许金融机构对债务进行展期或延期、减免表外利息后，进一步减免本金和表内利息。

2. 放宽中小企业呆账核销条件

在出台的《财政部关于中小企业和涉农贷款呆账核销有关问题的通知》（财金［2009］12号）中，允许金融机构对符合一定条件且确实无法收回的中小企业贷款，可按照账销案存的原则自主进行核销。2010年3月，将金融机构对中小企业贷款呆账核销条件这一政策作为中长期制度纳入《金融企业呆账核销管理办法》，允许金融机构对单笔500万元以下的中小企业不良贷款，经追索1年以上，可以自主核销。

3. 完善金融支持中小企业发展绩效考核体系

为鼓励引导金融机构发放中小企业贷款，财政部出台《金融类国有及国有控股企业绩效评价实施细则》（财金［2009］169号），明确提出了中小企业贷款加分政策，金融企业提供的中小企业贷款占比超过20%的加1分，超过25%的加1.5分，超过30%的加2分，超过35%的加2.5分，超过40%的加3分。2011年5月，在修订的《金融企业绩效评价办法》（财金［2011］50号）中，仍然保留了上述中小企业贷款加分政策，鼓励金融机构支持中小企业发展。

（二）支持融资性担保体系建设

（1）加强融资性担保行业制度建设。2009年，国务院建立了融资性担保业务监管部际联席会议（以下简称联席会议），负责研究制定促进融资性担保业务发展、缓解中小企业贷款难担保难的政策措施。财政部作为联席会议成员单位之一，以规范发展为主线，积极参与联席会议各项工作，先后参与制定了《融资性担保公司管理暂行办法》（银监会等7部委令2010年第3号）和八项配套制度，以及《关于促进融资性担保行业规范发展的意见》（国办发［2011］30号）等一系列政策文件，为融资性担保行业规范健康发展奠定了良好的制度基础。2012年，针对融资性担保行业发展面临的突出问题，我们积极配合有

关部门制定印发了《关于规范融资性担保机构客户保证金管理的通知》和《关于部分融资性担保机构违法违规经营的提示和开展全面风险排查的通知》，明确了监管重点和要求，并积极会同有关部门开展《融资性担保公司管理暂行办法》修订工作。

（2）指导地方财政加大对融资性担保业务发展的支持力度。财政部印发了《关于地方财政部门积极做好融资性担保业务相关管理工作的意见》（财金［2010］23 号），指导地方财政部门认真履行职责，更好地支持融资性担保机构提高服务能力，防范化解融资担保风险。

（三）优化农村中小企业融资环境

1. 开展县域金融机构涉农贷款增量奖励试点

从 2008 年起，财政部实施县域金融机构涉农贷款增量奖励政策，对试点地区的县域金融机构（不含农发行），按照涉农贷款平均余额同比增长超过 15% 部分的 2% 给予奖励，奖励资金由中央和地方财政分担。2010 年，财政部将试点范围扩大到 18 省（区），其中包括全国 13 个粮食主产省（区）。截至 2012 年末，财政部门已向试点地区 9844 家县域金融机构拨付了奖励资金 119.47 亿元，其中中央拨付 68.16 亿元，地方拨付 51.31 亿元。政策试点激发了金融机构支持县域经济发展的内生动力，有力促进了包括农村中小企业贷款在内的涉农贷款增长，优化了信贷结构。据人民银行统计，2008 ~ 2012 年全国涉农贷款余额占各项贷款余额之比例分别为 21.59%、21.46%、23.11%、25.09% 和 26.16%，实现连续上升。

2. 实行农村金融机构定向费用补贴政策

针对县域金融机构体系单一，同质化竞争严重的问题，财政部从 2008 年起实施农村金融机构定向费用补贴政策，对贷款平均余额同比上升且符合银监会监管要求的村镇银行、贷款公司、农村资金互助社等三类新型农村金融机构，其中村镇银行年末存贷比还需高于 50%，按照贷款平均余额的 2% 给予补贴，补贴资金全部由中央财政承担。2010 年财政部将西部 2255 个基础金融服务薄弱乡镇纳入补贴范围。截至 2012 年末，中央财政已累计向全国 957 家新型农村金融机构拨付补贴资金 31.53 亿元，向 1292 家基础金融服务薄弱地区金融机构网点拨付补贴资金 4.67 亿元。补贴政策的实施缓解了新型农村金融机构设立初期的财务压力，帮助其实现了快速发展，加大了对“三农”和中小企业的支持力度。据银监会统计，截至 2012 年末，全国已组建 939 家新型农村金融机构，同比增长 19.47%，贷款余额 2347 亿元，其中近一半为小企业贷款，成为金融支持中小企业发展的新生力量。

3. 开展小额贷款公司涉农贷款增量奖励试点

在天津、辽宁、山东、贵州 4 省开展了小额贷款公司涉农贷款增量奖励试点工作。小额贷款公司是不吸收公众存款，经营小额贷款业务的新型金融组织，在填补县域金融服务空白，引导和规范民间投资健康发展方面有积极作用。根据《国务院关于鼓励和引导民间投资健康发展的若干意见》有关精神，财政部对小额贷款公司执行县域金融机构涉农贷款增量奖励政策开展试点，即试点地区符合监管条件的县域小额贷款公司，其涉农贷款年度平均余额同比增长超过 15% 以上的部分，按 2% 的比例给予奖励。2012 年奖励资金将于 2013 年审核拨付。

六、落实促进就业政策，鼓励吸纳就业

（一）社会保险补贴政策

对各类企业招用就业困难人员，与之签订劳动合同并缴纳社会保险费的，按企业为就业困难人员实际缴纳的基本养老保险费、基本医疗保险费和失业保险费给予补贴。

（二）职业培训补贴政策

对企业新录用四类人员（城镇登记失业人员、农村转移就业劳动者、毕业年度高校毕业生、城乡未继续升学的应届初高中毕业生），与企业签订6个月以上期限劳动合同，在劳动合同签订之日起6个月内由企业依托所属培训机构或政府认定的培训机构开展岗前就业技能培训的，根据培训后继续履行劳动合同情况，按照当地职业培训补贴标准的一定比例，对企业给予定额职业培训补贴。

七、规范小企业会计行为，加强基础管理

（一）制定发布小企业会计准则

2011年10月18日，财政部制定颁布了《小企业会计准则》（财会［2011］17号），要求自2013年1月1日起在全国小企业范围内施行，符合《中小企业划型标准规定》的微型企业参照执行，鼓励有条件的小企业提前执行。小企业会计准则统一规范了小企业会计确认、计量和报告要求，有利于提升小企业管理水平，进一步夯实经济社会又好又快发展的基础；有利于如实反映小企业财务状况和经营成果，促进落实国家扶持小企业发展的法规政策；有利于提高小企业会计信息质量，推动改善小企业发展的税收和融资环境。

为确保小企业会计准则贯彻实施到位，财政部会同工信部、国家税务总局、国家工商总局、银监会联合发布了《关于贯彻实施〈小企业会计准则〉的指导意见》（财会［2011］20号），按照各部门职责分工，建立准则实施联动机制，共同服务小企业健康发展。2012年11月，财政部制定印发了《小企业执行〈小企业会计准则〉有关问题衔接规定》（财会［2012］20号），做好原制度向小企业会计准则转换的衔接工作。

（二）加强代理记账机构管理

1999年修订的《会计法》第三十六条规定："各单位应当根据会计业务的需要，设置会计机构，或者在有关机构中设置会计人员并指定会计主管人员；不具备设置条件的，应当委托经批准设立从事会计处理记账业务的中介机构代理"。随着经济社会的发展，小微企业快速增长，代理记账业务需求日益扩大，代理记账机构已经由过去的辅助机构逐步发展成为社会经济生活中不可或缺的新兴中介服务机构。为加强代理记账机构的管理，我们正在全国范围内开展代理记账机构普查工作，逐步形成全国代理记账机构数据库，全面了解地方财政部门批准设立的代理记账机构的基本情况和行业发展中存在的主要问题，适时修订《代理记账管理办法》，进一步规范代理记账行为，促进我国代理记账机构更好地服务于小微型企业的发展。

（资料来源：中华人民共和国财政部门企业司网，
http：//qys. mof. gov. cn/zhengwuxinxi/zhengcejiedu/201002/t20100225_ 273192. html，
2014 -4 -10）

第三节　创业准备

一、市场概念

（一）企业类型

企业。指依法设立的自主经营、自负盈亏的经济实体。这个经济实体在市场体系中以赢利为目的，独立地从事各种生产和服务等经营性活动。适合青年人创业的企业类型有以下几类：

1. 个体企业

个体企业是由业主个人出资兴办，由业主自己直接经营的企业，俗称“个体户”。业主个人享有企业的全部经营所得，同时对企业的债务负完全责任，如果经营失败，出现资不抵债的情况，就得主要用自己的家庭财产来抵偿。我国个体企业的数量极其庞大，占我国企业的大多数，而且是最早的企业形式。在城镇，个体企业通常存在于零售百货、饮食服务、中介咨询等第三产业，但也有从事服装加工、小商品制造等第二产业的；在农村，则以家庭养殖等第一产业为主。

2. 个人独资企业

个人独资企业是由一个自然人投资，并以其个人财产对企业债务承担无限责任的经营实体，个人独资企业与个人企业有很多相似之处。但不同的是，个人独资企业必须有合法的企业名称，规模一般比个体企业要大，以企业的名义开展经营活动，而个体企业是以业主个人的名义对外从事活动。现在很多家庭式作坊就是采用个人独资企业的形式。

3. 合伙制企业

合伙制企业是由两个或两个以上的个人通过签订合伙协议联合经营的企业组织。合伙制企业可以由其中的一位合伙人出面经营，也可以由若干合伙人共同管理。当企业出现经营失败、资不抵债时，每个合伙人都要以自己的家庭财产按照入股比例进行赔偿。

4. 公司制企业

（1）公司概念。由两个以上股东共同出资构建的能够独立对自己经营的财产享有民事权利、承担民事义务的企业形式。常见的公司形式有有限责任公司和股份有限公司。适合青年人初次创业的是有限责任公司。

（2）有限责任公司。又称有限公司，是指由两个以上股东共同出资，每个股东以其认缴的出资额对公司债务承担有限责任，公司以全部资产对其债务承担责任的企业。有限责任公司的股东人数在 2 ~ 50 人之间，一般相互认识，相互之间的合作建立在彼此信任的基础上。有限责任公司是当今最普遍的公司制企业。

（二）经营理念

初次创业者可能最关注的是当今市场上最短缺什么？也就是说做什么最赚钱，并在最短的时间内收回投资。这个问题当然非常重要，但在市场经济已经日渐发达的今天，想要在市场上长期生存并发展，还有比这个更重要的问题，那就是服务、品牌和信誉。经济学家将这称之为市场永远的稀缺资源，只有将这些稀缺资源经营好的人，才能成为最后的赢家，其实这就是一个经营理念的问题。

1. 服务品质

（1）服务内涵。服务本身是商品，但这种商品最需要的内涵是品质。我们只需回忆一下，就能体会到这种服务的内在品质。

当你走进一家你曾去过的餐馆，点上一道你上次吃得很香、很满意的菜，却发现这次的味道变了，是厨师换了，还是厨师“感冒”了？你不得而知；更让人恼火的是，你买回一台电器，可一旦出了问题，一些商家原先的种种承诺便打了折扣，甚至没了“服务”，于是消费者不得不去苦苦哀求商家，直到投诉。这时，售后服务就变成了“诉后”服务……

现在市场上的服务设施齐全，服务承诺周到，但服务的品质却很短缺，而且这种短缺还相当严重。

（2）培养顾客对产品的忠诚度。现在，我国大多数的消费领域已经进入买方说了算的时代，而消费者全凭以往的经验来选择消费。每当他们有购买需要时，总会先以其过去购买经历的满意度来衡量是否购买。只要“你的服务不能让我满意，我就不买”，反过来，这恰恰也是企业的商机所在：让你满意，使你再来——这种服务品质，其实就是培养顾客对产品的忠诚度，这完全可以称得上是企业经营中的“软黄金”。

2. 品牌概念

（1）品牌效应。目前，我国市场随着企业不断竞争，产品、产量、价格、服务等趋于一致。怎样才能获得消费者的注意力和购买欲？答案只有一个：品牌、品牌加品牌，最终形成品牌效应。

我们可以从下面的数字来看品牌效应：如今的消费者要从290种冰箱中选择冰箱；从455种啤酒中选择啤酒；从478种化妆品中选择化妆品；从499种香烟中选择香烟；从575种衬衫中选择衬衫；从609种包装水中选择饮用水。而在美国更甚，每人每天要经受570件次商业广告的轰击；每人必须从1200种鞋中选择鞋；从800种服装中选择服装；从572种汽车中选择汽车；从138种牙膏中选择牙膏；从200个电视频道中选择电视节目……

（2）品牌是制胜法宝。中央电视台曾经就鲜牛奶的销售在北京的几家大型超市随机采访顾客，被关注最高的是品牌的知名度，其次是生产日期，最后才是价格。可见，品牌及品牌效应已经越来越成为有限而宝贵的资源。正如美国英特尔公司前总裁葛鲁夫所说：“整个世界将会用品牌来争夺人们的眼球，谁能吸引更多的注意力，谁就能成为21世纪市场的主宰。”

3. 信誉无价

（1）信誉决定胜败。追求利润最大化是企业经营的目标，但如果为了获取短期利润，不惜夸大其词，甚至坑蒙拐骗，其后果必定是遭到消费者唾弃而被市场淘汰。

（2）信誉赢得发展。良好的信用，尤其是着眼于长远利益的商业信用，可能不会使你马上获得最大的经济利益，但会获得花多少钱也难以买到的好口碑，从而使自己赢得合作者和广大客户的信任，并最终走上良性发展的道路。

（3）创业者必须理论联系实际。任何一个创业者不仅需要掌握营销的相关知识，还应有实际的体验。因此，创业前应认真学习有关市场营销知识，最好通过打工等形式进行体验、积累相关的经验，才能使创办的企业顺利开展业务。

二、市场调研

（一）调研的内容

市场调研。指创业者系统收集、整理、分析有关市场信息、情报的过程。市场调研是制订创业计划的前提，它可以减少创业的盲目性，降低创业风险，也是制定市场营销策略、进行营销决策的依据。

（1）调查消费者的需求情况。顾客的需求是企业一切活动的出发点，因而调查消费者或用户的需求，就成了市场调查的重点内容。这方面的内容主要包括：服务对象的人口总数或用户的规模、人口的结构或用户的类型、购买力水平、购买规律、消费者结构及变化趋势、购买动机及购买行为习惯、潜在需求、服务需求等。

（2）调查生产者供应情况。在这方面的调查应侧重于与本行业有关的社会商品资源及其构成情况，有关企业的生产规模和技术进步情况，产品的质量、数量、品种、规格的发展情况，原材料、零备件的供应变化趋势等情况，并从中推测出对市场需求和企业经营的影响。

（3）调查销售渠道的情况。这主要是调查商品的销售渠道的过去与现状，包括商品的销售过程必经的各个环节、推销机构和人员的基本情况、销售渠道的利用情况、促销手段的运用及其存在的问题。

（4）调查新产品研发情况。这主要是为企业开发新产品和开拓新市场搜集有关情报，内容包括新技术、新工艺、新材料的发展情况，新产品与新包装的发展动态或上市情况，某些产品所处市场生命周期阶段情况，消费者对本企业新老产品的评价以及意见等。

（5）调查市场竞争的有关情况为了使企业在市场竞争中处于有利的地位而搜集的有关情报，其内容主要包括：竞争对手的数量、经营状况、管理水平、优势和弱点、竞争策略，以及潜在的竞争对手等。

（二）市场调研的方法

采取恰当的手段和方法进行市场调研，是实现调查目的的重要因素。只有调查手段恰当，调查方法科学，收集的资料才能及时、准确和全面。每种调查形式都有独特的功能和局限性，要搞好市场调研，取得预期的效果，就要根据调查的目的、被调查对象的特点，选择合适的调查方法。

专业调查公司常用的调查方法有观察法、询问法和资料法，初次创业的年轻人应参考这些方法做好市场调研。

（1）观察法。观察法是调查人员直接在现场对被调查对象的行为进行记录和分析，从而获得信息的一种方法。以商业调查为例，主要内容包括：特定时间内的流量，顾客购物的行为特征，不同顾客在不同柜台前的逗留时间，顾客进出商店以及在商店里逗留的时间，顾客对广告的反应等。观察法的最大优点是它的直观性和可靠性，它可以比较客观地收集第一手资料，有利于排除语言交流或人际交往中可能发生的各种误会和干扰，简便、易行、灵活性强，可随时随地进行调查。

（2）询问法。询问法是调查人员将事先拟定的调查项目或问题以某种方式向被调查对象提出，要求给予回答，由此获得信息资料。最常用的询问法是面谈调查法，如街头随机访问、选样入户访问、集体座谈、专家咨询等。其次是问卷调查。调查人员可以要求被调查者当场回答，也可以将问卷当面交给被调查者，说明调查意图和要求，由被调查者自行回答，调查者按约定的时间收回问卷。

（3）资料法。资料法就是查阅研究有关的文献资料。比如国家统计机关公布的统计资料、商业地图、招商引资手册；行业协会发布的行业资料、商情资料；专门组织撰写的调查报告、产业研究、商业评论、企业名录；各种媒体刊播的财经信息等。

三、创业计划

（一）制订创业计划

（1）创业计划要科学。创业不但影响到你前期的资金投入安全，而且影响到你今后的职业发展心态乃至人生轨迹。所以，当你具备了创业的动机、选定了创业目标并做了充分客观的市场调研之后，就必须制订一份完整的创业计划。

（2）创业计划要详细。创业计划是整个创业过程的灵魂，在这份计划中，要详细记载创业的内容，包括创业的项目、数量、资金规划、阶段目标、财务预估、营销策略、风险评估、内部管理等。

（3）创业计划要务实。在某些时候，创业计划除了能帮助创业者更清楚地明确自己的创业内容、创业步骤和创业蓝图，坚定创业的目标和信心外，还兼具说服他人的作用。例如，创业者可以借助创业计划去说服他人合资、入股，以募得创业基金。

（二）创业计划内容

（1）创业的种类。包括创办企业的名称、组织形态、创业的项目或主要产品名称等，这是创业计划最基本的内容。

（2）资金规划。包括启动资金的数量、后续资金的来源、各方的出资比例、资金的具体使用等事宜。

（3）阶段目标。阶段目标是指创业后的短期目标、中期目标与长期目标，主要是让创业者明白自己事业发展的可能性与可行性。

（4）财务预估。详细的预估收入与预估支出，甚至应该列出企业成立后前3年或前5年内，每一年预估的营业收入与支出费用的明细表，列出这些预估数字的主要目的，是让创业者确切计算利润，并明确何时能达到收支平衡并盈利。

（5）经营策略。包括了解服务市场或产品市场在哪里？销售方式及竞争条件在哪里？主要目的是找出目标市场的定位。

（6）风险评估。指在创业过程中，创业者可能遭受的挫折。

（7）其他事项。包括创业的动机、股东名册、预定员工的人数、企业组织、管理制度以及未来展望等。

在此，我们希望各大专院校的学生，通过3年的学习和实践，用知识武装自己、用能力推销自己、用努力改变自己、用奋斗展示自己，在就业与创业的人生舞台上奏响壮丽美好的新篇章。

四、创业有风险，进入须谨慎

创业是每个人的梦想，可是在选择创业项目的时候必定要考虑周到，对项目进行风险分析并做好对应的准备，这样才会避免创业的风险。

（一）创业风险

创业风险就是指人才在创业中存在的风险，即由于创业环境的不确定性，创业机会与创业企业的复杂性，创业者、创业团队与创业投资者的能力与实力的有限性，而导致创业活动偏离预期目标的可能性及其后果。创业过程是需要不断地吸收风险投资的过程，而风险投资家们在对新创企业进行风险评估时，首先看重的就是创业的人员，而不是项目本身。人员风险具体表现在人员的能力、人员的流失和人员的道德三个方面。

创业风险分为系统风险和非系统风险，系统风险是指由于创业外部环境的不确定性引发的风险；非系统风险是指非外部因素引发的风险，即与创业者、创业投资和创业企业有关的不确定因素引发的风险。

（二）创业风险的分类

1. 按风险来源的主客观性划分

按风险来源的主客观性划分可分为主观创业风险和客观创业风险。主观创业风险，是指在创业阶段，由于创业者的身体与心理素质等主观方面的因素导致创业失败的可能性。客观创业风险，是指在创业阶段，由于客观因素导致创业失败的可能性，如市场的变动、政策的变化、竞争对手的出现、创业资金缺乏等。

2. 按创业风险的内容划分

按创业风险的内容划分可分为技术风险、市场风险、政治风险、管理风险、生产风险和经济风险。技术风险，是指由于技术方面的因素及其变化的不确定性而导致创业失败的可能性。市场风险，是指由于市场情况的不确定性导致创业者或创业企业损失的可能性。政治风险，是指由于战争、国际关系变化或有关国家政权更迭、政策改变而导致创业者或企业蒙受损失的可能性。管理风险，是指因创业企业管理不善产生的风险。生产风险，是指创业企业提供的产品或服务从小批试制到大批生产的风险。经济风险，是指由于宏观经济环境发生大幅度波动或调整而使创业者或创业投资者蒙受损失的风险。

3. 按风险对所投入资金即创业投资影响程度的划分

按此划分可分为安全性风险、收益性风险和流动性风险。创业投资的投资方包括专业投资者与投入自身财产的创业者。安全性风险，是指从创业投资的安全性角度来看，不仅预期实际收益有损失的可能，而且专业投资者与创业者自身投入的其他财产也可能蒙受损失，即投资方财产的安全存在危险。收益性风险，是指创业投资的投资方的资本和其他财产不会蒙受损失，但预期实际收益有损失的可能性。流动性风险，是指投资方的资本、其他财产以及预期实际收益不会蒙受损失，但资金有可能不能按期转移或支付，造成资金运营的停滞，使投资方蒙受损失的可能性。

4. 按创业过程划分

按此划分可分为机会的识别与评估风险、准备与撰写创业计划风险、确定并获取创业资源风险和新创企业管理风险。创业活动须经历一定的过程，一般而言，可将创业过程分为四个阶段：识别与评估机会；准备与撰写创业计划；确定并获取创业资源；新创企业管理。机会的识别与评估风险，指在机会的识别与评估过程中，由于各种主客观因素，如信息获取量不足，把握不准确或推理偏误等使创业一开始就面临方向错误的风险。另外，机会风险的存在，即由于创业而放弃了原有的职业所面临的机会成本风险，也是该阶段存在的风险之一。准备与撰写创业计划风险，指创业计划的准备与撰写过程带来的风险。创业计划往往是创业投资者决定是否投资的依据，因此创业计划是否合适将对具体的创业产生影响。创业计划制订过程中各种不确定性因素与制定者自身能力的限制，也会给创业活动带来风险。确定并获取资源风险，指由于存在资源缺口，无法获得所需的关键资源，或即使可获得，但获得的成本较高，从而给创业活动带来一定风险。新创企业管理风险，主要包括管理方式，企业文化的选取与创建，发展战略的制定、组织、技术、营销等各方面的管理中存在的风险。

（三）创业风险分析

1. 要避免创业风险必须首先知道风险来自哪里

风险来自三个矛盾：

一是演习与实战的矛盾。在创业初期所做的事情都具有探索的性质，这便产生了一个矛盾：本来属于探索的对象，却当成了确定的对象，本来属于实验的内容，却当成了真实的内容来做。

二是能力与实践的矛盾。获得创业能力的唯一途径是实践，而投资者通常是在没有实践经验的情况下开始实践，这便产生创业投资的能力与实践的矛盾。

三是功能创造与功能决定的矛盾。创业者是功能的创造者，而功能的有效与否决定于功能使用者的货币选票。矛盾就这样产生了，功能的制造者不是功能的决定者，这个矛盾是市场未知性的表现。

2. 化解矛盾的三个程序

如何应对这三个矛盾以化解风险呢？办法就是模拟——在创业开始设置一个模拟程序。该程序由三部分构成。

（1）解剖。项目一经确定，立即着手实施是危险的。因为，对项目的考察再充分也是务虚。对信息的拥有不可等同对信息的理解。解剖是理解项目要素的途径。解剖的办法是剥开皮后抓关键。什么是皮？例如：有一个项目“电动扳手”——给汽车换轮胎用的，其先进性在于省时省力。拥有该项目的公司正规，发明人有很多头衔，有专利证书、技术鉴定等，还有关于成本和销售价格以及广阔的市场前景分析。这些都是真的，可是这一大堆“真”又能说明什么呢？关键是现在司机使用什么样的工具换轮胎，省下10分钟时间，司机是否在意？用汽车电瓶里的电，司机是否愿意？比脚踏扳手多花200元钱，司机是否乐意？这才是项目的关键。什么头衔、证书和盈利等，都是“皮”。

（2）验证。对解剖后的项目要件逐一实施检验，证明其可行与否。如果能够在规模投资之前完成对项目主要内容的检验，直接关系到投资的成败。对于制造产品的项目，通常有两点是重要的：一是技术，二是市场。技术的检验对象：先进程度、核心所在、相关技术、相关工艺、所需设备、特殊工具、环保要求、具体标准、包装储运，还有技术引进的方式等。着眼点是，一旦涉及技术则务必搞懂弄透，否则后患无穷。对市场要先走测试之路，甚至对市场的测试要先于对技术的检验。市场测试目的很简单，就是你这个东西行得通行不通——当然还要测试市场目标、入市渠道、价格定位、市场容量、销售方式、销售管理等。在这两个问题中，只要有一个不能在分解和验证的阶段得到透彻的理解和较充分的把握，任何投入都是死路一条。

（3）综合。综合的前提是对项目的理解和把握。理解到何种程度？怎样才是对项目单元的把握？其标准为“行得通”，每个经过验证的对象，要达到行得通后才可以进行综合。什么是行得通呢？技术上行得通，就是拿得出合乎目标的产品；经济上行得通，就是从市场销售价格倒推到综合成本，看有无利润生长的空间；标准上行得通，就要以最终用户的接受来论定；模式上行得通，就是你创造的套路能够环环相扣，实现目的与方法的和谐。

（四）创业风险规避

创业有风险，从商须谨慎。市场经济条件下，创业总是有风险的，不敢承担风险，就难以求得发展。关键是创业者要树立风险意识，在经营活动中尽可能预防风险，降低风险、规避风险。

预防创业风险“八字诀”：分析、评估、预防、转嫁。

学会分析风险。创业者对每一经营环节都要学会分析风险，做什么都不能满打满算，要留有余地，对可能出现的风险要有明确的认识和克服的预案。

善于评估风险。通过分析，预测风险会带来的负面影响。例如，投资一旦失误，可能造成多大损失；投资款万一到期无法挽回，可能造成多大经济损失；贷款一旦无法收回，会产生多少影响；资金周转出现不良，对正常经营会造成哪些影响……

积极预防风险。例如，对投资方案进行评估，对市场进行周密调查，制定科学的资金使用政策等。一旦某个环节出了问题，要有采取补救措施的预案，尽可能减少负面影响。同时，还要加强管理，建立健全的企业各种规章制度，特别是合同管理、财务管理、知识产权保护等；在平时的业务交往中要认真签订、审查各类合同，加强对合同履行过程中的监督。

设法转嫁风险。风险不可避免，但可以转嫁。例如财产投保，就是转嫁投资意外事故风险；购商品是转嫁筹资风险；以租赁代替购买设备是转嫁投资风险。创业也是如此，个人独资承担无限责任，但几个人共同投资，就是有限责任，就能分散风险。

最后我们提醒准备创业的同学们：创业的三大忌——高起点、大规模、快速度。

拓展阅读 9-3：21 世纪最需要的 7 种人才

（Google 公司全球副总裁中国区总裁李开复博士）

我们都知道 21 世纪最有价值的是人才，是什么人才呢，就是我今天要演讲的题目。我想我这个演讲有一个很大的假设就是 21 世纪需要的人才与 20 世纪、19 世纪有着很大的差别，因为 21 世纪有几个很重大的革命发生。在 21 世纪我们更多的工作是靠我们脑力的创造，是靠平等的竞争，已经没有国界的差别，世界被铲为平地，任何一个国家的人都可以和另外一个国家的人合作或者竞争，而他们都可以接触到、使用到、共享到同样的信息。不像过去，谁能独占信息他就能对另一个人或者对某个公司发挥相当大的价值。

今天的信息是因为共享才能发挥它真正的潜力。所以在这样的情况下，每个人都可以自由地选择，平等地竞争，他们会积极地去获取自己的信息，追求自己的兴趣。他们期望自己工作的公司采取的不再是控制式的管理，而是放权式的管理。因为在 21 世纪，一个人他是靠自己的脑力创造财富，他很聪明也很有创意，他跟全世界每一个人平等地竞争，然后每一个人都有同样的信息，没有一个人会愿意在一个不公平的控制下做一个公司的齿轮。每个人都会希望发挥自己的潜能，他希望自己到一个公司工作，这个公司能够放权地让每一个员工做自己的事情。还有呢，21世纪什么都改变得非常快。你才认为说某某一个技术或者某某一个公司是很火热的，忽然一个新的技术或者一个新的公司又出来了。这都是因为互联网，每个国家，每个领域之间的边界因此正在不断地消除，世界各地的人们可以一起工作、竞争和合作。所以在这样的一个环境之下，21世纪需要的不再是19、20世纪那样听话、没有自己的意见，努力工作的所谓的蓝领或者白领工人，更需要的是我的演讲要谈到的7种人。

第一种人才——创新实践者

第1种人是创新实践者。在今天谈到的所有人时，我都会引用一句我认为很好的话。那么第一句话是谁说的呢，是我说的。这句话跟创新有关，待会儿还会谈到。我想说的是在21世纪真正有价值的人是能够创新的人。他不是一个只会使用别人的方法做事情的人，他不是那种只会听话做事情的一颗棋子，一个齿轮。因为，在如今的竞争之下，一个公司唯一可以延续的竞争优势就是它的创新。任何东西都可以很容易地被模仿，只有创新很难被模仿。而创新一旦被模仿，你唯一的办法就是继续地创新。所以一批有生命力的能够持续创新的员工是唯一能够带给企业持续竞争力的财富。

你们可能会说，李开复是不是要讲Google，讲其他科技公司要学计算机科学，要做最高深的研究这才是创新呢？其实不是。在每一个领域都可以创新，也就是这些每一个不同领域的创新，让每一个工作变得多彩多姿。我可以举个例子。如果你在美国加州101公路硅谷段上开车，你可能会看到一个广告牌。整个广告牌上面没有公司名也没有任何广告词，只简简单单刷着“（在‘e’的数列中所能找到的第一个十位数质数）com”。很多在硅谷工作的聪明人开车看到了这个广告，他们回家就会去算，有些用计算机来算，有些用数学方法来推算，算出答案来以后登录这个网站一看，发现另外有一个更难的题目。然后他们再做了这道题目，又会到达另外一个网站，就这样做了一个题目又一个题目，最后他们发现自己到了一个很特殊的网站，这个网站就是Google的招聘网站。我们可以从这个例子看到，在Google这样一个创新的公司，它的创新其实远远不止在于一个工程部门。你可以看到招聘，市场都是充满了创意的。

关于创新还有一点要注意的，21世纪的创新必须实时、实践。因为我们有了互联网的存在，每个公司的步伐都非常快。如果你花很多的时间去做一些验证，一些用户调查，再花一两年的时间才把一个东西编出来再做测试，一个产品四五年做出来以后很可能已经过时了。所以在这21世纪，光做一个创新者是不够的，要做一个创新实践者。这就回答了我上面那句话：What matters is not innovation，but useful innovation。只是为了创新而创新是没有意义的，要做有用的创新才是有意义的。

记得我在SCI公司的时候，曾经犯过的一个最大的错误就是只想到创新，没有想到实践。我们做了一个非常酷的三维浏览器，今天可能都还没有人在使用。当时，我们每次演示的时候，观众的下巴都会掉下来，说：哇，怎么会做这么酷的一个东西！但是我们忘记了这么酷的东西却是没有市场的。最后结果是相当的失败，让我也有了一个很惨痛的经验，尤其是当我看到一百多名员工失去他们工作的时候，让我下了一个决心，就是上面这句话。

我们虽然要创新，但是不是为了创新而创新，而是为了做有用的事情而创新。我们如果回顾历史，可以看到许多成功的人才，他们有些创新，有些实践，有些是左脑发达，有些是右脑发达。但是那些真正对世界有重大贡献的人，我想他们不仅是创新者，也是实践者，比如说爱迪生，比尔盖茨，Larry 和 Sergey，都是很好的例子。一个真正的创新实践者每一次在创新的时候都忘不了实践，在实践的时候也忘不了创新，这样的人，我想是 21 世纪不可缺少的人才。

第二种人才——跨领域合成者

第 2 种人，我想非常需要的是跨领域合成者。刚才听到了竺可桢学院的演讲，它本身是多学科的，强化班也是由来自不同专业的同学组成的。这点确实也是非常符合了所谓的合成者。相信在中国的未来，在全世界的未来，我们更需要的人才不只是那些把一个学科学得非常非常深的，而是那些把自己学科学好，同时能够与其他领域做一个跨领域结合的人才。原因其实非常简单，如果是世界上有1000 种知识，对于知识本身你可以学得很深，但是两个人的知识通过交叉碰撞又可以产生新的知识，三个人的碰撞就能产生十亿个组合。

以计算机为例，如果你是学计算机的，又对心理学感兴趣，这样一个跨学科的合成，你可能对用户界面或者可用度测试会有一些贡献。所以，很多新的领域的产生，都是靠过去的两种学科所交叉碰撞出来的，这是一个很好的机会。如果把一门学科学得太深了，可能会去钻牛角尖，反而失去创新实践的机会。真正重要的不是 analysis，不是要分析得很深，而是 synthesis，怎么样有合成的机会。

所以，对各位同学我的建议就是，当然读好你的专业是有必要的，但是同时要考虑下是否还有别的什么专业是你有兴趣的。这两个专业最新的思想能不能结合起来，做一些既有创意又可以实践的东西，这可能是最有成长空间的一些机会。

第三种人才——高情商合作者

第 3 种最需要的人是高情商合作者。EQ is 9 times more important than IQ，这句话来自 Daniel Goleman 的《EQ》这本书。

《EQ》这本书谈到情商和智商的一些差别，还有哪个比较重要。他做了一个研究，找了几千个企业的领导者。他研究是什么因素让这些非常优秀的领导者和普通的领导者有所区别。他研究的结论最重要的差别不在于 IQ，而是比 IQ 要更重要 9 倍的 EQ，即情商。

情商包括了怎样与人合作，包括了对自己的一种自觉，包括了对自己的一种管理，也包括了和别人团结合作以及社交的一些能力。EQ 的重要性在 21 世纪是非常显著的，因为在 21 世纪，我们需要全球的合作，需要跨领域的合成。比如说你学的是心理学，你要跟学计算机的人合作才能做得出用户界面。跨领域的合作，跨国度的合作，跨语言的合作，这些都是必须要的。所以，过去也许在很多的环境里面，你作为一个孤僻自傲的天才会得到很大的重视，但是这个情况现在已经在大大地改变了。

过去，我曾在我的人才观里提到，在这个信息社会里，与过去的工业社会很大的一个差别就是信息社会最好的一个人才，一个程序员、一个科学家，可能比一个普通人生产力好个 3 倍、5 倍、10 倍或者 20 倍甚至更多。但是我想在这里补充的一句话就是说，即使他在技术方面好个多少倍，如果他是一个孤僻自傲、不能合作，甚至导致团队无法工作的人，那么他对这个团队，反而是一个负面的效果。

当我们做管理的时候，我们也必须考虑到，如果你要建立一个非常健康的团队，不管是在Google工作还是未来的Google Camp，一定要在每个人很客观地高情商地愿意与他人合作，尊敬别人的前提之下，才可能有很好的结果，尤其是在21世纪这样一个情商和合作是那么重要的世纪里面。所以，我对各位同学的建议是，在你可以抓住的每一个机会里，多参与社团工作，多建立一些与人合作的基础，无论是在上课，还是参与社团项目，或是暑期工作的机会。让自己除了读书之外，多做一个能够与人团结、合作、客观、尊敬别人、聆听别人的一个高情商的学生。

第四种人才——高效能沟通者

第4种人是高效能的沟通者。一个人如果有思想但是不能表达自己，他其实就是一个没有思想的人，这句话其实相当的有道理。我想在座很多理工科的同学以前可能认为只要有思想就够了，不过这句话告诉我们你只有思想不能沟通，其实你是没有思想的。这句话其实并没有夸张，在21世纪全世界都是信息的前提下，很好的信息传播渠道还是经过人。人怎么传播信息的，靠沟通。一个人他的沟通能力很好，他可以把一个很难懂的信息很好地传播给别人。一个人沟通能力很差，他就无法传播信息，因此别人可能看不起他，认为他没有思想。所以沟通能力是非常需要学习的。

这种沟通的能力怎么得到呢，我可以给同学们几个很好的建议。你沟通的时候一定要理解你的听众，你要知道你的听众在想什么，听众从你的讲话中能得到什么好处，即What's in it for you。还有要注意说话的方式，不要用说教，而应该采取引导的方式。当你与别人沟通的时候，你要先想好你主要要传达的Message是什么，用听众能够接受的方式表达出来。

第五种人才——热爱工作者

第5种非常需要的人才是热爱工作者。因为在全球被铲平之后，每一个人都是平等的。如果你能够做一个工作是你非常热爱的，那么你可能在睡觉、洗澡、吃饭时都在想你的工作。你可能就会更有热情去做你的工作。你不认为你的工作是一个枯燥的事情，而是可以享受的事情。所以就有这么一句话，有一天有个美国朋友到我的办公室来说你们的孔夫子实在是太聪明了。我说这是怎么回事呢。他说你看他讲的这句话是多么有道理啊：If you find a job you love, you will never work a day in your life。我就跟他说谢谢你夸奖我们的孔夫子，不过我实在想不起来孔夫子说了这句话。

后来当天开车回家的时候我才想到可能是“知之者不如好之者，好之者不如乐之者”这句话。但是今天看起来，我认为可能这句英文的翻译还是更为贴切一些，在21世纪更能够被更多的人理解。因为如果你真的很爱你的工作，你就不是在工作，你是在享受了。如果你是在享受的话，你一定会有更多的热情投入，更多的时间投入，更乐意去做更多的工作。到了星期五可能不想回家，到了星期天可能就想来上班了。那么你想比别人做得差可能都很困难。

我们能看到的是，如果你能找到你的最爱，你的一生都会过得比较快乐。所以各位同学，如果你们还没找到你们的最爱，我的建议是保持一颗好奇的心，多去尝试不同的事情。然后要理解你的专业和你的工作不见得是完全一样的。要多做咨询，了解有什么样的公司，什么样的环境，什么样的工作你毕业后可以从中选择。如果你是在一个你喜欢的专业里面，要珍惜它，好好地去找一份未来相应的工作。如果是在一个可以选择的十字路口，比如说考研、出国等，这个时候你要好好地去选一个你真正喜欢的专业，而且也许把刚才谈到的跨领域合作的概念借鉴过来。并不是说我过去学的是一个不喜欢的专业，我就要从文科转到理科。也许你可以找到一个更好的跨越的台阶。如果你不喜欢你的专业，你也可以在这个专业里面尽量找一个大专业里面的小专业，也许是你比较喜欢的；或者你可以在一个你认为你比较喜欢的专业和你现在不喜欢的专业之间的交叉学科找一些机会。所以不管怎么样，最后能够找到你爱的事情，你就能发挥你的潜力，成为21世纪需要的热爱工作者。

第六种人才——积极主动者

第6种人才是积极主动者。这句话是Peter Drucker说的。他说几百年之后，历史学家回顾今天，他们会说这个世纪里最重要的事情，不是互联网，而是人有了选择。有了选择就要积极主动，然后需要管理自己。这是最重要的一点，这也就是我们从工业社会转变到现在的信息社会所发生的最重要的事情。一个积极主动者他对自己的一切一定要负责，因为如果你自己不在乎，没有别人会比你更在乎，没有人会比你更知道你想做什么。在来到大学之前，一切都是消极、由父母来决定的。进入大学之后，要开始对自己的一切负责。不去解决也是一种解决，不做决定其实也是一种决定，这个决定就是要让自己走入一个消极而不是积极的方向。

在我出书的时候许多人喜欢让我把他们的座右铭写在书上，当我有时间的时候我也会尽量配合，但是有一句话我绝对是不写的，这句话就是沉默是金。因为在今天的环境里面，每个人需要合适地推销自己，让别人知道你的成果。如果你不表达，那其实别人就会认为你没有思想。当然，在适当的环境里，你才能做适当的表达，并不是要你去抢别人的机会，也不是要你过分地做一个出头鸟。但是，如果你有一些想法有一些思想一定要表达出来。

在这个21世纪里，每个人都有想法，都有信息。那些最有信息或者最有想法的人可能会得到很多或者更多的注意。比如说在这次成立Google Camp的时候，工作人员有一天来找我说我们这个Google Camp有一些想法你觉得怎么样？当时我记得非常清楚的就是我在全国20多个高校做巡回演讲的时候在那些学校见到了一些非常积极主动的同学。我就跟他说，你去下面四个学校见见曾经主持我办的活动的同学吧，因为我认为他们是积极主动的，是符合Google Camp的精神的。我认为他们会给你很多想法，也许他们会成为我们的Google Camp的骨干。所以，如果你们在想，怎么挑到这样的四个学校的呢，它们就是当时我做巡回演讲的时候四个让我感触最深最积极主动的学校，最优秀的同学。所以这是一个活生生的今天在Google Camp成立的时候发生的例子。

我们可以看到，正是因为当时有这么一批积极主动的同学才让我们今天有机会在浙大成立这个Google Camp。积极主动者，他并不只是积极地等待机会，他还需要积极地把握机会，为自己创造机会。这点可能是中国的学生，中国的员工最需要常常提醒自己的地方。前一阵我们在中国差不多招了三十多个员工，工作了三四个月。有一天我们在聚会，他们就问我说："开复，你对我们这三十个刚开始的关门弟子有什么建议没有。"我的回答是："从技术方面，从对公司的理想、价值观的认同以及努力方面，我都非常非常的满意。但是，如果要讲一点我希望你们未来可以做得更好的是，我希望你们未来能够更加积极主动，要提出你们的想法。"

第七种人才——乐观向上者

最后我想讲的是乐观向上者。这句话来自美国的一个喜剧演员 Bill Cosby，他是这么说的，我们常说一杯水是一半满的还是一半空的，其实要看你是继续把水注进杯子里，还是把水从杯子里面倒出去。如果你是在继续注水的话，你会期望着水位上升；如果你是在倒水的话，你会想到很快杯子就会空掉了。其实这告诉我们的是一个人的思想，是一个乐观的人，还是一个悲观的人。如果你是一个乐观向上的人，你会总告诉自己未来会更好。我国台湾有位企业家叫做张忠谋，他是台基电的董事长，他最近写了一篇文章，我觉得里面有些很有哲理的话。他有个朋友请他题几个字挂在墙上。然后张忠谋就跟他说，我的字写得不好，但是我可以随便帮你写几个字，然后他就写了“常想一二”这四个字。他朋友说什么叫“常想一二”呢。然后张忠谋就告诉他说，你没有听过吗？我们都说人生不如意之事十有八九，我要告诉你要常想那剩下的一二比较如意的事情。他说他从小就看了很多大人物的传记，他发现了一个规律，凡是成功者都是受苦受难的。然后他们的生命几乎就是人生不如意事十有八九的真实写照。但是他发现这些人之所以能够成功，就是因为他们保持了正面的思考，通过“常想一二”，他们能够超越苦难。苦难对他们来说反而成了生命中最好的养料，为他们未来的成功做了良好的铺垫。

所以这些成功者在面对苦难时的坚持、乐观和勇气是最重要的。人生的如意或不如意，更重要的不是取决于人生的际遇而是思想的瞬间。所以，人生的真正品质取决于你有没有“常想一二”这种乐观的思维方式，观点反而比这个事实更重要。这是他很有哲理的一篇文章，我想你用 Google 可以搜索得到。

其实在 21 世纪，还有很多其他的理由要做一个乐观向上的人。因为 21 世纪是一个更实时善变的环境，我们尝试的事情会碰到很多很多的失败。我们都听到说 Google 很酷，有一个 20% 的 Project，每一个人都有 20% 的时间做自己想做的事情。但是，如果我们做一个统计，我想一定会发现，这个 20% 自己想做的 Project 绝大多数一定是失败的。如果你没有一个良好的心态，不能客观地说我学到了一个 Lesson 有助于我做下一个项目时，那你很快就会处于一个非常沮丧的心态。所以 Google 公司不但不惩罚失败，还鼓励每个人客观地从失败中爬起来。我们要有一种心态，要认为挫折不是一种惩罚，而是一个学习的机会。

当我回顾我一生的职业生涯，我想我学到最多的绝对不是来源于我的成功。反而是我在读博士的时候被评为最坏的老师，在一个公司做了一个很酷的技术却没有用，导致公司被卖掉、员工失业等，失败的经历让我学到了很多，超过了我在语音识别或者其他领域所取得的成就。所以一定要把握每一个失败的时候，让自己过渡好每一个痛苦的时期。然后要能有正面的思想，要站起来，要正视自己的错误，能够从错误中学习。

最后我做一个总结：在 21 世纪里面，我们需要认真读书的同学，但是我们更需要创新实践的人才。我们需要每一科的专才，但是我们更需要跨领域合成者。我们需要高智商的人，但是更需要高情商的人。我们需要每一个学生能够高效能地理解，但是未来你们更需要高效能地沟通。

毕业后，当然要找一个热门的工作，但是更重要的是你要热爱你的工作。不要再继续做一个只会被动听话的学生，而要做一个积极主动的学生。不要只是做一个小心翼翼的人，而要做一个乐观向上的人。

（资料来源：中国网，http：//www. china. com. cn/）

拓展阅读 9-4：打工风险远大于创业

大多数人都会说，创业风险大，打工很舒服。如果你耐心看完全文也许就不这样想了。

创业和打工都具有一定的风险。而很多打工者的经验、能力是比很多老板要强很多很多的，这一点我想大家是应该有目共睹的！

创业需要好的项目和资金的支持。打工需要良好工作态度和丰富经验。

否则可能会被淘汰出局。

人们一般认为创业的风险更大。一个广为人知的统计数据是，新创企业五年内的存活率只有5%左右，换言之，这个统计数据似乎告诉人们说，100个创业者，过5年，只剩5个还活着，其余95个则失败了。如果是这样的话，创业的风险的确很大。相比之下，打工者只要愿意，总可以维持下去。

真的是这样吗？提出这个疑问是因为最近发生的一件事情。

最近有个认识的国企高管，不知道什么原因，忽然就被公司晾到一边儿了，现在进退维谷，职业生涯走到了一个拐点；而100个打工者中，有5个才能有机会当上中层管理人员，而且至少需要5~10年甚至更长时间；漫长的修炼等来的是老板的裁决，而非仅论能力，在单位中生存，与政治生涯没啥两样，充满了凶险与斗争。相比之下，这位还算是好的，以前有的同学刚进世界知名企业才几个月，就因公司破产倒闭而失业的。算起来，周围替别人打工的朋友们，平均每两三年就要换一家单位，或者失业在家，100个打工者，过5年，只剩下3个还在原来公司，其他97个都跳槽了。

如果跳槽也算是一种职场失败，那打工的风险也不可不谓高风险。当然，跳槽跳得好能更上一层楼，绝大部分人并不把跳槽视作失败，反而会当做一种职业的历练和成长。对待打工，人们的态度如此宽容，对待创业，为何却变得异常苛刻了呢？要知道，创业者的一个项目失败了，同样可以开始一个新的项目或公司，前面的教训和经验，同样可以为新的尝试提供很好的借鉴，大大提高新项目的成功率。至少我周围的“自我雇佣者”们经过了很多年，都还活得好好的，还没有谁又走回到替人打工的路上。这样看的话，创业的风险也并不比打工高多少。

创业，可能会因为某些方面的原因，导致亏损，这是创业者不愿意见到的，也是大多数人考虑到的主要风险，然而，我们可以想到这种经历过程的人，失败后他会怎样做呢？在实际生活中，创业亏损后，大多数人宁可接受教训和总结经验，从头再来，而不愿意再去打工。这就说明，其实创业是得到了更多的有价值的东西，至少他还敢再来，可能他第一次创业的时候，还不具备这么大的勇气呢！原“巨人”史玉柱创业可谓是败得倾家荡产吧，但是他依然选择创业，并且做得不错（当然有很多细节，我们不得而知）。但是喜欢创业的现象说明，创业过程确实可以让人们得到超出金钱范畴之外的东西。对他们而言创业的过程产生了乐趣（对创业的态度更为成熟），乐趣激发了热情（创业的稳重），热情屏蔽了创业的风险，最终走向了成功。

很多打工人群，压力非常大，可能他们的压力已经超过了创业者的原始压力；他们的职业能力也远超越很多老板，缺少的仅仅是野心。我们很多人会有一段时间想放弃打工，而自己创业。因为如果你在一定的位置上感到很孤独和压抑。另外，工作的薪水报酬比较高，担心因为工作的失误而影响地位和待遇，这也是压力之一。

而当打工者失去工作之后，往往有一段时间的心理迷茫，这是人生很大的损害！自信心可能因此受损，对他寻找下一个工作带来无法抹去的阴影。而这个结果对人生的影响是巨大的。

再有，我们从媒体上知道如某某公司的某某精英因工作压力巨大，跳楼自杀之类的新闻并不鲜见。朋友你可能会说，那是精英，当然压力大啊！但是，你要创业，难道不是想做精英？所以说，创业和打工两者的风险都是并存，高低则因人而异。

这也是实际生活中很多收入较高的人选择创业的心理因素之一，他们需要更大的心理释放，需要更大程度地去实现价值，所以对他们来说，创业更有乐趣，风险因素则被这种乐趣带来的热情而击败下去，对他们来说创业风险远没有在公司占据高位时的风险高。

所以说创业和打工只是两种生存状态，如果要说风险谁高谁低，那么就要因人而异，具体情况具体看待了！绝非一些人认为的创业者就是强人，打工者就是安逸之人，这样的看法明显是不全面的！有些人打工会经常跳槽，他也许更适合创业，有的人可以稳坐钓鱼台不挪地方，他也许更适合打工。总之，创业和打工，风险共存，而风险因人而异。

（资料来源：《中小企业管理与科技（中旬刊）》，2011 年 9 期）

拓展阅读 9－5：高校毕业生自主创业，可以享受哪些优惠政策？

按照《国务院关于进一步做好普通高等学校毕业生就业工作的通知》（国发［2011］16 号）、《国务院办公厅转发人力资源社会保障等部门关于促进以创业带动就业工作指导意见的通知》（国办发［2008］111 号）等文件规定，高校毕业生自主创业优惠政策主要包括：

（1）税收优惠：持《就业失业登记证》（注明“自主创业税收政策”或附着《高校毕业生自主创业证》）的高校毕业生在毕业年度内（指毕业所在自然年，即 1 月 1 日至 12 月 31 日）从事个体经营的，3 年内按每户每年 8000 元为限额依次扣减其当年实际应缴纳的营业税、城市维护建设税、教育费附加和个人所得税。对高校毕业生创办的小型微利企业，按国家规定享受相关税收支持政策。

（2）小额担保贷款和贴息支持：对符合条件的高校毕业生自主创业的，可在创业地按规定申请小额担保贷款；从事微利项目的，可享受不超过 10 万元贷款额度的财政贴息扶持。对合伙经营和组织起来就业的，可根据实际需要适当提高贷款额度。

（3）免收有关行政事业性收费：毕业 2 年以内的普通高校毕业生从事个体经营（除国家限制的行业外）的，自其在工商部门首次注册登记之日起 3 年内，免收管理类、登记类和证照类等有关行政事业性收费。

（4）享受培训补贴：对高校毕业生在毕业年度内参加创业培训的，根据其获得创业培训合格证书或就业、创业情况，按规定给予培训补贴。

（5）免费创业服务：有创业意愿的高校毕业生，可免费获得公共就业和人才服务机构提供的创业指导服务，包括政策咨询、信息服务、项目开发、风险评估、开业指导、融资服务、跟踪扶持等“一条龙”创业服务。各地在充分发挥各类创业孵化基地作用的基础上，因地制宜地建设一批大学生创业孵化基地，并给予相关政策扶持。对基地内大学生创业企业要提供培训和指导服务，落实扶持政策，努力提高创业成功率，延长企业存活期。

（6）各城市应取消高校毕业生落户限制，允许高校毕业生在创业地办理落户手续（直辖市按有关规定执行）。

（资料来源：中国国家人才网，http：//www.newjobs.com.cn/，2012－06－01）

拓展阅读9－6：云南省针对大学生自主创业的两项主要优惠政策

（1）“贷免扶补”。包括提供免利息和免担保的小额贷款、减免税收和行政事业性收费、提供创业帮扶服务、给予资金补助四个方面。

（2）小额担保贷款。小额担保贷款额度区间较大，根据申请人情况的不同，有5万元以下、30万元以下和200万元以下三个层次：从事个体经营或合伙经营的创业人员，可按每人不超过5万元申请小额担保贷款；创业成功后招用失业人员就业，可按招用人数每人5万元以内，申请总额不超过30万元的小额担保贷款；劳动密集型小企业吸纳失业人员符合有关规定条件的，可申请最高不超过200万元的小额担保贷款。

大学生申请“贷免扶补”的步骤如下：

第一步：在“云南劳动保障网”的“贷免扶补”专栏等渠道，学习和理解云南省出台的鼓励创业“贷免扶补”相关政策。

第二步：在“云南劳动保障网”的“贷免扶补”专栏下载或到承办单位领取统一格式的《创业计划书》，向承办单位提出书面申请。

第三步：经承办单位对创业项目实地考察，条件成熟的向农村信用社推荐。

第四步：大学生本人需按照农村信用社的要求提供相关证件和证明材料。

第五步：农村信用社对创业申请进行审核，通过后发放小额贷款。

第六步：大学生实施自己的创业项目，从贷款之日起第四个月开始还款。

第七步：创业成功的，向创业地劳动保障部门申请2000元到3000元的一次性创业补贴。我省“贷免扶补”工作的承办单位是：创业地（区、县级）政府就业经办机构、工商联、工会、共青团、妇联、个私协。创业者可以根据本人实际，选择其中之一作为承办单位。

拓展阅读9－7：如何为创业储备社会关系

如果在创业时能拥有良好的社会关系基础，那么在创业时就会事半功倍，凭借良好的社会关系和人际关系在创业的时候就会有很多人来帮助我们，使我们能早日到达成功的彼岸。

反过来说，假如我们在创业时，没有储备良好的社会关系，那么，我们在创业的时候就会比别人付出更多的劳动，甚至会有许多莫名其妙的社会势力和我们做对，阻碍我们的创业步伐，使我们无论干什么事都变得很艰难。

为什么储备了良好的社会关系和没有储备良好的社会关系会有如此大的差别呢？打个比方说，你的创业方向是做生意。只要做生意就一定要同人打交道。但这又有另一个问题，同什么人打交道呢？同各种各样的人打交道，那么这些人中你认识的人是一少部分，而大部分人你并不认识。认识的不认识的都得打交道。要创业你最终还是得面对这些人。怎么办呢？那就得使出浑身的解数，这也就是人们所谓的“攻”关。

生意场，也就是一个没有硝烟的公关战场。在这个看不见硝烟的战场上，你如果没有足够的人际关系网，可以说是寸步难行。因为在人际关系这张网上网织着很多关系，如人缘关系、业务关系，甚至还网织着办事的渠道、信息的来源等。

它是一种很微妙的东西，它的存在可以说是无处不在，无时不在的。这种无形的东西已渗透到社会关系的每个角落，甚至已渗透到人的心灵深处，因此，它不但影响着个人的行为，而且也影响和决定着社会存在，自然也就影响和决定着你生意的成败，决定着你创业的成败。

假如你要在生意场上创业，你就必须做好社会关系的储备。

其实，生意场上创业是这样，其他的创业也是这样，比如你要在政界创业，在演艺界创业，比如你要当一名律师或医生，良好的人际关系和社会关系都是必不可少的创业准备，而且准备的越多越好，这样你的创业步伐就会更快一些，这已是一个明显的社会现实，谁都可以从现今的社会看到这一点。

明智的创业者，在创业之前，如果他已有意于从事某个行业，他就会尽自己的所能去结识这个行业里的知名人士，虚心向这些知名人士或成功人士请教，聆听他们的教诲，讨要他们的名片，把这些作为重要的资源储备起来，以便在将来发挥作用，帮助自己解决许多实际问题。

现在我们就不难理解，为什么过去每一个成功的人都有一本又一本的名片册，现在每一个成功的人都一定拥有一个掌上电脑。这名片册和掌上电脑并不仅仅是一个工具，它里面储存着丰富的社会资源。它就是众多成功人士走向成功，叩开成功大门的敲门砖。

懂得了储存社会关系的重要性，下面我们就来了解一下储备社会关系的方法和原则。储备社会关系的方法各种各样，并且因人而异，但基本的方法与原则却是人人都适用的。

首先，要与人为善而不要轻易树敌。

这就是说在与人的交往中你可能会碰到各种类型的人。在这各种类型的人中肯定有你喜欢的人，也有你不喜欢的人。对于你喜欢的人，交往亲近起来非常容易，团结这些人并不难。

问题的关键是你要能和你不喜欢的人建立良好的关系则比较困难，那么，如何和你不喜欢的人建立良好的人际关系呢？

首先尽量找你不喜欢的人身上的优点，尽量用包容的心态对待他的缺点，如果你能做到这些，你也许就能与你不喜欢的人结为朋友。但也有可能有些人身上的缺点和毛病太多，你无论如何也找不出他的优点，或无法包容他的缺点。对待这种人，你实在无法与他交往，你就要做到喜怒不形于色，做到不当面指责或指出他的毛病，避免和他争吵，不要发生正面冲突。这样做就不至于使这些人成为你的敌人，因为他们一旦成为你的敌人，就会为你将来的创业制造很多不必要的麻烦。

其次，多与社会名流建立关系。

社会名流都是社会上有影响的人，这些人个个神通广大，社会关系复杂，办起事来容易，若能与这些人建立良好的个人关系，那么就无异于为我们的创业插上了翅膀。所以，能与这些人交往自然是一件很有益的事。

但这些名流往往都有他们固定的交际圈，一般人很难进入到他们的圈子里，而创业者绝大多数在创业之前都没有良好的社会背景，可能都是一些无名之辈，因此，结交这些人更是难上加难。但这并非没有可能，我们可以从以下几个方面入手和名流交往。

比如在与名流交往前多了解有关名流的资讯，托人引荐，多参加社会公益活动，多出入名流常常出入的场所，这样做，你就会有机会结交到这些社会名流。当然在结交这些社会名流时，还得注意给对方留下一个好的印象，千万不要死死缠着人家不放，这样做只能得到相反的结果。与这些人交往，要想通过一次的交往就建立良好的关系也是比较难的，应多制造一些机会，通过多次的接触才能建立较为牢固的关系。

再次，多结交成功的人，远离失败者。

俗话说近朱者赤，近墨者黑。这句古训讲的就是这个道理。我们之所以要多结交成功的人士，就是这些成功的人比我们优秀，我们可以从他们身上学到很多有益的东西，他们的优秀品质时时刻刻都能使我们的缺点暴露出来，他们可以成为我们一个很好的学习榜样，他们成功的事例能不断地激励我们在创业中前行，如果我们和这些成功者关系非常好的话，这些人还会伸出友谊之手在关键的时候教我们一招或者拉我们一把，总之，和这些人交往有利无弊。相反，和那些失败者交往或者和不如我们的人交往，显然我们不能学到任何东西。因此，与优秀的人和成功者交往这应是储备人际关系的一个重要原则。

最后，礼多不怪。

不管和什么人交往都应注意礼节，这也是储备人际关系时必须掌握的一个原则。当然和有身份的人交往这一点可能很容易就能做到，因为对方的权势、地位、实力足以使你为之敬畏，不由得你不注重礼节。但很多人在交往时却往往容易步入这样一个误区，即熟不拘礼。他们认为和朋友讲礼节论客套就好像会伤害朋友的感情。其实，这种认识是非常错误的，他们并没有意识到，朋友关系也是一种人际关系，而任何人际关系之所以能够存续下去的前提就是相互尊重，容不得半点的强求。礼节和客套虽然烦琐，但却是相互尊重的一种重要的形式。如果离开了这种形式，朋友之间的关系也就难以存续。

要知道，即使是朋友，每个人都希望拥有自己的一片小天地，不讲礼节客套就可能侵入到朋友的禁区，干扰到朋友的生活，如果这种情况出现得多了，自然就会伤害到朋友的情感，再好的关系也会因此而终结。因此，从这个意义上讲，礼多不怪的确是前人总结出来的一个生活真理，可以有效地防范我们出现交往错误，影响我们的创业。掌握了储备社会关系的原则和方法，下一步怎么做，就需要你来决定。

（资料来源：中国食品科技网，http：//www. biz. hc360. com，2011 -12 -5）

拓展阅读 9 -8：大学生创业的七大风险

创业风潮席卷了神州大地，也在本该宁静的校园掀起了惊涛骇浪。对于大学生是否适合创业，广大朋友可参考向阳生涯文章《大学生创业要懂得借船出海》。在此，《职业》杂志邀请到职业生涯管理权威机构向阳生涯首席职业规划师洪向阳先生，为我们重点解析大学生创业中存在的诸多风险。

洪向阳指出，创业者要认真分析自己创业过程中可能会遇到哪些风险，这些风险中哪些是可以控制的，哪些是不可以控制的，哪些是需要极力避免的，哪些是致命的或不可管理的。一旦这些风险出现，你应该如何应对和化解。特别需要注意的是，一定要明白最大的风险是什么，最大的损失可能有多少，自己是否有能力承担并渡过难关。

洪向阳认为，大学生创业的风险主要有以下七个方面。

（1）管理风险。创业失败者，基本上都是管理方面出了问题，其中包括：决策随意、信息不通、理念不清、患得患失、用人不当、忽视创新、急功近利、盲目跟风、意志薄弱等。特别是大学生知识单一、经验不足、资金实力和心理素质明显不足，更会增加在管理上的风险。

（2）资金风险。资金风险在创业初期会一直伴随在创业者的左右。是否有足够的资金创办企业是创业者遇到的第一个问题。企业创办起来后，就必须考虑是否有足够的资金支持企业的日常运作。对于初创企业来说，如果连续几个月入不敷出或者因为其他原因导致企业的现金流中断，都会给企业带来极大的威胁。相当多的企业会在创办初期因资金紧缺而严重影响业务的拓展，甚至错失商机而不得不关门大吉。

（3）竞争风险。寻找蓝海是创业的良好开端，但并非所有的新创企业都能找到蓝海。更何况，蓝海也只是暂时的，所以，竞争是必然的。如何面对竞争是每个企业都要随时考虑的事，而对新创企业更是如此。如果创业者选择的行业是一个竞争非常激烈的领域，那么在创业之初极有可能受到同行的强烈排挤。一些大企业为了把小企业吞并或挤垮，常会采用低价销售的手段。对于大企业来说，由于规模效益或实力雄厚，短时间的降价并不会对它造成致命的伤害，而对初创企业则可能具有彻底毁灭的危险。因此，考虑好如何应对来自同行的残酷竞争是创业企业生存的必要准备。

（4）团队分歧的风险。现代企业越来越重视团队的力量。创业企业在诞生或成长过程中最主要的力量来源一般都是创业团队，一个优秀的创业团队能使创业企业迅速地发展起来。但与此同时，风险也就蕴含在其中，团队的力量越大，产生的风险也就越大。一旦创业团队的核心成员在某些问题上产生分歧且不能达到统一时，则极有可能会对企业造成强烈的冲击。

事实上，做好团队的协作并非易事。特别是与股权、利益相关联时，很多初创时很好的伙伴都会闹得不欢而散。

（5）核心竞争力缺乏的风险。对于具有长远发展目标的创业者来说，他们的目标是不断地发展壮大企业，因此，企业是否具有自己的核心竞争力就是最主要的风险。一个依赖别人的产品或市场来打天下的企业是永远不会成长为优秀企业的。核心竞争力在创业之初可能不是全球品牌网最重要的问题，但要谋求长远的发展，就是最不可忽视的问题。没有核心竞争力的企业终究会被淘汰出局。

（6）人力资源流失风险。一些研发、生产或经营性企业需要面向市场，大量的高素质专业人才或业务队伍是这类企业成长的重要基础。防止专业人才及业务骨干流失应当是创业者时刻注意的问题，在那些依靠某种技术或专利创业的企业中，拥有或掌握这一关键技术的业务骨干的流失是创业失败的最主要风险源。

（7）意识上的风险。意识上的风险是创业团队最内在的风险。这种风险来自于无形，却有强大的毁灭力。风险性较大的意识有：投机的心态、侥幸心理、试试看的心态、过分依赖他人、回本的心理等。

洪向阳最后提醒道，大学生创业过程中所遇到的阻碍并不仅在此七个方面，在企业发展过程中，随时都将可能有灭顶之灾。保持积极的心态，多学习，多汲取优秀经验，结合大学生既有的特长优势，我们相信，大学生创业的步伐，会越走越远，越走越稳。

（资料来源：洪向阳，新华网，http：//www. xinhuanet. com/，2009－10－26）

注：洪向阳：上海向阳生涯管理咨询有限公司首席职业规划师，上海紧缺人才培训工程《职业规划岗位资格证书》专家组秘书长，CCDM 中国职业规划师认证培训导师。长期从事职业生涯管理与开发的研究、咨询及培训事业，帮助企业及个人获得更大的竞争优势。

思考题

1. 我国大学生创业存在的问题及原因。
2. 创业信息搜集的方法有哪些？
3. 创业者的素质包括哪几个方面？
4. 创业计划的内容是什么？
5. 谈谈个人毕业后的创业设想。

参 考 文 献

[1] 丁学阳. 大学生就业指导与创业教育 [M]. 吉林: 吉林大学出版社, 2011.
[2] 黄坚. 职业发展与素质训练教程 [M]. 北京: 清华大学出版社, 2011.
[3] 本书编写组. 思想道德与法律基础 [M]. 北京: 高等教育出版社, 2013.
[4] 本书编写组. 十八大报告学习辅导百问题 [M]. 北京: 学习出版社, 党建出版社, 2013.
[5] 一封忏悔信——马加爵《鹿寨都市》[OL]. www. 545600. com/thread - 168957 - 1 - 1. html.
[6] 最美教师张丽莉事迹. 北京高校毕业生就业信息网 [2013 - 09 - 09].
[7] 中国高速网 http: //www. cngaosu. com/.
[8] 许振超: 干就干出世界一流 [OL]. 中国交通报 [2003 - 10 - 28]. 胡士祥, 房小光.
[9] 成功者十三个价值连城的习惯 [OL]. 网易财经 [2012 - 10 - 8] http: //money. 163. com/12/1008/16/8DAB4RRO00254-P77. html.
[10] 临行奉送锦囊, 人生追求"六好"——方滨兴校长在 2013 届本科生毕业典礼上的讲话.
[11] 低学历的比较优势——成材在于自身正确定位 [OL]. 中国大学生就业网 http: //www. chsi. com. cn/jyzd/zazhi/cz/200711/20071123/1620136. html.
[12] 职场, 向上走还是向深走 [OL]. 广电电器网 http: //www. go - gddq. com/html/s60/2011 - 09/716968. html.
[13] 职业选择中的十大误区 [OL]. 杜青, Dawn Rosenberg McKay. 译者: 中国高等教育学生信息网 [2008 - 3 - 25].
[14] 胡锦涛. 坚定不移沿着中国特色社会主义道路前进为全面建成小康社会而奋斗——在中国共产党第十八次全国代表大会上的报告 [R]. 北京: 人民出版社, 2012.
[15] 柳跃东, 苏维. 用心编织职业理想梦 [J]. 昆明: 云南思想政治工作研究, 2014, 2.
[16] 全国妇联老龄工作协调办、全国老龄办、全国心系系列活动组委会新"24 孝"行动标准, 2012.
[17] 米钰林: 驾驭国际领先技术的知识型工人 [OL]. 中国网 [2005 - 4 - 21] http: //www. china. com. cn/chinese/zhuanti/ldmf/844632. html.
[18] 招录与实用不相适应.《成都商报》讯 http: //e. chengdu. cn/.
[19] 2012 年中国大学生就业报告 [R/OL]. http: //www. jyb. cn/job/tbch/2012/2012jybg/.
[20] 中国人力资源发展报告 (2011 ~ 2012) [R/OL]. http: //guoqing. china. com. cn/2012 - 12/26/content_ 27516063. html.
[21] 曾荫权: 第一次求职的故事 [OL]. 中国质量新闻网 [2012 - 06 - 29] http: //www. cqn. com. cn/.
[22] 第一次求职面试时应该注意哪些礼仪? [OL]. 应届毕业生求职网, http: //www. yingjiesheng. com/.
[23] 就业决策的三个原则和五个要素 [OL]. 四川大学计算机学院学生科 [2009 - 11 - 25].
[24] 小型微利企业税收优惠政策 [OL]. 新华网 http: //news. xinhuanet. com/misc/.
[25] 财税政策支持小微企业发展情况 [OL]. 中华人民共和国财政部门企业司网 [2014 - 4 - 10]. http: //qys. mof. gov. cn/zhengwuxinxi/zhengcejiedu/201002/t20100225_ 273192. html.
[26] 加强代理记账机构管理 [OL]. 中华人民共和国财政部门企业司网 [2014 - 4 - 10] http: //qys. mof. gov. cn/zhengwuxinxi/zhengcejiedu/201002/t20100225_ 273192. html.
[27] 21 世纪最需要的 7 种人才 [OL]. 中国网 http: //www. china. com. cn/.
[28] 打工风险远大于创业 [J]. 中小企业管理与科技, 2011, 9.
[29] 高校毕业生自主创业, 可以享受哪些优惠政策? [OL]. 中国国家人才网 [2012 - 6 - 1] http: //www. newjobs. com. cn/.
[30] 如何为创业储备社会关系 [OL]. 中国食品科技网 [2011 - 12 - 5] http: //www. biz. hc360. com.

[31] 洪向阳. 大学生创业有七大风险 [OL]. 新华网 [2009-10-26] http://www.xinhuanet.com/.
[32] 杨千朴. 职业素养基础 [M]. 北京: 中国时代经济出版社, 2007.
[33] 周三多. 管理学 [M]. 北京: 高等教育出版社, 2005.
[34] 中国社会科学院语言研究所词典编辑室. 现代汉语小词典 [M]. 北京: 商务印书馆, 1980.
[35] 胡锦涛. 在庆祝中国共产党成立 90 周年大会上的讲话 [M]. 北京: 人民出版社, 2011.
[36] 云南省高校"两课"统编教材. 医学伦理学 [M]. 昆明: 云南科技出版社, 2003.
[37] 杨柏峻. 论语注释 [M]. 北京: 中华书局, 1980.
[38] 罗国杰. 中国传统道德 [M]. 北京: 中国人民大学出版社, 1995.
[39] 杨洪范. 中华传统美德 [M]. 北京: 当代世界出版社, 1996.
[40] 杨能山. 传统道德思想及对当代大学生道德教育的启示 [J]. 船山学刊, 2008 (2).
[41] 胡西元. 孔子德育思想论述 [J]. 河南教育学院学报 [J]. 2001 (4).
[42] 宋惠昌. 马克思主义伦理学 [M]. 北京: 中共中央党校出版社, 1998.
[43] 由剑锋, 肖培苗. 论中国古代的道德教育及当代价值 [J]. 长春大学学报, 2005 (3).
[44] 赵英轶. 传统文化与大学生社会公德教育略析 [J]. 辽宁师专学校, 2008 (2).
[45] 张梦欣. 职业指导 [M]. 2 版. 北京: 中国劳动社会保障出版社, 2005.

冶金工业出版社部分图书推荐

书　　名	作　者	定价（元）
职业健康与安全工程	张顺堂　高德华　主编	36.00
创新思维、方法和管理	张正华　雷晓凌　编著	26.00
大学生志愿服务	陈　曦　主编	24.00
大学生创新实践指导	杨向荣　陈　伟　编著	19.00
管理学概论	杨红娟　主编	29.00
国际结算实务与案例分析	封文丽　编著	29.00
大学生创业教程	杨向荣　沈文青　编著	19.00
性的生理心理与文化	周湘斌　编著	33.00
健美图解	王　敏　编著	39.00
中西文化比较	贺　毅　主编	23.00
人力资源总监五大韬略	何腊柏　著	36.00
马克思主义伦理学十讲	王立东　编著	28.00
艺术·形态·构成设计	赵　芳　等编著	38.00
巧学英语看你的	丁　旭　章　宁　编著	36.00
健美图解	王　敏　编著	39.00
英诗中国元素赏析	曾繁健　魏　琳　著	25.00
项目融资贷款评估操作实例	郑明贵　郭世钊　著	50.00
艺术·形态·构成设计	赵芳等　编著	38.00
实用求职英语	巩艳博　主编	25.00
常见易错字辨析手册	李忠芳　编著	19.00